Fisuras en la máquina soberana

Fisuras en la máquina soberana
Intervenciones estéticas
sobre la Venezuela moderna

Juan Cristóbal Castro

Almenara

CONSEJO EDITORIAL

María Isabel Alfonso   Waldo Pérez Cino
Luisa Campuzano   Juan Carlos Quintero Herencia
Stephanie Decante   José Ramón Ruisánchez
Gabriel Giorgi   Julio Ramos
Gustavo Guerrero   Enrico Mario Santí
Francisco Morán

© Juan Cristóbal Castro, 2025
© Almenara, 2025

www.almenarapress.com
info@almenarapress.com

Gainesville, Fl.

ISBN 978-1-966932-07-9

Imagen de cubierta: J.F. Gautier d'Agoty (*circa* 1745), Wellcome Collection

All rights reserved. Without limiting the rights under copyright reserved above, no part of this book may be reproduced, stored in or introduced into a retrieval system, or transmitted, in any form or by any means (electronic, mechanical, photocopying, recording or otherwise) without the written permission of both the copyright owner and the author of the book.

Introducción

Apología de la grieta. Un prólogo (im)probable 9
Desordenar el aparato. Instrucciones de (des)uso 21
    La disección maquínica 21
    Archivo/máquina 33
    Fisuras y condiciones históricas 48

1. Tiempos pos-heroicos

Ascensos borrosos. Una incierta economía fantasmal
de la deuda heroica 63
    La llama apagada 63
    Gestos y escenas 66
    Ascenso republicano 70
    Sublimar el exceso 77
    El detalle desfigurado 86
    Tramas del momento 90
    El nuevo pasado 97
    Hilo final 108
La reacción de Don Máximo. Los tiempos del ayer
en el nuevo archivo 113
    El giro historiográfico 113
    El nuevo tiempo documentado 117

    El historicismo oculto. 125
    Posiciones literarias. 131
    Otros anacronismos 137
    Puntos finales 144

2. LAS FIRMAS DE LA FICCIÓN

  Secretas formas del yo. Figuras de la impersonalidad 149
    Sujetos, autores. 149
    Signos de un paisaje autoral 153
    Gestos de impropiedad 165
    Cierre final. 186
  El virus tóxico. Las lugares de la ficción 189
    La adicción imaginaria 189
    Inspeccionar el mal .194
    La respuesta literaria 201
    El mal sacrificial 206
    Otros casos de «literomanía» 219

3. EL TERRITORIO DEL PUEBLO

  La intervención caribeña. Otras geografías imaginarias . . .229
    Distribuciones del paisaje 229
    Las figuras del territorio. 233
    El secreto caribeño 240
    El malestar geográfico. 245
  Extravíos de lo popular. Pueblos anónimos o virtuales
  de la ficción. 259
    Un preámbulo 259
    Del archivo heroico al folklórico 266
    Intervenciones im-populares 278
    Profanar lo populista 282

Bibliografía 297
Agradecimientos. 315

Introducción

Apología de la grieta
Un prólogo (im)probable

> Sin herida no hay arte, es la fisura por donde sale el poema
>
> Raúl Zurita

El siguiente trabajo nace de una vieja sospecha: que la crisis política venezolana tiene que ver, entre otros motivos, con un problema de imaginación social. Se remonta a los inicios de la república en el siglo XIX, en los que se impuso un orden mimético, una máquina mítica o fantasmal zombie, de corte pedagógico y con claros visos patriarcales, personalistas y heroicos, que sirve de modelo, paradigma, de lo que debe ser la patria cuando se la imagina, fabula o inventa[1]. Como una especie de máscara que moldea los sueños quiméricos o imaginarios de quienes la usan, ese patrón absorbe nuestras energías utópicas, nuestras maneras de concebir mundos en común, nuestros intentos de buscar caminos diferentes de socialización. Nada pareciera haber que se le oponga, salvo el culto reverencial y el silencio acrítico. Ni un gesto, movimiento o guiño que vaya por otro lado; ni una mirada, tic o amago que salga de sus cauces. Por eso suele limitar las formas más democráticas de construir comunidad, desplu-

---

[1] Comparto en este sentido lo que sostiene Irina Troconis, citando a Chiara Bottici, en *The necromantic State*: estar constantemente acosados por fantasmas políticos, como sucede en Venezuela con Bolívar o Chávez, genera irremediablemente una crisis de imaginación política (2024: 38).

ralizando sujetos o vínculos, socavando alternativas autónomas o posibilidades instituyentes que proveen otras figuras comunitarias e institucionales.

Para comprender semejante dilema, me interesó explorar algunos de los desvíos o cuestionamientos que se dieron de este ideal en un lapso histórico concreto, el de las primeras décadas del siglo XX venezolano, en el que se dirimían nuevos lugares culturales para la ficción literaria, el territorio nacional, la historia profesional y el sujeto político. La razón que me llevó a ese periodo no fue únicamente la de comprobar sus resonancias en algunos aspectos de la vida actual de la nación —algo por demás evidente y que tiene que ver con la manera recurrente de construir este poder simbólico en el país—, sino la de advertir que algo profanador se erigía (casi de manera oculta e insignificante) sobre algunos aspectos de su modernidad incipiente y contradictoria, en especial en ciertas prácticas ficcionales y artísticas que parecían ofrecer por momentos una respuesta atrevida a ese retorno de lo mismo en cuanto a la manera de concebir e imaginar la nación.

Partí sugiriendo entonces una teoría provisional que pretende dar cuenta de ese modo frecuente de construir autoridad o hegemonía en Venezuela, basado en la tipología o recipiente que ofrece la del siglo XIX que vengo comentando, desde los inicios de la patria hasta hoy (sobre todo en sus fundamentos míticos, en su *arkhé*). Lo hago para luego mostrar los gestos, intervenciones y escenas que hubo en una que otra obra de creación, y que parecieran revertir gran parte de sus cimientos, desanudar el nudo gordiano de su desplazamiento reiterativo. Cifro esta apuesta (de modo tentativo, insisto) en lo que denomino «máquina soberana nacional». Para analizarla y hacerla inteligible tomé en consideración dos premisas algo obvias, pero necesarias para entender lo que sucedía con los artefactos literarios que quería considerar. La primera es simple: que solo en sus encarnaciones históricas concretas se pueden analizar mejor sus operaciones, por más que valga la pena revisar algunas de sus estelas; de ahí que me concentre aquí en el llamado gomecismo. La segunda proposición no es menos relevante: más que ahondar en la naturaleza de su conformación material bajo acciones de conocidos actores políticos, analicé algunos de los espacios de su intervención simbólica, muchos de las cuales fueron además impugnados por varios tipos de posicionamientos textuales y estéticos que quise rescatar precisamente como focos de estudio. Comento por ejemplo un detalle de un cuadro famoso de Tito Salas que se resiste a clausurar la conformación del archivo institucional y la noción de historia profesional que se dio para ese entonces, o abordo la manera en que se cuestionó en unas obras o gestos una idea de autoría desde la literatura que entrañaba, también, un nuevo lugar en la ficción moderna que se abría por entonces, sin desestimar por cierto el recorrido que hice con varios textos extravagantes cuyas ingeniosas apuestas lograron invalidar tanto las construcciones imaginarias del territorio nacional por parte del Estado como cierta idea de pueblo.

A fin de cuentas, el principio de soberanía estatal siempre se funda sobre una idea de historia, de verdad, de territorio y ciudadanía, principio detrás del cual aparece, tal como ha sucedido en la historia republicana venezolana, un representante que encarna estas dimensiones casi como si fuera autor de la nación dictando el destino colectivo[2]. En ese sentido, y a contravía con lo anterior,

---

[2] Si bien entiendo el poder menos en su forma de acción (o coacción) física que como un conjunto de fuerzas relacionales (algunas potenciales) de carácter discursivo y simbólico que van construyendo hegemonía o legitimidad, no dejo de destacar cómo estas relaciones siempre nos llevan a la dependencia de un solo líder. Pero por otro lado, volviendo a la raíz de estas conformaciones, podemos encontrar más de una tensión, ambivalencia o corrosión. De ahí que haya querido reconstruir los posibles conflictos de

pretendí rescatar la hendidura o grieta de esta recurrencia a partir de algunas situaciones del pasado venezolano justo en el proceso de su consumación, como si se tratara de una pequeña mancha que se oculta en la foto de un momento de cambio, o como si fuera la marca borrosa que queda en la radiografía de un cuerpo en movimiento.

Confieso que me atrajo la idea de fisura vista como raja, como algo que separa y abre, que desordena, altera, pero que a la vez evita todo proceso de consumación, clausura o cierre. Muchas veces es pequeña, frágil e insignificante, pero puede contener una fuerza prospectiva y convertirse después en un signo peligroso e inesperado. Y es que, al mostrar la corrosión que generó en su tiempo, abre las condiciones para futuras intromisiones, es decir, despeja el terreno para nuevas intervenciones, algunas de las cuales podrían cumplir, vale aclarar, el firme propósito de erosionar todavía más ese duro material que logró penetrar en su momento. De esta manera, solo trabajando en una de las formas de su captura concreta en el plano discursivo e institucional, es que he podido darle lugar a esta corrosión, acogerla, incluso viendo los diferentes posicionamientos en los que se materializó. No se trató entonces de quedarme atrapado en la reconstrucción de un plano vivencial de actores políticos que padecieron un tiempo autocrático, tal como muchos estudios y testimonios han hecho sobre este período histórico[3], ni tampoco de trabajar en

---

ciertos momentos institucionales e imaginarios para, desde ahí, advertir los materiales que quedaron dispersos antes de su clausura o fragmentación.

[3] Sobre ello hay una amplia bibliografía, incluyendo trabajos críticos de corte más bien testimonial, como los de José Rafael Pocaterra (1997), Diego Córdoba (1968) o Rufino Blanco Fombona (1999), los acercamientos más ficcionalizados de Ramon J. Velázquez (1980) y Arturo Uslar Pietri (2005), o estudios que tocan el tema como algunos trabajos de Rómulo Betancourt (1982) o Domingo Alberto Rangel (1965), entre otros, además de los estudios

una restauración filológica de obras bajo géneros preestablecidos, viendo los movimientos literarios que siguieron, las generaciones que representaron o las tendencias que criticaron en un juego de firmas y proyectos creadores que ya se conoce bastante. Mucho menos se buscó hacer un análisis de debates, ideas o lenguajes políticos. Por el contrario, y sin soslayar del todo lo anterior, importó acercar un poco más la mirada sobre un terreno concreto de discursos y prácticas simbólicas para rastrear movimientos e intensidades fuera de un simple ejercicio de balance asimétrico entre bandos antagónicos sobre una superficie pre-discursiva. Quizás se pecó un poco de exageración al sobredimensionar o acentuar este grado venenoso de algunas intervenciones específicas, por más pequeñas e insignificantes que fuesen, o por más contradictorias e inconsistentes que lucen todavía, pero el punto fue efectivamente mostrar, al menos de modo parcial, un espacio problemático cuyo tamaño pudiese expandirse mejor desde una mirada retrospectiva.

Para este acercamiento fue relevante la noción de «archivo». Quizás para un lector incauto puede resultar una concepción complicada, porque no se trata de un simple lugar de depósito, tal como indican los diccionarios y el habla común. Siguiendo varias interpretaciones recientes, la propongo como una reunión de discursos (enunciados en distintos formatos), de prácticas institucionales y materiales que se dan en un momento determinado y que crean las condiciones de posibilidad para que irrumpan ciertos eventos, como por ejemplo una dictadura, o unas formas de crear poder a lo largo del tiempo. Desde esa base me interesó destacar, siguiendo los postulados de Michel Foucault, sus

---

de historiadores e investigadores más profesionales, como los de Manuel Caballero (1993), B.S. McBeth (2002, 2008), Yolanda Segnini (1997), Elías Pino Iturrieta (2016) o Inés Quintero (1989).

dimensiones figurales y sus maneras de encarnar en cuerpos políticos bien concretos. Recordemos que la palabra viene de *arkhé*, que significa «origen», «fundamento», de modo que esta está también vinculada a *formas* de autoridad que una sociedad en circunstancias especiales instaura.

Ello me permitió pensar mejor ciertas recurrencias de la historia nacional venezolana, y sus fuerzas míticas. Quien haya revisado bien sus procesos podrá dar cuenta de ciclos algo fatídicos, que afortunadamente gozan de algunas ambivalencias, y que bien podemos resumir bajo dos tendencias. Por un lado, y tal como muchos otros estudiosos han destacado, están las constantes reapariciones de las figuras heroicas masculinas, patriarcales y territoriales, donde el cuerpo simbólico de El Libertador tiene una impronta especial (desde las exequias a Bolívar de Páez, pasando por los homenajes e intervenciones de Guzmán Blanco, siguiendo por los cultos de Juan Vicente Gómez o Eleazar López Contreras, hasta Hugo Chávez); por otro lado, tenemos conformaciones republicanas en las que estas tendencias ocupan un segundo lugar o plano, como actores históricos más de un colectivo general, aun cuando no dejen de tener una fuerza velada: desde los ensayos de la primera república, siguiendo la institucionalidad de 1948, pasando por el llamado Pacto de Puntofijo[4]. ¿Cómo se explica esto? Mi tesis es que a lo largo de la historia ha habido dos archivos, tomando, como vimos, esta terminología de la reciente filosofía crítica: dos fuentes de autoridad, por decirlo de algún modo, que trabajan relacionadas, en conjunción, pero

---

[4] El año de 1948 fue una fecha clave, donde se fueron labrando las bases sociales y culturales de la nueva institucionalidad democrática venezolana, y el llamado «Pacto de Puntofijo» una fecha relevante para la consolidación de ese proyecto, que en su momento no pudo continuar por el golpe de Estado del dictador Marcos Pérez Jiménez.

a la vez en conflicto y tensión. La primera es metafórica, figural, hasta cierto punto latente, producto de un trauma social relacionado tanto con un proceso independentista acelerado que no pudo cumplir sus promesas, y que dejó un gran vacío o anomia en su ruptura radical contra el antiguo orden colonial, como con una tendencia que intenta fallidamente cubrir ese hueco con la presencia fantasmal del padre de la patria y su legado emancipador. La segunda fuente, por el contrario, es institucional, manifiesta e histórica, y está vinculada a las distintas elaboraciones de proyectos republicanos más incluyentes a lo largo del tiempo. Si uno es bolivariano, heroico, patriarcal y personalista, siguiendo el modelo de la encarnación o de la eucarística cristiana y privilegiando una narrativa latinoamericanista totalizante desde la frustración que generó el gran proyecto de la Gran Colombia, el otro es más bien nacional-republicano, mundano, plural, y se basa en formas de representación contingente, cambiantes[5]; si el primero es acechante, fundacional o jerárquico, el segundo es negociador, flexible para construir siempre hegemonía desde un lugar instituyente. Los dos, sin embargo, descansan en una relación peculiar entre iteración y repetición, independientemente de sus nuevas articulaciones, distribuciones o relaciones, con puntos significativos de distención, reelaboración, diferencia y fuga[6]. Si este se expresa, hasta cierto punto, en términos sincró-

---

[5] El segundo está siempre acechado por el primero. De hecho, la pulsión de muerte del archivo republicano no se da alentando necesariamente las técnicas de registro, los procesos de institucionalización de la memoria, al modo como los describe Jacques Derrida en su *Mal de archivo*, sino, por el contrario, resucitando el archivo reparador bolivariano que vuelve una y otra vez.

[6] Lo que sí es que hay que destacar es que, más allá de sus diversas encarnaciones y mutaciones, en el aparente *impasse* entre el archivo fantasmal y el republicano tiene lugar siempre una colaboración impía y cómplice: los mecanismos novedosos de lo instituyente serán, siguiendo la terminología

nicos, en un espacio y tiempo determinado, pese a sus intentos de armar tradición que lo vincule con el pasado, aquel tiende más bien a ser diacrónico (con elementos potenciales recurrentes), pese a impulsar una conexión muy poderosa en la que carga el peso de imágenes que también tendrán eco en el futuro, considerando que se sitúa en un plano fantasmal.

El interés por las primeras décadas del siglo XX, por el corte histórico de la máquina, abriga algunas transformaciones clave. Allí veo un desplazamiento significativo entre los modelos de archivo del siglo XIX y los que vendrán luego en el siglo venidero. Todavía las lecturas sobre el período gomecista redundan en visiones moralistas que censuran la peculiaridad de su proceso de modernización, desestimando además las condiciones discursivas que creó para que fueran emergiendo tradiciones populares, muy valiosos para la democracia venezolana posterior. También en este período fue cuando se abrieron la literatura y las artes a nuevas estéticas, viviendo un momento de efervescencia singular, pero también de represión y dispersión, con una diáspora significativa y un campo literario erosionado, que recuerda bastante los tiempos actuales; de hecho, estos paralelismos con el proceso de autocratización actual pueden mostrar la permanencia de ese archivo heroico y bolivariano del que vengo hablando, y por eso resulta relevante leerlo en ese contexto y en contrapunto.

Las intervenciones que he privilegiado son sobre todo las que proveen algunas regiones de las obras de Teresa de la Parra (incluyendo alguna que otra carta suya), los poemas de José Anto-

---

de Cornelius Castoriadis (2007), absorbidos por lo instituido. En un círculo cerrado que clausura la apertura de nuevas prácticas instituyentes, el espectro bolivariano personalista y fundacional surgía de los cambios no solo para destruir el pasado creado, sino también dispuesto a cooptar las formas novedosas o que le resultaran convenientes.

nio Ramos Sucre, algunos cuentos de Julio Garmendia, la fabulosa *Cubagua* de Enrique Bernardo Núñez, varios de los textos del excéntrico Bolívar Coronado, el poemario *Yerba Santa* del menos excéntrico Salustio González Rincones, sin dejar de incluir menciones a algunos trabajos de Arturo Uslar Pietri, Rómulo Gallegos (sobre todo *Cantaclaro*[7]), ciertas narraciones de José Rafael Pocaterra, el «Canto al ingeniero de minas» de José Tadeo Arreaza Calatrava, y el delicioso y magistral relato «Fragmento de una carta de Caracas, escrita en el año de mil novecientos setenta y cinco» de Blas Millán, entre otros. No descarto que haya otras apuestas significativas, incluso dentro de prácticas culturales fuera del ámbito literario, pero en el momento sentí que estos autores hacían cosas desde sus respectivos lugares ficcionales que rompían con elementos previos. Frente a la lógica temporal del historicismo emancipador, proponían modos de anacronismo y tradición que confundían tiempos y espacios: por un lado, el sujeto lírico de los poemas ramosucreanos recorría libremente escenas de obras de Shakespeare o cuadros de Da Vinci; por otro, el ingeniero de la novela de Bernardo Núñez revivía sin problemas el pasado bajo la máscara del milanés Luis de Lampugnano. Contra la reificación de un sujeto nacional masculino, republicano, mostraban no solo sujetos femeninos o marginales, sino procesos de subjetivación impropios; así, por ejemplo, María Eugenia se duplicaba en las cartas de Teresa de la Parra como autora de su obra, mientras Bolívar Coronado se disfrazaba con los nombres de varios cronistas de Indias.

Al margen de las políticas de representación del pueblo y el territorio, propios del espacio nacional-soberano, estos textos

---

[7] No me interesó el Gallegos que restituye la mirada pedagógica en un replanteamiento del sujeto criollo heroico del Santo Luzardo de *Doña Bárbara*, aunque igual es una obra que se puede leer de otras maneras.

ofrecían otros lugares de ciudadanía y geografía: el subsuelo metabolizándose en dinero en el texto de Arreaza Calatrava, o el espacio escindido en varios tiempos y lugares, tal como veíamos de las experiencias que describía Leizaga. De igual modo sucedía con las formas de la verdad fáctica y empírica, tan relevantes en ese período para construir poder. Ante una política que delimita los espacios de lo referencial y lo imaginario, estas intervenciones escenificaban otros cortes y así lograban, a mi juicio, desactivar las operaciones míticas de la máquina: por un lado Garmendia, quien, bajo el repliegue ficcional de sus cuentos auto-reflexivos, sacaba la fuerza mistificadora del pasado heroico y lo ponía a trabajar de manera inoperante en libros y bibliotecas; y por el otro, Blas Millán, Ramos Sucre o la misma Teresa de la Parra, quienes, jugando con la enfermedad literaria, descolocaban los lugares del realismo. Con ello, abrían un espacio novedoso en el cual se pudiera pensar y experimentar las condiciones de emergencia para otros imaginarios instituyentes, inmiscuyéndose sobre todo en ese espacio de tensión entre los dos archivos de la máquina.

Me detuve en cuatro aspectos muy puntuales de esta máquina, no sin antes hacer un acercamiento general de mi propuesta y del contexto que trabajo en el capítulo «Desordenar el aparato». El primero («Tiempos posheroicos»), tiene que ver con la manera en que el despliegue de estos dos archivos que vengo comentando toman cuerpo en un caso preciso como fue un cuadro pictórico representativo: *El tríptico bolivariano* de Tito Salas. A partir de ahí, quise revelar tanto los cambios que genera una nueva noción de historia nacional, que gira entre lo profesional y lo anacrónico, como la figura del héroe (sus deudas o legados), y los desplazamientos que trajo consigo. El segundo punto que quise analizar, y que se concentra en la parte llamada «Las firmas de la ficción», estaría más bien relacionado con los usos o abusos de la figura del creador y sus formas de autoridad (recordemos que para nuestro *arkhé* hay firmas más valiosas que otras), en la que cobra especial relieve pensar el mismo lugar de la ficción moderna frente a los discursos del Estado. Este nuevo espacio introducirá algunos elementos corrosivos de impersonalidad crítica, desde subjetividades alternas a las de esta máquina soberana interesada en delimitar sus espacios simbólicos e identitarios. En él, además, se cuestiona cualquier pretensión de legitimar un centro autocrático que personaliza todo. La tercera y última parte («Los territorios del pueblo»), tiene que ver con las maneras de configurar en el imaginario nacional tanto el territorio y sus paisajes como con sus formas de incorporar al sujeto nacional. Cobra especial relieve atender por supuesto otras maneras de pensar lo geográfico que se abrieron durante ese momento, sin obviar las formas de construir pueblo desde el archivo folklórico, que se estuvo desarrollando incipientemente en este período (1900-1936). Un nuevo archivo (vale decir) que no dejó de incorporar a la vez un diálogo o negociación con el mismo archivo bolivariano, y que algunos autores enfrentaron con otras fórmulas de intervención que trataré de mostrar o explicar.

Como se podrá ver en este recorrido, muchas veces saldré y entraré del contexto que estudio. Al igual que la máquina nacional soberana entrecruza lo diacrónico con lo sincrónico y lo arqueológico con lo genealógico desde cierto historicismo y desde la recurrencia, se me hizo inevitable identificar algunas de sus líneas o desviaciones en formas de tiempo previas y posteriores al contexto analizado, al recorte histórico elaborado. Al final, hablamos de relaciones, contradicciones y enfrentamientos en el ámbito discursivo y estético que se perpetúan en diferentes marcos temporales y espaciales.

Mientras a la máquina le interesa delimitar, distinguir, partir o privilegiar, las intervenciones estéticas que estudio aquí generan, por el contrario, vías distintas de organización, desjerarquizando los órdenes en otros núcleos de significación que oscilan entre el contraste, la crítica o la desactivación de algunos de los presupuestos de la soberanía nacional. Tres políticas de la mímesis: si en el archivo espectral domina el cuerpo mítico de El Libertador, su posesión espiritual, en el archivo instituyente domina la propiedad de nuevos sujetos colectivos, desde las mediaciones institucionales, mientras que en las intervenciones estéticas que trabajo impera la impersonalización, el anacronismo, las zonas inoperantes. Todo ello conforma una trama de conflictos que además se desplaza en distintos lugares de confrontación: desde museos y edificios hasta cuadros y obras de literatura, desde maneras de configurar el territorio nacional, como discursos periodísticos o investigaciones filológicas sobre culturas autóctonas o aborígenes, que abren y cierran espacios. Por eso siguen teniendo una gran actualidad entre nosotros. Lo importante, ya para terminar, es poder avanzar en su estudio para detectarlas y, con ello, sopesar mejor tanto sus aportes como sus peligros.

Desordenar el aparato
Instrucciones de (des)uso

> A los que dicen que huir no es valeroso, respondemos: ¿quién no es fuga y catexis social al mismo tiempo?
>
> G. Deleuze & F. Guattari

La disección maquínica

¿Cómo funciona nuestra máquina? Revisemos tres miradas distintas sobre un mismo cuerpo discursivo, saliendo por un momento de nuestro contexto de estudio para ver sus expansiones, persistencias o supervivencias durante la democracia moderna venezolana, cuando se presumía que el tiempo de los héroes había sido superado por el tiempo de los civiles. Analicemos estas perspectivas, rescatando además algunos elementos de su situación histórica, de sus recortes epocales, sus especificidades contextuales. La primera ocurre en la novela *País Portátil* de Adriano González León, publicada en 1968. En ella se nos cuenta la misión de Andrés Barazarte de entregar un maletín para un atentado de una célula guerrillera[1]. Sigue los recuerdos de su familia, mientras está por acometer su plan. Atrapado por la duda, el personaje oye las voces de sus antepasados, que se inter-

---

[1] Más que las numerosas lecturas que se han hecho de esta novela durante el siglo XX, recomiendo algunas aproximaciones más recientes como *País portátil: el diálogo inadvertido* (2013), de Víctor Alarcón, o *(Re)Generación 1958: intelectuales, arte y política* (2025), de Isabel J. Piniella Grillet.

calan con episodios que vivió junto a Eduardo o Delia, amigos de aventuras y luchas. Durante el trayecto por la capital del país, el paisaje se le desfigura constantemente: la calle es un «reguero de reflejos y ruidos» (1968: 48), la calina que la cubre es una «melaza celeste» (1968: 145) y la urbe en general es una «selva de animales metálicos» (1968: 82). Nada es agradable, confortante, tranquilo. Los espacios modernos, al más puro estilo de las (neo)vanguardias balleneras en las que participó el autor, se descomponen en hedores de frituras y meados, en formas de mugre y líquidos soporíferos, en olores de pies y texturas llenas de *chiclets* o colillas tiradas al piso. Bajo un principio de analogía, la memoria personal pareciera perderse, imposibilitada de hacer experiencia, de subjetivizarse, subsumida en la memoria social y política bajo diversos planos narrativos. Y así, los distintos tiempos históricos retornan, comulgando con el presente acuciante del protagonista.

Si vemos bien, la demanda moral y ciudadana del protagonista entronca con la demanda de virilidad patriarcal y de restitución patrimonial. La imagen de un Epifanio Barazarte indómito, militar y abogado, dueño de las leyes, adquiere un aura mágica en el ansia de la epopeya, pese a que en la novela sobresalen hechos no del todo ideales, acontecimientos más bien prosaicos y viles: los héroes no son sino caudillos, la violencia no repara ni restituye, sino genera más desgracia, y los descendientes son cada vez más cobardes o decadentes. Sin embargo, el desprecio por la modernidad petrolera y por la mediocridad de su burguesía busca un refugio (no sin dudas) en la tarea regeneradora de la misión guerrillera. En la versión para el cine que hizo el director Iván Feo, esto todavía se dramatiza más cuando, al final, el personaje principal toma un arma dentro de una casa propia de esos tiempos y decide disparar, al tiempo que los fantasmas de sus parientes van apareciendo, uniéndose en su destino fatal e inevitable. Vemos allí acontecer entonces un modo de catástrofe como anhelo, como integración secreta a la comunidad perdida de un tiempo pasado perfecto. El joven Barazarte, llevado por la presión de una deuda de sangre, por una herencia de carencias a resarcir y faltas a satisfacer, siente con duda el innegable sacrificio que está por hacer. Pareciera atrapado por esa visión crítica de la contemporaneidad en la que está inserto en ese mundo de corruptos, de interesados y enajenados. No se trata de una simple coincidencia que, en un momento cerca del final, reproduzca con sospecha algunos discursos que ven la nacionalidad como «construida con muchos desvelos de la generación independentista». Por eso con ironía entrevé «la gruesa lanza de Páez atravesando la sabana, clavada en el anuncio de refrescos», o advierte nada más y nada menos que el «caballo de Bolívar, pastando sobre las terrazas, con montones de paja sobre el hocico» (1968: 228).

Este último referente es muy valioso, pues la novela tiene un contexto vinculado a las luchas de liberación en un momento en el que venía consolidándose el modelo de república moderna y democrática propio del Pacto de Puntofijo, que según Diego Bautista Urbaneja se dio entre 1958 y 1988, y en el que proliferó una «combinación de elementos que se resumen en una suerte de democracia social de derecho» (2022: 125). Sabemos cómo el culto de la sangre y el sacrificio, muy propio del archivo republicano bolivariano, reaparece, no sin ciertas contradicciones, en la insurgencia de los sesenta, plagada de un lenguaje leninista y foquista. En él proliferaban algunos nombres conocidos, tal como sucedía con la campaña «Un Bolívar para la Sierra Maestra», o uno de los frentes guerrilleros que llevaba el mismo nombre del Libertador[2]. Esta regeneración de la rebelión armada será un *leit*

---

[2] Existen abundantes testimonios sobre el conflicto armado. En cuanto a investigación, hace unos años Edgardo Mondolfi Gudat en *La insurrección anhelada. Guerrilla y violencia en la Venezuela de los sesenta* (2015) se encargó

motiv muy frecuente para la época. Un mejor ejemplo del valor del arrojo está en el poema de un guerrillero reconocido, como lo fue Argimiro Gabaldón, con «No permitas que tu dolor se esconda». En él se nos propone salir desnudo a empuñar «el fusil y la granada» con el propósito de animar «la marcha». Se busca así «que estalle en un grito el asalto» y que de esa forma «ría y cante la emboscada». En esa invitación al combate, la violencia se ve solo como medio para alcanzar el fin utópico de la realización revolucionaria. El sacrifico de la muerte mutará en beneficio, pues tiene un precio sagrado, un valor de redención más allá de todo uso o intercambio. Las armas cambian de sentido; se transmutan. No son figuras de la negación humana sino, por el contrario, instrumentos de la inocencia y la alegría, gracias a los cuales «se esparcirá la risa y los niños puros como pájaros en vuelo llenarán los parques con sus gritos». La plenitud del paraíso de la niñez libre solo será posible dejando descargar el dolor, sacándolo de las entrañas, para poder legítimamente «empuñar el fusil» (Gabaldón 2017: 22).

Pero si esta reaparición espectral del archivo republicano bolivariano no logró fundirse bien en la guerra con el fracaso guerrillero, lo hará sin embargo en la derrota de manera más efectiva. La veremos en varias declaraciones de Douglas Bravo, quien siguió creyendo en el asalto al poder, o en los trabajos de Pedro Duno *Marxismo-leninismo-bolivariano* (1969) y, sobre todo, de J. R. Núñez Tenorio, *Bolívar y la guerra revolucionaria* (1969), donde algunas concepciones leninista- revolucionarias se fundi-

---

de reconstruir estos eventos. También lo ha hecho Roldán Esteva-Grillet con *País en Vilo. Arte, democracia e insurrección en Venezuela* (2017), sin obviar algunas aproximaciones de Isaac Abraham López (2024) o de Isabel Piniella Grillet (2025) —esta última, como Esteva-Grillet, mas bien desde las discusiones culturales y artísticas.

rán con el credo del padre de la patria bajo la noción de «soberanía popular bolivariana». En ella el «ejercicio de gobierno» podrá incluso ser una dictadura, siempre y cuando brote del pueblo (1969: 120). Es verdad que esta tendencia tuvo siempre un propósito instrumental, estratégico, para penetrar en el ejército[3], pero no por ello dejará de tener algunos arraigos afectivos, simbólicos, que brotarán luego de manera inesperada con el MVR, partido que llevará tiempo después a la presidencia al comandante Hugo Chávez[4]. En cualquier caso, desde ahí, desde el contexto de todos estos discursos, es que Andrés Barazarte está lidiando con este conjunto de imágenes, objetos, enunciados, que terminan desgraciadamente (y a su pesar) en destino.

❧

El segundo momento en el que quisiera detenerme aquí tiene lugar en la década de los ochenta y noventa del mismo siglo. Es un momento de transición y rezago del archivo que se armó durante el proyecto de Puntofijo, en donde Juan Loyola, ese artista que

---

[3] Si bien la bolivarianización latinoamericana del marxismo se remonta a las primeras décadas del siglo xx, en Venezuela tiene lugar después, sobre todo con los libros de Pedro Duno (1969) y Núñez Tenorio (1969), sin obviar por supuesto las reflexiones de Douglas Bravo que tanto influenciaron a Chávez, como evidencian los documentos recopilados por el investigador Alberto Garrido (2002). Algunos presupuestos vienen incluso de antes, con Carlos Irazábal, tal como analiza Tomás Straka en algunos capítulos de *La épica del desencanto* (2009: 92-93).

[4] Recordemos su conexión con el archivo folklórico nacional en el trabajo que, desde la antropología durante los años sesenta y setenta del siglo pasado, se venía haciendo sobre el sujeto nacional-popular. Autores como Miguel Acosta Saignes (2017), Federico Brito Figueroa (2021) y Rodolfo Quintero (2018) se empezaron a concentrar en los sujetos y comunidades subalternas, siendo muy críticos de la cultura del petróleo.

se dedicó a pintar la bandera de Venezuela en chatarras, pipotes de basura y restos acabados de la ciudad, de nuevo emprende la tarea regeneracionista que vimos en Barazarte. Hace un llamado a la crisis de ciudadanía y, frente al desprecio que veía en una modernización vertiginosa y desigual de una renta petrolera que no lograba llegar a todos, vuelve al pasado como exigencia presente, como destino restaurador, como arte de la pérdida y la rehabilitación. La curadora María Luz Cárdenas definió una vez su propuesta «como un apostolado por la recuperación del sentido y el valor de los símbolos patrios y el concepto de nacionalidad» (1995: 2).

La obra de Loyola buscaba entonces una restitución nostálgica de valores perdidos y eso tenía costos para ese entonces. De alguna forma, su invención autoral como artista renegado por el circuito de galerías privadas, preso por unos días en Venezuela o Italia, visto con desprecio, distancia y cierta homofobia o abyección —en gesto que recuerda precisamente el culto a los márgenes de esas neovanguardias que lideró el mismo Adriano González León—, era producto de ese anhelo. Asumía así un modelo sacrificial en su propia automarginación, el precio de su olvido o negación; no por casualidad la inscripción de la bandera en su cuerpo perpetuaba esta entrega martiriológica dentro de su propia piel en un momento en el que era extraño ver esos actos de escisión, de perforación o inscripción. Loyola revivía así la interpelación de ese pasado, de esa memoria y de sus exigencias desde su propia subjetividad martirizada.

Es verdad que el artista jugaba desde la ironía, simulaba cierta performatividad heroica con el efecto de proveer una alternativa de dignificación, de cura frente al veneno decadente, pero, por más subversiva que fuese su intención, trabajaba en un terreno poroso. La narrativa perdida que brindaba, su llamado para volver a los verdaderos ideales, no era, como se vio después, sino un reacomodo de lo mismo que azotaba a Barazarte: una manera de volver a los cimientos operativos de un imaginario constante de corte redentor, muy propio del archivo espectral bolivariano. Recordemos que para ese momento se leían en las escuelas todos los textos de José Luis Salcedo Bastardo sobre el héroe Patrio y los ritos institucionales se inundaban de actos de ovación y elogio; también estaba el trabajo V. Romero Martínez «Las aventuras del Libertador: una autobiografía» (1972), que leían chicos y chicas en su temprana infancia[5]. Casualmente en 1983, fecha de conmemoración de los 200 años del nacimiento de Simón Bolívar, el artista ganó el premio en el XLI Salón Michelena en el rubro de *Arte no convencional* con la obra «Homenaje bicentenario para un Libertador que no descansa en paz», y comenzó a ser una figura conocida por eso mismo. Paralelamente, el antropólogo Michael Taussig, en un recorrido que hiciera por tierras venezolanas en esa misma década, encontraba con sorpresa cómo el Estado mismo, bajo la figura de El Libertador, impregnaba todo «como depositario de redención, no menos como promesa o aval de crédito del que depende toda la circulación de monedas y billetes, como dependen de Dios los ángeles y las peregrinas almas del purgatorio» (2015: 131). Un poco antes, la antropóloga Yolanda Salas de Lecuna en *Bolívar y la historia en la conciencia popular* (1987) advertía con curiosidad y mucha sorpresa cómo entre los grupos marginados de presos se hacía más prominente el culto al padre de la patria. De modo que la regeneración no era del todo inédita: estaba más bien cerca de nosotros, monopolizando otra vez nuestras maneras de imaginar la nación. El mismo creador se hacía eco de varios usos de la bandera nacional, como los que ya habían hecho artistas y personalidades relevantes del momento, como

---

[5] Varios estudios han trabajado el bolivarianismo durante la democracia; véase en particular Straka 2017.

Carlos Zerpa, Pedro León Zapata, Margot Rómmer, Víctor Hugo Irazábal o Diego Rísquez, quien, por cierto, volvía en sus películas de súper ocho a las imágenes y la iconografía de la independencia.

En cualquier caso, el artista comulgaba por lo visto con una comunidad identitaria más fuerte de lo que se creía desde su imagen marginal. Frente a la crisis que estaba dándose de algunos elementos de la institucionalidad de Puntofijo, volvía como muchos otros a rescatar el archivo espectral bolivariano, que seguía ahí entre artistas, historiadores, figuras públicas, entidades oficiales y hasta criminales. Para muchos, su propuesta del momento no pasó de ser mero exhibicionismo circunstancial y lamentablemente fue olvidada, dejada atrás por aquellos mismos a quienes fascinó con irreverencia y estupefacción. Al final, su genuino aporte terminó *arando en el mar*, para usar una frase conocida por el bolivarianismo, y solo fue rescatado mucho tiempo después en otra clave, que vale la pena considerar, tratándose de un artista muy peculiar. De todos modos, ese amor patrio que tanto teatralizó con distancia irónica, pese a su sutil cuestionamiento, lo terminó llevando en cierto modo al abandono público, cumpliendo de nuevo un destino sacrificial que nos recuerda el final de Barazarte.

ღ

Luego de esto, es inevitable no pensar en el tercer caso que quisiera mencionar en estas líneas. Si el artista de los noventa se retraía en su obra olvidada, o el personaje ficcional de Adriano González León cedía ante el destino de una lucha que no le convencía desde un contexto impuesto por el escepticismo antiheroico del proyecto archivístico democrático, ahora la crisis política abría un espacio para otro protagonista más atrevido. Hago referencia a un ejemplo reciente que no buscó revelar con ironía discursos y prácticas, sino que, por el contrario, trató directamente de revivirlos, de incorporarlos. Se trataría del paradigmático líder revolucionario Hugo Chávez Frías, quien, desde otro lugar mucho más problemático, volvió, como nunca antes había sucedido en la historia venezolana, a ese espacio simbólico —y junto con él, gran parte del país— en una de las formas más alarmantes de esa regularidad archivística, en una de sus manifestaciones más extremas.

Lo que fue visto con distancia dubitativa en Andrés Barazarte bajo novela escrita por González León, o con ambivalencia y distancia irónica por Juan Loyola, se asumió acá con inusitada reverencia, con la afición propia de quien de verdad se creyó un heredero del archivo, una de sus encarnaciones más fidedignas, para, desde él, construir un nuevo poder estatal y pastoral. Con gran lucidez Chávez pudo reconstruir el archivo bolivariano, conectándolo con las tradiciones folklóricas y subalternas que se venían trabajando desde los sesenta por distintos intelectuales y revolucionarios[6]. Logró por primera vez en la historia nacional no solo tomar o poseer a la figura heroica de Bolívar, sino hasta sustituirla en eso que Irina Troconis definió como la fase nigromántica del Estado mágico, en la que encarna como «un fantasma tecno-mágico, familiar y estatal» (2024: 12).

Frente a la crisis de los grandes partidos políticos, a las demandas de transformación de la sociedad y al imaginario tecnocrático que asaltó la discusión pública, apareció en escena la fuente viva de ese orden como la solución al presente. Surgió además restituyendo la tradición militarista y la empresa de independencia[7].

---

[6] Desde luego que me estoy refiriendo tanto a la construcción de un nacionalismo leninista y bolivariano al modo de Duno (1969) o Núñez Tenorio (1969), como el rearme del archivo folklórico-nacional de corte revolucionario y subalterno desde la antropología.

[7] No dudo que apareció con una suerte de distancia irónica y calculadora, tratando además de incorporar varios elementos renegados de la cultura

Al igual que hizo a comienzos del siglo XX el dictador Cipriano Castro, introdujo el imaginario unificador bolivariano de la Gran Colombia en lo que el historiador Germán Carrera Damas analizó en *El culto a Bolívar* (2003) como devoción a El Libertador. El agenciamiento martirológico de su *arché* reapareció no solo en sus teatralizaciones continuas, siempre víctima de relatos conspirativos, sino en algo más grave aún: en el desdén que evidenció el nuevo patriarca hacia su propia salud, a su salud corporal[8]. Recordemos su desidia durante los comienzos de la enfermedad: además de no querer operarse cuando los médicos se lo indicaron, obvió seguir el debido tratamiento del cáncer al punto de participar en una campaña electoral, sabiendo los costos que eso significaba. Su intención era seguir el *performance* nigromántico, en los términos de Troconis, para continuar imponiendo su poder aún después de su vida.

¿Pero no podría verse entonces ese gesto de desprendimiento como producto precisamente del compromiso que había adquirido con ese pasado heroico, con ese conjunto de memorias históricas y sociales, menos reales que ideales, menos fácticas que imaginables? ¿No hay ahí una fascinación perversa con esos episodios monumentales, que han servido como formas de aprehender los orígenes de la nacionalidad misma? Movido por esta insólita y fantasmática demanda sacrificial, pero también por el reconocimiento historicista de pensar que ocupaba en vida ese

popular, pero si bien su *differance* parecía abrir espacio a una heterogeneidad negada, a la vez lo cerraba al sublimarlo, monumentalizarlo, atarlo, a la dependencia autocrática hacia el gran patriarca de la nación.

[8] En el culto bolivariano venezolano, producto del trabajo con la iconografía cristiana, hay una zona de indistinción entre las tradiciones sacrificiales del republicanismo antiguo y las formas del martirio de la religión católica, tal como han explorado los trabajos de Germán Carrera Damas (2003), Luis Castro Leiva (2005) o Elías Pino Iturrieta (2003).

territorio espectral, no solo terminó preso de una de las peores enfermedades existentes en la actualidad como es el cáncer, sino que llevó a su pueblo mismo —esto hay que recalcarlo— a uno de sus más tristes destinos, es decir, a la más aguda crisis económica y humanitaria vivida por la historia republicana venezolana, de la que todavía quedan rastros.

Al retomar estos tres momentos y situaciones del siglo XX es inevitable no verse asaltado por la pregunta del denominador común que los constituye. De alguna manera, Adriano González León dentro su novela, Juan Loyola con sus intervenciones artísticas y el «Comandante eterno» con su propia vida política, estaban poniendo en escena este sustrato recurrente, propio de lo que se podría llamar el archivo republicano bolivariano: un conjunto de discursos, imaginarios y símbolos del ayer independentista que se fundió para erigirse como cuerpo fundacional de la identidad nacional, apareciendo continuamente sobre nosotros para recordarnos nuestros orígenes míticos[9]. Un archivo que se activa monopolizando no solo ciertas prácticas culturales (ciertas maneras de actuar o desear), sino además interviniendo sobre nuestros procesos de subjetivación, valiéndose de la versión institucional del mismo, o incluso colonizándolo. Es más, este *corpus* de materiales discursivos llega hasta absorber nuestras formas de vislumbrar lo utópico mismo, erigiendo modos de cooptarlo, dirigirlo o apropiarlo. Se trata, en otras palabras, de imágenes del deseo soberano-estatal que escapa a la mera praxis de la mirada

---

[9] La dialéctica y tensión entre los dos archivos en cada momento son reveladoras: si en Barazarte el archivo institucional se esconde ente las contradicciones modernas mientras se asoma el archivo patriarcal bolivariano, en Loyola ya es un hecho la crisis de las instituciones y el *arché* del padre de la patria se va imponiendo. Con Chávez la consumación es un hecho, que nos retrotrae a las épocas de Gómez o Guzmán Blanco, y todo es absorbido por su cuerpo físico y simbólico.

verticalista de la figura del momento, y evidencia por el contrario que el ciudadano común participa de ello en una doble negociación simbólica, bidireccional, pues no solo modela nuestras maneras de conducirnos y pensar la nación, sino (lo que es más grave o peligroso) nuestros modos de anhelarla, figurarla[10]. Dicho de otro modo: su potencia de cooptación no reside en la simple imposición jerárquica de rituales republicanos o de promesas clientelares de redención social en las que la autoridad se impone por las fascinaciones engañosas sobre personas inocentes, como si fuera una invención del mandatario de turno, de su mero carisma individual o de su engaño personal. No: más bien se trata de una sustancia maleable que está atravesada por prácticas, *habitus*, discursos, muchos de los cuales circulan en nuestra vida diaria (publicidades, relatos orales, insignias, figuras retóricas) desde los tiempos de la independencia. Fuerzas simbólicas de nuestros imaginarios sociales y populares que filtran y reparten sus memorias futuras y proféticas bajo un mismo esquema o paradigma, en los que sale a relucir (a veces en forma descarada y otras veces de manera encriptada) esta aspiración inconfesable por un patriarca que guarda, además, un residuo colonial. Por ello he decidido llamar «máquina soberana nacional» a estas regularidades de

---

[10] Recordemos en ese sentido las teorías antropológicas de la imagen, tales como las trabajadas por el investigador Hans Belting, en donde se le deposita una gran valor al cuerpo del observador, al sujeto que experimenta la figura representada o retratada, quien es al final el que activa o anima su presencia, pues si no, solo tendríamos meros soportes desnudos, simples marcos rayados, solitarias pantallas con iluminación difusa; de hecho, lo explica como una forma de animación: «La percepción de imágenes, un acto de la animación, es una acción simbólica que se practica de manera muy distinta en las diferentes culturas o en las técnicas de la imagen contemporáneas» (2007: 16). Por otra parte, la misma Irina Troconis al analizar la encarnación espectral del chavismo, nos habla de un «proceso de co-creación que gira conjurando fantasmas en un empeño colectivo» (2025: 5).

discursos, imágenes y prácticas que se entreveran con el Estado institucional.

Para diseccionar este artefacto, propongo entonces hacer un corte o quiebre dentro del espacio histórico nacional. Detenerme en un momento específico de su encarnación mundana, como fue el que se dio durante las primeras décadas del siglo XX, donde acontecieron varios cambios significativos, pero para ello conviene aclarar algunos puntos sobre la naturaleza de este proyecto que me llevó a revisitar algunas teorías.

Archivo/máquina

La propuesta discursiva de Michel Foucault es bien conocida. Su *Arqueología del saber* (1969) muestra cómo un contexto determinado, definido por una especial relación de enunciados nuevos y viejos, delimita lo que puede decirse y refrendarse en una sociedad no solo durante ese período, sino incluso tiempo después, cuando estas combinaciones reaparecen con regularidad[11]. Jacques Derrida, por su parte, en *Mal de archivo* (1997), evidencia el rol que cumple la institucionalidad misma en estas condiciones, destacando su dimensión material y técnica y la fuerza de su autoridad. *The big Archive* (2009) de Sven Spieker,

---

[11] Por un tiempo he venido trabajando con la noción de «archivo» provista por la teoría contemporánea (Foucault y Derrida), que no tiene nada que ver por cierto con el sentido tradicional con el que usamos la palabra. Dos trabajos recientes, «Capture life: the "Document Monument" in recent commemorations of Hugo Chávez» (2014), de Lisa Blackmore, y *The Necromantic State* (2024), el de Irina R. Troconis, han sido de inspiración y algunos de mis postulados coinciden con ellos. En *El sacrificio de la página. José Antonio Ramos Sucre y el arkhé republicano* (2020) hago un estudio más riguroso de esta noción general de archivo y su aplicación dentro del contexto histórico venezolano; no explico allí mi teoría de la máquina soberana nacional y la delimitación de los dos archivos que hago aquí, pero parto de ella.

por más que se interese en al arte contemporáneo, ayuda a pensar los presupuestos historicistas de su modalidad moderna, marcado por el positivismo de finales del siglo XIX. También es relevante el artículo de Achille Mbembe «El poder del archivo y sus límites» (2020), que evidencia sus relaciones con los muertos y lo fantasmal, y una aproximación ya clásica de Roberto González Echevarría sobre el tema en América Latina: *Mito y archivo. Una teoría de la narrativa latinoamericana* (1990), que dilucida las relaciones de la ficción canónica del continente con los órdenes discursivos que se han armado durante la colonia y luego en la modernidad con los estudios etnográficos y antropológicos.

Todas estas aproximaciones han servido para entender cómo ciertos lenguajes e imaginarios de una nación nos persiguen en forma de *arkhé* fundacional que imposibilita otros horizontes nacionales, otras maneras de ser y construir comunidad. Constituyen así la «ley» de lo que debe ser dicho e imaginado en un momento determinado. Esto lo vemos tanto en prácticas institucionales como en memorias personales, tanto en rituales familiares como en fórmulas retóricas para hablar del país. Es lo que quisiera acá considerar como una suerte de *máquina mítica*, para usar un término que viene de otro campo disciplinario —lo tomo, con algunos desvíos y deferencias, del egiptólogo italiano Furio Jesi. Se trata de una noción que fue perfilando a finales de los años sesenta del siglo pasado y que definió como un conjunto de «relatos en torno a dioses, seres divinos, héroes». Creo que esta propuesta es fundamental para comprender lo que sucede en Venezuela; en ella incluye Jesi además otros elementos, como las obras de artes figurativas, y acciones como la mímica o la danza (1976: 47). Hablamos ciertamente de un «mecanismo complejo que produce imágenes de hombres, modelos antropológicos, referidos al yo y a los otros» (1977: 15), cuyo centro está vacío, pero que no deja de operar o funcionar en la realidad con consecuencias bien materiales[12].

Si bien Jesi lo propone como un modelo de conocimiento de la ciencia de la mitología, no deja de advertir que, en su uso propagandístico (siguiendo a su modo la noción de *zur technik gewordener Mythos* de Karl Kerenyi), puede ser ciertamente politizado, usado para fines seculares[13]. Una advertencia suya resulta en este sentido clave: «La máquina mitológica llega a ser un ingenio peligroso en el plano ideológico y político, y no solo un modelo gnoseológico provisionalmente útil, cuando nos dejamos hipnotizar por ella» (1976: 138). El propio autor pudo haberla padecido cuando, después de la fascinación que suscitaron en él las protestas del mayo del 68 en Francia, repensó el concepto de Kerenyi para justificar las revueltas como formas colectivas de comunión que logran volver al mito genuino, algo que puede ser cuestionado por cierto entusiasmo acrítico[14].

En cualquier caso nos interesa aquí considerarla, aunque lamentablemente no la haya trabajado mucho para ver sus usos

---

[12] En italiano, «il mecanismo complesso che produce immagini di uomini, modelli antropologici, riferiti all'io e agli altri» (1977: 15). En un texto anterior Jesi lo formula como «la forma de un aparato que produce epifanía de mitos y que en su interior, tras sus impenetrables paredes, podría contener los mitos mismos —el mito—, pero podría estar también vacío» (1976: 133).

[13] Nuestra tesis es que en este uso propagandístico o instrumental hay una mediación previa, que es el dispositivo representativo que analiza Louis Marin (2009). La traducción al alemán de la frase de Kerenyi se ha realizado como «mito tecnificado».

[14] Este aspecto se asoma inicialmente en su trabajo «Mito y Lenguaje de la colectividad», recogido después en *Literatura y mito* (1972). Luego lo desarrolla mejor en otros trabajos. Lo más problemático, a mi juicio, es su propuesta de la «propaganda auténtica» (2014: 20), a pesar de haber sido revalorada recientemente por su editor, Andrea Cavalletti (2014), y por los teóricos de la revuelta.

por parte del Estado, lo que no significó que obviara explorar su relación con la cultura fascista. Pero lo que más nos interesa, repito, es usar aquí esa noción entendida sobre todo como aparato para construir poder o hegemonía, como un cuerpo inorgánico que se ensambla continuamente para legitimar formas de gobernabilidad, e incluso de autoridad y hasta dominio[15]. De ahí que sus materiales míticos no sean necesariamente «puros» o espontáneos, sino que ya vienen mediados por dispositivos representativos que le dan visibilidad: documentos, investigaciones, textos culturales de diversa índole como imágenes oficiales, monumentos o cuadros. Así, es bueno tomar en cuenta que estas materias mitológicas son parte primero de mecanismos que validan su forma de encarnación o visibilización icónica y semántica, y con ello es que se generan las condiciones para transformar su intensidad violenta inicial, su expresión social o cultural, en poder: «la representación pone la fuerza en signos», al decir de Louis Marin, y luego transforma estas significaciones en el «discurso de la ley» (2009: 138). A este respecto, la violencia inicial que impone un grupo sobre la sociedad se traslada luego a distintos tipos de figuras de rituales, homenajes u objetos monumentales.

En la propuesta de Jesi los que entendemos como mitos reaparecen a lo largo del tiempo bajo imágenes arquetípicas o motivos que guardan relaciones particulares, sin tener por sí mismos significado, salvo el de producir efectos particulares en quienes los usan o se dejan usar por ellos[16]. Estamos hablando de materiales

---

[15] No en balde el teórico del populismo, Ernesto Laclau (2005), concedía un rol importante al mito a la hora de construir narrativas que lograsen inscribir las diferentes demandas sociales en el esquema amigo-enemigo.

[16] Jesi propone una relación, para algunos problemática, entre la idea de arquetipo de Jung y la idea de *topoi* de Propp, pero no le convence el modelo junguiano porque para él no se presentan como mitos formados, sino más bien

culturales (mediados por la representación moderna) que precisamente modelan una forma de ser porque implican una antropología y que, usados por la nación, también pueden determinar lo propiamente soberano sobre lo que no lo es, marcando así, a mi juicio, una triple escisión entre lo humano y lo no-humano, entre lo cultural y lo natural, entre lo nacional y lo extranjero[17]. Estamos hablando, insisto, de un mecanismo o dispositivo general, detrás del cual están ciertas maneras de asumir una relación con el territorio patrio, su *nomos* de la tierra, y de armar sus narrativas sociales e identitarias[18]. Pienso no solo en las diversas expresiones de la cultura popular y folklórica venezolana y su relación con el culto heroico, patrimonial, sino incluso en los presupuestos culturales y etnográficos que hay detrás de obras investigativas con estatus canónico para el período elegido como *El hombre y la historia* (1896) de José Gil Fortoul, *Disgregación e integración* (1930) de Laureano Vallenilla Lanz y *Estudios sobre personajes y hechos de la historia venezolana* (1911) de Pedro Manuel Arcaya, lecturas que descansaban sobre un «dispositivo persona» (Roberto

---

como motivos míticos. Lo arquetípico no está en la configuración personal de un modelo de conducta ideal o paradigmática como una esencia, podríamos decir, o de una sustancia casi que metafísica, algo que se desprende de la lectura de Jung, sino en la misma conexión entre imágenes, es decir, entre la relación de «una imagen abstracta y una concreta», entre «dos imágenes abstractas», o «entre dos imágenes concretas» (Jesi 1976: 121). Al tratarse de imágenes, bien podemos vincularlas a la noción de figura de Auerbach (1998), quien trabajó el tema con cuidado.

[17] Giorgio Agamben, quien ha venido releyendo a Jesi, ya había recurrido en *Homo sacer* (2018 [1998]) al término de máquina para hablar de un dispositivo que separa y relaciona el interior y el exterior, clave para este trabajo.

[18] Recordemos que el principio soberano nacional durante estas décadas emergió de una nueva interpretación del legado bolivariano desde el lenguaje positivista, que a su vez partía de un diagnóstico cultural, social e histórico de la población nacional.

Esposito) definido antropológicamente por su geografía, sus tradiciones y prácticas, y marcado al mismo tiempo por una división ambivalente entre lo bárbaro (vital, propio) frente a lo civilizado (extranjero, moderno)[19]. Con ello se va justificando una manera de conformar o construir soberanía patria (vale agregar) que termina de excluir o dejar de lado otras tendencias que no siguen estas líneas de trazado y sus conformaciones mitológicas.

Debido a esto, es que se ha hecho necesario trabajar sobre esta máquina para descomponerla en un período determinado, o para usar los términos de Jesi, para «indagar en el funcionamiento de sus mecanismos» (1976: 139). Es verdad que se parte de una metáfora muy usada en la teoría crítica, pero bajo ella se pude delimitar mejor un fenómeno complejo que requiere de una mirada atenta, una mirada que pueda captar no solo sus componentes más relevantes, sino también sus residuos más incendiarios y potentes; una mirada que, con ello, pueda así deconstruir sus fuerzas, desviar sus caminos destructivos y desactivar sus brotes peligrosos[20].

---

[19] Esposito propone pensar el «dispositivo persona» en la «sustancial indistinción» entre sujeto y objeto, subjetivación y sometimiento (2009: 65) que se sostiene en la relación entre vida biológica y derecho o institución, en un «indisoluble y contradictorio entrelazamiento de unidad y separación» (2009: 17).

[20] La metáfora de la máquina se encuentra en *El Anti-Edipo* (1972) de Gilles Deleuze y Félix Guattari. Furio Jesi en gran parte de su obra de análisis de la mitología también la usa, pero con otro sentido, y Giorgio Agamben no ha dejado de proponerla para pensar ciertas tradiciones occidentales. Casualmente Diego Bautista Urbaneja, en un viejo trabajo sobre el gomecismo, «El sistema político Gomecista» (1988), se valió de la metáfora para explicar la manera en que funciona el poder del dictador. No hay que olvidar tampoco *La ciudad ausente* (1992) de Piglia y su máquina de Macedonio, que construye relatos alternativos a los que provee el régimen dictatorial.

Con ese propósito se decidió aquí trabajar con una de sus encarnaciones específicas: la que se dio durante las primeras décadas del siglo XX. A través de ese corte y disección puedo entrever no solo mejor su marcha, sino lo que abre y cierra a la vez. Dicho de otro modo: al mismo tiempo que estudio su cristalización dentro del campo intelectual, cultural y político venezolano, registro algunos de sus espacios de fuga, impugnación o interrupción, sus vectores inapropiables, sus temporalidades disyuntivas, sus espaciamientos inesperados e impuros, sus repliegues críticos y (auto)reflexivos. La lectura será, así, doble y relacional. Por un lado, pretende mostrar una de las formas de encarnación de este aparato soberano de corte nacional; por otro, busca evidenciar sus fugas dentro de un momento histórico bien preciso, vinculado, como se ha dicho, a las primeras décadas del siglo XX venezolano. Un período de transición en el que se dio la centralización moderna del Estado y la irrupción de la economía dependiente del petróleo, que tanto ha definido por cierto a la Venezuela de estos tiempos. Un momento relevante, vale agregar, por la valoración del «gendarme necesario», esa teoría esbozada por Laureano Vallenilla Lanz que tiene raíces en Simón Bolívar (recurrente dentro de la historia del país) y que al final, si observamos bien, se transforma en una de las inevitables manifestaciones de la máquina soberana, su construcción milagrosa más frecuente en épocas de crisis política. Hablo también de un período donde se pasa del modelo de modernización heroica y afrancesada de un Guzmán Blanco al imaginario más español y colonial propio de la estética gomecista, más cercano por cierto al espacio popular y sus formas vernáculas o locales. Un tiempo liminar donde el Bolívar elitesco, blanco y criollo, cambia para algunos al del Páez llanero, mestizo y regionalista, sin dejar de valorar el ideario de El Libertador. Un período decisivo en el que se transita del culto a la tierra soberana, virginal y agrícola, a la realidad del subsuelo, explotado y extractivo; donde se va del pueblo ignorante, incipiente, carente de formación europea, al pueblo híbrido, vital, núcleo ambivalente de nacionalidad tumultuaria.

En ese terreno temporal previo a lo que muchos historiadores han cifrado como una escisión epistémica del culto bolivariano y republicano, que se dio entre el 18 de octubre de 1945 y el 23 de enero de 1958, veremos emerger una Venezuela amorfa, que todavía tiene un pie en el siglo XIX y otro en el XX[21]. Ahí, en esa transición, se dan las bases de mucho de lo que veremos después. Como bien sabemos, los procesos en el ámbito de los discursos propios de nuestra máquina no son tan abruptos como pudiera creerse, pues no se corresponden necesariamente ni a las lógicas de las acciones colectivas, libertarias, ni a las cronologías causales o fácticas. De hecho, la arqueología de Michael Foucault (desde la cual analizamos este aparato) no se preocupa por describir la superficie «viviente» de los hechos objetivos y claros. Al contrario del proceder historicista, busca más bien radiografiar el magma de sus enunciados, las corrientes de sus lenguajes y materialidades[22]. De este modo la irrupción del sujeto popular de corte soberano y democrático que tanto ha monopolizado nuestro imaginario nacional fue tejiéndose mucho antes y podemos sostener, no sin cautela, que fue durante el gomecismo cuando se dieron las condiciones de su emergencia, gracias a los dilemas abiertos por la llamada «crisis del liberalismo amarillo», la herencia de las expectativas irresueltas de la Guerra Federal del siglo XIX y el calamitoso régimen de Cipriano Castro.

---

[21] Ana Teresa Torres afirma, basándose por cierto en Luis Carlos Dávila, que en el período de la primera elección popular venezolana se «abandona el dispositivo heroico como identidad unificante para dar paso a otro en el cual sea protagonista la participación efectiva de las grandes mayorías nacionales» (2009: 134).

[22] Véase Foucault 1970.

Si bien es cierta la tesis de quienes sostienen el corte epistémico, tampoco es menos cierta la idea de que ese cambio venía perfilándose antes. Es lo que trato de mostrar aquí.

Ahora bien, se entiende por máquina soberana nacional en Venezuela a la conjunción, no sin tensión, de dos archivos. El primero de ellos gira alrededor de la institucionalidad republicana y el conjunto de discursividades que lo amparan o justifican. Si bien no hay que desdeñar los primeros ensayos de construcción patria, sobre todo el de 1810 que hoy en día viene repensándose[23], una de sus manifestaciones más patentes se dio en la consolidación de nuestro primer proyecto nacional durante la primera presidencia de José Antonio Páez en (1830-1857), tuvo después un momento significativo con el régimen de Antonio Guzmán Blanco (1870-1899), y se modernizó en el período de Juan Vicente Gómez (1909-1945)[24]. Desde luego que a lo largo del siglo XX aparecieron otros modelos diferentes, pero siempre se enmarcaron bajo ciertos protocolos, rituales y narrativas nacionales de corte historicista. Este archivo es producto de una gran alianza entre prácticas discursivas, dispositivos institucionales y configuraciones hegemónicas, de modo que se sedimenta o materializa en un lugar y tiempo concreto.

El otro archivo que conforma nuestra máquina es uno de carácter fantasmal y entraña un trauma o vacío, producto de la crisis de representación que generó la caída del orden colonial y

---

[23] La historiografía reciente viene trabajando en esto, proponiendo nuevas e interesantes lecturas. En este sentido, creo que resulta clave *La Primera Revolución de Caracas* (2019) de Carole Leal Curiel.

[24] Para estas periodizaciones me baso en Urbaneja 2022, aunque lo hago de manera laxa y con algunas reservas, pues los archivos que describo se van armando en períodos previos a los de un nuevo modelo de república, de modo que, si bien no están exclusivamente constreñidos al andamiaje estatal, no dejan de ser un elemento imprescindible para su emergencia y consolidación.

las promesas incumplidas de la independencia; una falta, huelga añadir, que suele llenar cada tanto e infructuosamente la figura de El Libertador, el irrealizable proyecto utópico de la Gran Colombia y el imaginario heroico[25]. Comprende, por un lado, el gesto de cierta recurrencia fundacional de volver al momento inicial de la herida para subsanarla en una verdadera liberación; y por otro, la simbología para materializar esta operación de regeneración en su dimensión figural o metafórica. Es así el conjunto de sobrevivencias míticas e imaginales con el que se van armando los relatos nacionales: sus figuraciones, metaforizaciones, recreaciones. Nos referimos a materiales fabulosos, foráneos o autóctonos, que vienen de distintas tradiciones y que son modelados, sublimizados, discriminados por el primer archivo desde una tipología ideal de corte republicano. Son parte de la heterogeneidad de las prácticas culturales que se presentan bajo el territorio soberano, figuras de héroes, dioses, personalidades históricas o legendarias, represen-

---

[25] Según un estudio de Pedro Cunill Grau, citado por Ana Teresa Torres (2016: 15), solo para 1820 «se había perdido el cuarenta y cuatro por ciento» de la población venezolana, producto de la guerra. Simón Bolívar lo confesaba en su *Carta de Jamaica*, viendo los acontecimientos de la «desdichada Venezuela» rápidos y devastadores: «Cerca de un millón de habitantes se contaba en Venezuela, y sin exageración se puede asegurar que una cuarta parte ha sido sacrificada por la tierra, la espada, el hambre, la peste, las peregrinaciones; excepto el terremoto, todos resultados de la guerra» (1976: 6). Según Rafael Sánchez, esto generó la caída del régimen simbólico y político de representación colonial, que dejó un vacío sobre los nuevos gobernantes criollos que no lograron estabecer formas de autoridad y legitimidad para una nueva sociabilidad, salvo valerse de la personalización monumentalizada y la narrativa de la guerra. Señala Sánchez: «the demise of the colonial order unleashed in Venezuela a mimetic crisis of truly colossal proportions [...] such untamed mimesis has been the "empty place" around which Venezuela's republican order has been ever so precariously "installed", never fully succeeding in excluding or "sealing off" the population's intense mobility and metamorphic wanderings from the everyday workings of the state» (2016: 26).

taciones del pueblo o lo popular, pero también escenificaciones del paisaje y su geografía que la literatura, la música y el arte perpetúan, incorporan, atraen. Se trata de materiales imaginarios, muchos de los cuales poseen reservas de una energía psíquica poderosa, gracias a la marca que ha dejado el trauma bolivariano, y que permanecen en estado de latencia hasta que de una u otra forma (correspondiendo a períodos de crisis) explotan y se activan en el marco de un uso patrio específico. Como son fantasmáticos, reviven en ese sentido la etimología tanto de *phantasia*, que remite a su vez al hijo o servidor del sueño, como de *phantasma*, que habla de la acción de aparecer, de mostrarse, y que entre los griegos aludía a esa capacidad de generar imágenes[26].

Lo que une y la vez tensa los dos archivos en distintas formas complejas tiene que ver con el culto a los héroes de la independencia, donde el lugar del Padre de la Patria Simón Bolívar aparece en ciertas ocasiones con gran fuerza, haciendo muchas veces del cuerpo físico de El Libertador el cuerpo simbólico de la nación, en un proceso alquímico lleno de problemas, si se considera que fue un padre simbólico que abandonó a sus ciudadanos para liberar otras tierras y terminó luego siendo traicionado por la nación[27]; de ahí las dificultades de armar hegemonías democráticas soste-

---

[26] Aunque no hace referencia directa a la cultura griega, Agamben resume una obra que explica bien esta relación entre la fantasía y lo fantasmático: «Según este multiforme complejo doctrinal, que se encuentra ya enunciado de diversas maneras en la *Teología* pseudoaristotélica, en el *Liber de spiritu et anima* de Alquiero y en el *De insomniis* de Sinesio, la fantasía [...] se concibe como una especie de cuerpo sutil del alma que, situado en la punta extrema del alma sensitiva, recibe las imágenes de los objetos, forma los fantasmas de los sueños y, en determinadas circunstancias, puede separarse del cuerpo para establecer contactos y visiones sobrenaturales» (2006b: 59).

[27] Los estudios del culto bolivariano en las últimas décadas han sido variados y amplios. Basta mencionar los de Sánchez (2016), Caballero (2006), Pino Iturrieta (2003), Torres (2009) y Ríos (2013) para tener una idea.

nibles en el tiempo solo bajo su insignia, considerando no solo el autoritarismo y desilusión de su ideario, sino el poder de estas fuerzas contradictorias y (des)moralizadoras.

Más allá de sus problemas, este proceso se logró gracias a su vez a tres operaciones. La primera es la conformación de una teleología que vincula las luchas de independencias con la progresión histórica misma de la patria, como si las batallas democráticas y los avances tecnológicos fuesen parte de la causa inicial de los líderes independentistas en eso que Luis Castro Leiva llamó el «historicismo bolivariano» (2005: 71). La segunda maniobra obedece a una constelación de elementos más concretos, producto de los trabajos rituales y performáticos tanto de ceremonias e intervenciones institucionales como de actos enunciativos y usos retóricos del lenguaje (sin desmerecer, por supuesto, la proliferación de imágenes y objetos de valor, como sellos, monedas, cuadros o escudos)[28]. Ello se realizó en lo que una vez Rafael Sánchez llamó «dispositivo monumental», a saber, una forma de encarnar la «voluntad general» de masas heterogéneas y la ley misma, mediante distintos recursos de teatralización política (2016: 14)[29].

---

[28] Del uso fetichizado de objetos e imágenes se ocupa Michael Taussig en *La magia del Estado* (2015), donde propone una teoría del Estado como fetiche que encarnaría precisamente en estos elementos bien concretos y populares.

[29] Dice Rafael Sánchez: «in order to govern, Venezuela's political representatives must monumentalize themselves as the putatively changeless 'general will' of this nation's highly heterogeneous, intensely mobile, delocalized populations. It is only by seeing themselves reflected in these men's appearances on the stage of the polity, as representatives of what, presumably, they all equally share as a community, that these heterogeneous populations may belatedly become the homogeneous, unified, and —most importantly— governable people of the nation. If Venezuelan political representatives so adamantly insist on incarnating the universal on the political stage, this is not only out of mere self-importance or pomposity, but for strict reasons of government (2016: 4-5). Más adelante dice ver «los cuerpos y el compor-

Y por último, la tercera peripecia o ardid que evidencia este proceso es consecuencia de otro factor más económico, que tiene que ver con el fetichismo mercantil propio del capitalismo de Estado monoproductor y rentista que se fue formando a partir del siglo XX. Gracias a este modelo, los excedentes del petróleo pasan por la mediación estatal, lo que significa, cuando se trata de un país personalista, por el gobierno (e incluso, por el presidente), que encarna en sus actos la misión bolivariana. Con ello esta figura del soberano monopoliza el imaginario de la riqueza que provee la industria mineral, una de las más grandes del mundo, y lo convierte en una especie de Dios que dispone de la gracia o el don del consumo nacional, en lo que una vez José Ignacio Cabrujas denominó «brujo magnánimo» (2002: 345)[30].

La conjunción de archivos que vengo proponiendo trabaja además en un doble movimiento. Al mismo tiempo que trae a la vida los muertos con rituales y documentaciones, con actos protocolares y trabajos reivindicativos, lleva a la muerte a los vivos en celebraciones, reconocimientos o gestos de distinto signo; es lo que tan bien resumió Rafael Sánchez en *Dancing Jacobins* (2016) bajo la tensión dialéctica entre baile y monumento, donde, por un lado, los cuerpos personalizados del poder se petrifican al encarnar la voz de los héroes solemnes del pasado, y por el otro, los textos y fantasmas del ayer cobran vitalidad, carne, dinamismo, al transformarse en actos concretos, en señas personalizadas y en movimiento[31]. En esa constante fluctuación de posturas, discursos

---

tamiento general de los representantes de la nación como encarnaciones monumentales vivas o muertas de la ley» (2016: 25).

[30] Para un análisis de esta relación entre Estado y políticas petroleras véase Coronil 2002, Baptista & Mommer 1987, Pérez Schael 2011 y Urbaneja 2013.

[31] Desde luego que hay que una dialéctica entre lo que Diana Taylor (2003) llamó archivo y repertorio, no sin cierta ambigüedad en cuanto a su relación y diferencia, que en este caso (y siguiendo las implicaciones del

y retóricas corporales, el representante político del momento va mediando entre los dos ámbitos archivísticos que vengo comentando y dirige desde ahí tanto las fuerzas sagradas del pretérito como las fuerzas paganas de la actualidad[32].

De este modo convierte los archivos en cuerpos simbólicos nacionales, es decir, los territorializa y los encarna en presencias identitarias, los espiritualiza y monumentaliza en *exemplum*, modelo, arquetipo, figuración concreta, tipología paradigmática y moralizante. Escenifica así una visión del pasado y una noción de identidad nacional donde se modela una subjetividad popular legítima, una construcción historicista del tiempo «homogéneo y vacío» (Benjamin 2010: 22) de lo propio, de lo soberano. De igual forma lo vemos no solo en la figuración arquetípica del heroísmo, sino en una entronización de un tipo de firma autoral (del sujeto que autoriza y es autorizado a intervenir sobre el espacio público), y de una producción del paisaje que implica a su vez un reparto geográfico (material y simbólico) del territorio, entre muchas otras cosas; de alguna manera, si se mira con atención, es lo que le sucede a Andrés Barazarte en la novela de Adriano González

---

trabajo de Rafael Sánchez) relaciono más todavía. En ese cruce también viene a cuento lo que Homi K. Bhabha (1994) consideró como «narrativa pedagógica» de la nación, con la «narrativa» performática.

[32] Hablo de lo fantasmal, lo figural y lo fantástico de manera laxa. En ese sentido, lo figural mismo, que estaría muy vinculado al segundo archivo que vengo mencionando, podría vincularse a dos momentos que analiza Auerbach en *Figura*. Uno sería el momento inicial de la antigüedad griega, en el que figura significaba «imagen plástica» (1998: 43) y se veía como algo que se manifiesta de nuevo y se transforma (1998: 44); el segundo momento, ya con el cristianismo, lo encontramos cuando se habla de interpretación figural, vinculándola al proceso de encarnación cristiano, donde empieza a tener puntos de conexión con formas simbólicas y míticas y con fuerzas mágicas (1998: 104). Las figuras en ese período serían además una «configuración provisional de lo eterno» (1998: 108).

León, quien al final sigue preso dentro del motor soberanista (de las memorias de sus referencias patriarcales, de la propiedad territorial, de sus modelos de conducta guerrera, de sus formas de autoridad-autoría) y así perpetúa el archivo, por más que lo critique o trate de distanciársele: las imágenes siguen operando sobre él; es su víctima.

La máquina archivística del soberanismo venezolano es por ende de doble tracción[33]. Por un lado, recoge elementos del pasado de forma consciente, con su nexo deliberado con la tradición republicana del siglo XIX, pero también lo hace de forma inconsciente con los residuos del tiempo colonial que permanecen anclados de manera soterrada dentro de la fachada emancipadora y fundacional; y, por otro lado, atrapa el futuro para modelarlo, anticiparlo y configurarlo con marcas e inscripciones —y esto hay que resaltarlo— paradójicamente pertenecientes al ayer imperial que han quedado estampados a contraluz sobre los discursos de cambio, y que emergen de vez en cuando como inéditas figuraciones de lo utópico nacional, como modelos de un porvenir verdaderamente «propio», «auténtico». Estampas, firmas, sellos que al final no hacen sino esconder regresos a los viejos hábitos patrimoniales y/o patriarcales, muchos de los cuales subsisten reprimidos o negados por esta tradición recurrente del culto de la novedad revolucionaria. Es más: esta máquina soberana también tiene una vertiente extractivista y depredadora que, al no haber podido cuestionar con suficientes bríos sus contradicciones internas y sus bagajes

---

[33] Hasta ahora he querido eludir la relación con la noción de soberanía que esgrime la ciencia política, que guarda muchos elementos desde los cuales se desarrolla esta máquina, pero que, como se puede ver, no se constriñe exclusivamente al Estado como práctica concreta institucional, sino a las formas que lo legitiman, y de ese modo sigue su lógica de cierre o su propia autonomía nacional-cultural. Para una consideración sobre la historia de la idea de soberanía, véase Galli 2019, Skinner 2004 y Koselleck 2021.

impensados de corte colonial, nos ha llevado a justificar terribles violencias bajo los lenguajes comunes de la emancipación, de la decolonialidad y de la solidaridad entre los pueblos.

Dicho esto, queda explicar muy brevemente ahora qué sería aquello que huye de sus mecanismos, la otra parte de esta historia dual y relacional.

Fisuras y condiciones históricas

Salir de un lugar, perderse ¿no es siempre la mejor de las tentaciones? Para los tiempos en los que se impone un orden de representación, una ley o autoridad, no es difícil buscar otras alternativas más dinámicas que se atrevan a explorar los umbrales, los pasajes transicionales, los bordes en los que brotan los contactos y se evidencian las mediaciones y ficcionalizaciones, como marcas para una apertura o para una virtualidad inapropiable. Como diría Jacques Rancière, la idea que tenemos de emancipación no tiene por qué ser «el producto del proceso normal de dominación», ni tampoco la consecuencia de «un proceso que se desarrolla al extremo, al borde del precipicio». También la podemos pensar como «un proceso que se desarrolla en los espacios intersticiales: los espacios del tiempo dividido y de las fronteras inciertas entre los modos de vida y las culturas» (2013: 13).

Tampoco la democracia es necesariamente el lugar de cuerpos visibles que salen a arengar en el marco de una presencia preestablecida, cantos de sujetos subalternos desde un programa del televisor o irrupciones de masas dormidas sobre un plano panorámico de cine. Por el contrario, muchas veces surge desde las potencialidades opacas de enunciaciones inesperadas, desde las virtualidades de pueblos singulares que escapan a la captura representativa y sus modalidades de encarnación personalista. Su voz no necesariamente es la de un micrófono o la de un acto folklórico, tras el cual siempre hay un anunciante o un director que corta, edita, transcribe, o un intelectual que maquilla, justifica y milita, o un político que llora, escucha y guía. Puede estamparse desde otras mediaciones, incluso de las mal llamadas letradas o literarias bajo recursos inesperados o prosaicos. Región del corte, de la contaminación, del repliegue, de la descolocación, un no-espacio atópico, podríamos decir, desde el cual surge lo que en términos lezamianos se llama *potens*[34], donde hay intercambio de saberes, donde hay nuevas direccionalidades, interrupciones, aperturas. Digamos que hoy, desprendidos del aura bolivariana y del magma petrolero de una manera radical, podemos volver sobre la tradición (o las tradiciones) desde ese no-lugar desasistido con una mirada diferente, y encontrar en ello algunas desviaciones e *impasses* que posibiliten otras construcciones del pasado que sirvan de depósitos de futuro en estos tiempos en crisis. Se trata de rescatar, desde las regiones intangibles que trabajaron algunos autores, distintas maneras de hacer pueblo(s), de imaginar ciudadanías alternativas desde formas inéditas de lo común en construcciones fuera de la ley que conforma el *arkhé*: sin ir necesariamente más allá, sin salir de su espectro en un corte radical de *tabula rasa* o en una ruptura *ex nihilo*.

Al detectar cómo trabaja la máquina soberana, podemos ya hacernos una idea de sus operaciones y peligros, de sus limitaciones, pero además, en sus mismas realizaciones concretas se pueden advertir, como he venido diciendo, puntos de fuga o formas de desactivación de sus usos políticos, que fueron muchos: desde la autorreflexividad y el desdoblamiento que provee la ficción moderna (que, si bien también se vale del material mitológico, lo hace para reutilizarlo de modo profano, es decir, sin su fuerza ritual), pasando más bien por la crítica (o por una forma de ella):

---

[34] Lezama Lima usa *potens* en varias ocasiones y lo define como una «imagen posible» que hace revivir la «sobrenaturaleza» (1988: 418).

por el gesto mordaz, por la redistribución de lugares, tiempos y saberes, por la carnavalización, la parodia o la ironía. Hay así en esos puntos de fuga una activación de esa fuerza mimética que Rafael Sánchez en *Dancing Jacobins* vio a inicios de la independencia en las multitudes desasistidas de un orden representacional, producto del intersticio que generó tanto la crisis del orden simbólico colonial como de la emancipación rupturista, y que posteriormente la máquina soberana nacional absorbió para sus fines políticos[35].

Sobre el corpus elegido, cabe decir algunas cosas. Los escritores que se analizan aquí lograron desprenderse con muchas dificultades, contradicciones y problemas de las demandas de su tiempo local y llevaron a cabo alguna obra, intervención o gesto que se ubica en un lugar-otro del archivo, en la zona profana o impura que no ha sido absorbida del todo por la máquina[36]. Fueron intervenciones muy concretas, limitadas y específicas. No nos referimos a un proyecto creador orgánico o atrevido al estilo

---

[35] «Contagion and ceaseless exchanges are the law in such a situation, in which everyone borrows from everyone else in a ceaseless exchange of roles and identities, in a wild mimetic play where power and powerlessness constantly exchange places, neither securing any distinct place for itself. Inaugurated as a space of horizontal exchanges and substitutions following the king's disappearance, it is this wild mimetic play that, fighting fire with fire, the representational apparatus of the emergent postcolonial state sought to counteract with a theater of its own» (Sánchez 2016: 138).

[36] Se habla de intervención por parte de artefactos culturales —muchos de ellos artísticos y sobre todo literarios— para prescindir del concepto de «obra» desde el marco del género (novela, poema, cuento), porque precisamente me interesa advertir cómo, en aspectos bien concretos, estos artefactos intervienen o actúan en el espacio cultural del momento, algunas veces fuera de la intención del autor, o fuera de un proyecto creador que fue limitado o contradictorio, tratándose de una época con pocos espacios culturales autónomos y un mercado cultural muy endeble.

de un *ready made* de Marcel Duchamp o del *Ulises* de un James Joyce, pero se trata en cualquier caso de apuestas inéditas dentro de su espacio enunciativo y cultural que, por su contexto precario, contaron incluso con la peculiaridad estética de la expulsión, pues procuraron (acaso sin saberlo), el (auto)destierro simbólico del orden discursivo del momento para generar alternativas distintas. Intervenciones, repito, que estaban generando otras formas de literatura o arte, que a su vez captaban regiones de lo real impensadas, destituyentes e incluso instituyentes (el abanico es amplio) para enriquecer los imaginarios sociales, donde se fracturaba la idea de pueblo y de paisaje que se estaba construyendo durante el período, y que con algunas modificaciones sirvió de matriz para lo que vendrá después. Desde ahí crearon, a nuestro juicio, las condiciones para imaginar —así fuera de modo embrionario o incipiente— una forma más abierta de comunidad, otra manera de ser en común o de construir pueblo(s) desde fronteras más permeables, desde lugares más singulares, desde espacios más virtuales. Frente a una máquina soberana masculina y patriarcal, las intervenciones creativas que se comentan acá propusieron formas de subjetividad femeninas, modos de sexualización diferente; ante un aparato estatal heroico, militarista e identitario, desarrollaron miradas mundanas e impropias; en oposición a una nacionalidad que delimitaba el territorio y el tiempo, trabajaron en ficciones anacrónicas y en textos que repensaban el lugar geográfico; contra un archivo que distinguía lo real de lo ficcional, trabajaron otras distribuciones más complejas y desconcertantes.

En la autonomización ficcional que se abrió con algunos trabajos de Julio Garmendia, Teresa de la Parra, José Antonio Ramos Sucre, Bolívar Coronado, Enrique Bernardo Núñez o Salustio González Rincones, entre otros autores de la época, encuentro esta alternativa frente al archivo republicano, frente a su máquina estatal. Hablo de un momento en el que los horizontes de la literatura estaban replanteándose, gracias a lo cual se generó el régimen estético propio de la modernidad venezolana. Interesa proveer algunas líneas que abren estos experimentos creativos, algunos imaginarios que problematizan la soberanía, algunos síntomas que, o bien escenifican sus dispositivos, o bien los cuestionan y revierten. Es verdad que muchos de estos escritores y artistas estaban trabajando desde diferentes lugares, pero su diálogo con el espacio cultural del momento y el archivo fue constante, de modo que interesó ponerlos en relación, por más que se note en ciertos análisis la marca de unos sobre otros. Por suerte, ahora y en retrospectiva, uno puede reconstruir mejor el campo literario de entonces valorando las intervenciones de quienes estuvieron en el exterior o quienes editaron sus libros afuera, bien sea por exclusión dictatorial, por problemas económicos, o simplemente por la necesidad de reconocimiento en otro sitio. Así, de alguna manera, se trata de salvar sus apuestas, integrándolas en un espacio común más abarcador que el que gozaron en su momento. Se trata, entonces, de restituir el lugar de su intervención, de incorporar lo que había sido excluido o marginado por la política o por cierto sectarismo propio de los intereses, amistades, cofradías o estéticas del contexto. Si bien muchas fueron algunas veces desobedientes a las intromisiones del autor, al imaginario de la máquina en varias de sus instancias, otras se dejaron llevar por el aparato, cayeron en algunos de sus tropos e imaginarios, de modo que también fueron víctimas y cómplices. Nadie, a fin de cuentas, está a salvo de sus incursiones.

༶

Sin duda, la discusión sobre el tipo de modernización que tuvo lugar durante las primeras décadas del siglo XX venezolano es todavía objeto en litigio que hay que abordar con precaución, considerando que la cultura de masas propiamente dicha aparecerá años después, lo que significa que ya el terreno para lo popular y masivo de las tecnologías de reproductibilidad técnica se estaba abriendo en este período[37]. *Aires del cambio. Cultura y narrativa en la Venezuela del gomecismo y el post-gomecismo* (2020), de Javier Lasarte Valcárcel, o el célebre *Bulla y Buchiplumeo* (2002), de Raquel Rivas Rojas, textos ambos con los que me siento en deuda, arrojan signos interesantes sobre las lecturas desprendidas de la famosa y algo implacable frase de Mariano Picón Salas, donde se ponía en entredicho el carácter moderno de semejante período; más si cabe, cuando nuestro famoso ensayista partía de una noción muy historicista de los regímenes históricos, desdeñando la coexistencia de varios tiempos en las sociedades, incluso en las más desarrolladas[38]. Nuestra máquina en ese momento no solo traía elementos del pasado, sino que prefiguraba otros que reaparecían después. De ahí que uno pueda encontrar algunas coincidencias entre el periodo gomecista y el presente revolucionario de Maduro, pues persisten vocabularios, esquemas, que perpetúan muchos problemas irresueltos. En la Venezuela de aquella época, con un noventa por ciento de analfabetismo, el cierre de

---

[37] Se consolidaban las bases de lo que ya se había visto antes con Guzmán Blanco, un modelo que posee un elemento autocrático en su visión centralista, desarrollista y proyectiva de los procesos modernizadores.

[38] Las perspectivas de algunos trabajos de Víctor Alarcón, como «La ansiedad de los orígenes: el problema de la historia en la vanguardia literaria de Venezuela» (2017) y otros textos sobre algunas de las obras que trabajo de este período me resultaron también muy fructíferas, porque coincidían, para mi sorpresa, con algunos elementos que venía investigando de antes. La frase en cuestión de Mariano Picón Salas, que aparece en «La Aventura Venezolana», es esta: «Podemos decir que con el final de la dictadura gomecista comienza apenas el siglo XX» (1963: 45).

algunas universidades (la UCV casi por 10 años), la carencia de recursos e inversión en la educación en general y un índice muy bajo de inscripción escolar, si se lo compara con los años de Guzmán Blanco, se hacía muy difícil poder tener un público lector amplio, un mercado cultural independiente o conseguir iniciativas de gran rigor intelectual, con traducciones que promovieran la recepción de nuevas ideas y debates. Si bien las gestiones en el Ministerio de Instrucción pública de destacadas figuras progobierno como las de Samuel Darío Maldonado, José Gil Fortoul o Rubén González ayudaron a avanzar en algunos aspectos educativos que no se habían podido lograr antes, contando además con algunos proyectos editoriales que hicieron otros positivistas, las prioridades del régimen iban por otro lado, como la inversión en comunicaciones, la construcción en infraestructura y el desarrollo del Ejército nacional. Muchos de esos problemas venían arrastrándose desde las crisis del liberalismo amarillo a finales del siglo XIX, que no proveyó una hegemonía política que le diera estabilidad al país para desarrollar sus instituciones, algo de lo que se va a encargar Gómez de manera muchas veces represiva e inconstante. Las pugnas de poder entre Crespo, Rojas Paul y Andueza Palacios, sin olvidar el régimen conflictivo del mismo Cipriano Castro, hacían en efecto muy difícil mantener una línea de continuidad entre proyectos y generaciones, sin desestimar cómo ello afectaba el desarrollo de iniciativas autónomas, factor clave para fomentar trabajos culturales de espesor significativo y procesos educativos de calidad. Si seguimos la contabilidad de Antonio Arráiz (1991), entre 1830 y 1903 hubo más de treinta y nueve revoluciones, con gobiernos corruptos y desorganizados en muchos aspectos. Con todo, el auge de las clases medias en las zonas urbanas y el surgimiento de una nueva burguesía, como consecuencia de la estabilidad económica, la regulación del gasto fiscal y el posterior auge petrolero, produjeron en estos círculos reducidos iniciativas interesantes. Lo que no quiere decir que tanto el campo cultural como el intelectual (en la acepción de Bourdieu[39]) no sufrieran de mucha ductilidad e incongruencia, haciendo que el segundo, afectado y en crisis, dependiera cada vez más del primero, que a su vez no podía ser muy crítico con el régimen y debía ceder también en más de una ocasión ante sus purismos o sus visiones sectarias y retrógradas. La estabilidad que procuró el régimen de Juan Vicente Gómez, sobre todo en su período más abierto (desde 1908 hasta más o menos 1912), ciertamente sirvió de aliciente para que se abrieran nuevas actividades, pero pronto se fue resintiendo por la presión política y los intereses de las élites gobernantes, preocupadas cada vez más por mantenerse en el poder. Tampoco ayudó la crisis de papel vinculada a la recesión de la Primera Guerra Mundial, ni obviamente el exilio de figuras relevantes del ámbito de la cultura, como José Rafael Pocaterra, Antonio Arráiz o Rufino Blanco Fombona, quien ya fuera del país realizaría acaso unas de las actividades editoriales más notables del periodo, como lo fue su Biblioteca Americana. Pese a ello, surgieron algunas empresas en los talleres de tipografía Bolívar, Universal o Vargas, que aunque fueron irregulares y precarias, no dejaron de publicar algunos trabajos que comentaremos en este libro.

De igual modo proliferaron revistas ilustradas de gran factura moderna (*Billiken*, *Fantoches*, *Elite* o *Válvula*), que abrían nuevas condiciones para el diseño, que también se dieron en algunos libros: desde ahí vemos por ejemplo los trabajos de Rafael Rivero, o la cuidada edición de los textos experimentales de Juan José Tablada *Un día... poemas sintéticos* (1919) y *Li-Po y otros poemas* (1920). Hubo muchos certámenes convocados por diarios, alcal-

---

[39] Pierre Bourdieu desarrolla estos términos en varios de sus libros, especialmente en *Las reglas del arte. Génesis y estructura del campo literario* (1992).

días y otras instituciones, como la celebración del Día del Árbol el último domingo del mes de mayo, donde se realizaban concursos literarios en prosa y verso, o los Juegos Florales nacionales, que tuvieron especial relevancia. Pero no hay que olvidar que muchos sirvieron como medios de propaganda política y que los pocos que gozaron de mayor reputación, como algunos convocados por revistas de prestigio —el certamen literario del duodécimo aniversario de *El Cojo Ilustrado* es un caso relevante, o el que se realizó durante el Centenario del 19 de Abril—, no dejaban de insertarse dentro del proyecto nacional que auspiciaba el régimen.

En cualquier caso, si bien las extensas limitaciones para el acceso a ciertos productos culturales y tecnológicos, el alto índice de analfabetismo de la época y la desigualdad en la distribución de bienes de consumo ralentizaban ciertas dimensiones del proceso de transformación, no es suficiente como argumento para negar que, desde ciertos espacios y prácticas, estaban germinando cambios especiales, que dejarán su impronta después. Es un momento en el que los lenguajes políticos, estéticos y culturales se abrían a mezclas en iniciativas disímiles. Es el caso de la revista *La Alborada* (1909) y la no menos efímera *La Proclama* (1910), pasando por la vanguardista *Válvula* (1928) o *El Cojo ilustrado* (1892-1915) en sus últimos años, sin obviar *Fantoches*, el semanario humorístico creado por el famoso Leoncio Martínez, o la *Revista Técnica del Ministerio de Obras Públicas* (1911), clave para los imaginarios modernos y urbanos. En ese momento también circuló *Cultura Venezolana*, dirigida por José Antonio Tagliaferro, que logró reunir lo más significativo del mundo intelectual en las ciencias, las humanidades y el arte; de hecho, será la publicación que se analizará con más detenimiento en este libro, considerando su prestigio en el campo intelectual oficial, donde era frecuente ver publicaciones de los positivistas.

Claro está que las producciones de *Elite* y *Billiken*, como las apuestas más periodísticas de *El Nuevo Diario* o *El Universal*, también eran relevantes para presenciar una nueva manera de verse como comunidad imaginaria, pero no hay que dejar de tomar en cuenta las difíciles condiciones para la emergencia de un campo cultural e intelectual crítico y libre[40]. Trabajos como el de Nelson Osorio Tejeda, *La formación de las vanguardias venezolanas* (1985), o el no menos significativo estudio de Raúl Agudo Freites *Pío Tamayo y la vanguardia* (1969), muestran la conciencia que se tenía de las ideas que circulaban en Europa y los Estados Unidos, sin obviar los posicionamientos nacionales, que eran más variados que la simple dicotomía entre seguidores del régimen y críticos del mismo. Todo ello se insertaba además dentro de una peculiar red discursiva y de soportes tecnológicos, significativos para entender la emergencia de nuestro Estado nacional moderno.

Esto último puede verse con la telegrafía, vital para el Estado y sus dispositivos de control poblacional, el teléfono (que lamentablemente solo conectaba ciertas zonas del país), el sistema de correos, que coexistía con otros medios, y el desarrollo vial en carreteras, tan relevante para una reterritorialización novedosa de la nación que definirá nuestra idea de paisaje y territorio. También aparecen de forma incipiente el cine o la radio, que, si bien deficientes en ese período, abrieron una nueva cultura técnica en revistas y periódicos y en discusiones privadas o públicas. Hablamos entonces de un circuito que genera una nueva percepción y de un control estatal que, sin dejar de estar en manos del líder soberano, intervenía no solo sobre las maneras en que circulaban los contenidos de los mensajes, los discursos e intercambios de su población, sino en las condiciones mismas de su aparición o pro-

---

[40] En Segnini 1997 puede encontrarse abundante material y comentarios sobre el trabajo cultural de esa época.

ducción. Desde una modernidad asimétrica, discontinua, asincrónica, donde había una tensa dialéctica entre una temporalidad telúrica, detenida, y una temporalidad acelerada, modernizadora, se abría la posibilidad de una reorganización del archivo institucional y simbólico, lo que a su vez implicaba el surgimiento de nuevas opciones para sus resistencias, cuestionamientos, desvíos o manifestaciones imprevistas. Es, en definitiva, un tiempo donde coinciden varios tiempos, donde se entrecruzan distintas apuestas y generaciones de creadores. Como intelectuales orgánicos, destaca la que algunos llamaron la «tercera generación positivista», que se ocupó menos del área de la criminalística lombrosiana o de continuar el legado evolucionista de la ciencia de los pioneros republicanos para darse a la tarea de repensar la historia nacional desde categorías sociológicas y etnográficas (Laureano Vallenilla Lanz, José Gil Fortoul, César Zumeta o Pedro Emilio Arcaya). De igual modo, presenciamos la irrupción del grupo del Círculo de Bellas Artes (Manuel Cabré, Armando Reverón y Antonio Edmundo Monsanto), cuyos miembros rompen con la pintura académica, empiezan a procesar las tendencias más novedosas del arte y deciden, en paralelo a lo que venían haciendo ya algunos fotógrafos y poetas, salir del espacio cerrado para pintar el paisaje nacional. En el campo de la literatura también se entrecruzan varios grupos. Primero está la generación del 95 (Rufino Blanco Fombona, Manuel Díaz Rodríguez o Santiago Key Ayala), vinculada al modernismo y al criollismo; luego, la de 1909 (Salustio González Rincones, Rómulo Gallegos, Teresa de la Parra, José Rafael Pocaterra), que proponen líneas distintas del modernismo tardío o el regionalismo; la de 1918 (Fernando Paz Castillo, Enrique Planchart, José Antonio Ramos Sucre, Jacinto Fombona Pachano, Enriqueta Arvelo Larriva), quienes mezclan de igual modo varias tendencias. Y posteriormente la famosa del 28 (Rómulo Betancourt, Miguel Otero Silva, Andrés

Eloy Blanco), que se preocupan más por la política, aunque algunos tengan interés por la vanguardia, y no dejan de abrirse más a los imaginarios democráticos, socialistas y populares. Dentro de estas tendencias, se pueden encontrar dos lógicas operando: por un lado, la actualización del proyecto pedagógico nacional desde una estética menos criollista que regionalista para repensar el sujeto popular (donde lo mestizo se relaciona también con lo indígena y lo afro), valorando el territorio soberano desde coordenadas etnográficas; por otro, una radicalización, en casos muy puntuales, de la autonomización estética que se abrió con las apuestas de la generación de *Cosmópolis*, tratando de introducir algunos elementos que los modernistas en su momento no pudieron trabajar con más amplitud, como los universos simbólicos con reparticiones espacio-temporales que cuestionasen las tramas de la construcción de lo propiamente nacional.

Examinar qué se abre y qué se cierra del archivo nacional en ese momento de la máquina soberana es precisamente uno de los motivos de estas líneas. Presumo que estudiar esa realidad podría permitirnos encontrar mecanismos para desarmar ciertas recurrencias de nuestros *habitus* sociales y culturales, ciertas enunciaciones que nos dominan todavía sin darnos cuenta, al estilo de lo que sucedió con Andrés Barazarte en la novela de González León, con el artista Juan Loyola o con el mismo Hugo Chávez. Esa es la fantasía de estas líneas, la escenificación ingenieril, para seguir con las metáforas mecánicas, de un supuesto trabajo de desarreglo y descomposición de este motor corrosivo que define nuestra comunidad patria.

I.

Tiempos pos-heroicos

Ascensos borrosos
Una incierta economía fantasmal
de la deuda heroica

> Todo fenómeno histórico es invariablemente
> el resultado de una larga serie de fenómenos
> anteriores y el presente es hijo del pasado y
> lleva en su seno el germen del porvenir
>
> G. Lebón

La llama apagada

A veces las imágenes nos interrogan de formas insospechadas. Nos dicen cosas más allá de lo que vemos, revelando una dimensión inconsciente del período donde surgieron, una zona afectiva de la historia oculta o negada, una región todavía en estado latente donde no terminan de cuajar las palabras, las frases, las ideas y discursos articulados de los consensos oficiales o de los lenguajes legítimos, y que por alguna razón inesperada brotan de algún medio de expresión, portando una estela de opacidad que solo es posible captar con el tiempo[1]. Quien se acerque al hermoso *Tríptico bolivariano* (1911) de Tito Salas, realizado como homenaje al movimiento de liberación americano durante el siglo XIX, puede constatar lo anterior en un detalle curioso que cobra, a mi modo de ver, valor de síntoma de una época como fue la gome-

---

[1] Para algunos puntos de este análisis fueron de gran ayuda las conversaciones e intercambios que sostuve con los críticos Roldán Esteva-Grillet y Gabriel Guevara.

cista, justo cuando empezaba a imponerse la llamada hegemonía andina en Venezuela y se reorganizaba el archivo institucional de la nación. En esa particularidad de la pintura veo escenificarse rastros opacos, espectrales, donde coexisten varias pulsiones contradictorias que se mueven entre las fantasías sociales de un nuevo tiempo político de promesas y los miedos o peligros de épocas que no han sido superadas del todo. Los tres momentos de la vida del Libertador que muestra tienen un valor de progresión importante. Es cierto, si seguimos la lectura de Carole Leal, que en ellos se «resume el curso de la vida de un hombre» en la que se evoca «la fragilidad del ser humano y del poder» (2021: 24), lo que se correspondería con la nueva mirada positivista sobre el gran prócer, que comienza ahora a valorar la figura bolivariana desde sus grises y sus sombras. Pero si revisamos algunos detalles del mismo trabajo veremos algo curioso, algo que va más allá. Hablo concretamente de un elemento: el humo que surge al lado del cuerpo exánime de Bolívar en el último panel de la obra del pintor caraqueño, que se eleva como estela de lo que antes fue una llama y se despliega de forma fantasmal a todo lo largo del firmamento. Si se sigue su trayectoria, que se extiende sobre las tres temporalidades del tríptico, veremos que resucita los cuerpos de la batalla de la independencia. Algo hay ahí que sobrepasa la escena del cuadro, su mortalidad civil, que bien podría decirnos más cosas del tiempo en que se pintó.

No deja de ser curioso ese uso de la figura de una vela extinguida y borrosa justo al lado del Libertador, como si fuera parte de su alma que se levantara del cuerpo desfalleciente y se elevara al mismo cielo. Como sabemos, hay toda una trama con el imaginario de la luz en las alegorías nacionales. Podemos recordar cómo en *La victoria Junín* (1826), y especialmente en el «Canto a Bolívar», de José Joaquín Olmedo, se hablaba de un trueno que reventaba en el campo de batalla o de un fuego donde ardían el mismo poeta y los ojos de los combatientes llenos de «bélico furor». De igual modo en la *Venezuela heroica* (1881) de Eduardo Blanco se habla al principio de la «llama invisible» que viven los inflamados espíritus de la nación al escuchar el grito de libertad (1888: xi). Por otro lado, el madero encendido que sostiene Ricaurte antes de inmolarse en una explosión en el cuadro de Antonio Herrera Toro, que invita a los espectadores a ser cómplices de su sacrificio incendiario, o la inmensa columna de humo que muestra en pleno combate Martín Tovar y Tovar en «Batalla de Carabobo», destacan por igual este poder de irradiación destructiva que pertenece al fuego en su acción fulgurosa, sublimado por la lucha a favor de la emancipación, valor luminoso por excelencia en tiempos ilustrados, también representado en el halo de luz irascible que llega de la ventana al momento de firmar el acta de la independencia en la pintura de Tovar y Tovar.

Ahora bien, en el trabajo de Tito Salas hay un cambio: ya no es el fuego activo, palpitante, sino el fuego ya ido o fenecido el que surge bajo el humo de una vela. Para entenderlo mejor se hace necesario explorar más el cuadro[2]. De hecho, la llama extinta muestra un giro en la escena: ya no es una llamarada explosiva y desordenada, sino más bien una energía algo precisa, detallada, circulando en contornos delimitados; ya no es externa, sino interna; ya no es física, sino metafísica o trascendental; ya no es producto de un hecho palpable, visible, comprobable, que transcurre en el tiempo de la representación, sino es una herencia latente que se alza para capitalizar el porvenir.

Dicho lo anterior, no queda más que explorar mejor la misma trama narrativa que hay detrás del detalle mencionado, considerando los diversos elementos que participan en ella. Propongo

---

[2] De esta imagen del fuego y del cuadro de Tito Salas me ocupo también, desde otro lugar de enunciación, en *Tierras de agua: ensayos itinerantes* (2020).

una lectura especulativa que, en forma de tejido, vaya vinculando el análisis del cuadro (de sus escenas), las referencias que hay en él (en donde el culto bolivariano es relevante desde sus distintas implicaciones e imaginarios), la trayectoria del artista y algunos aspectos que vienen dándose en el contexto, sobre todo en los discursos de las ciencias sociales, la historia y la literatura.

Gestos y escenas

En la obra —pintada para el Capitolio Federal con motivo de la celebración del centenario de la declaración de Independencia de 1911, en un acto que entronizaba al dictador Juan Vicente Gómez en el poder y en el que también se inauguró el Museo Boliviano y se empezó a trabajar en la reconstrucción de la Casa Natal de Bolívar— encontramos tres escenas de calculada intensidad donde el padre de la patria está y no está. El primer acto es su juramento en el monte Capitolino en Roma y ante su maestro Simón Rodríguez, quien escucha adusto su proclama. El segundo es el Paso de los Andes, en el que aparece franqueando la cordillera con una población diezmada; sentado en su caballo, se lo ve enjuto, cabizbajo. En el último lo vemos ya muerto, con el rostro cubierto por un paño.

Hasta ahí las escenas no parecieran sino una reconstrucción pormenorizada de la vida sacrificada del Libertador. Sin embargo, y como vengo diciendo, algo hay más allá de las figuras mortales de las imágenes, algo que desborda los criterios de tiempo y espacio de la representación. Me refiero a ese detalle que nos interroga de forma curiosa y que se encuentra precisamente en esa última escena del tríptico, donde vemos al lado derecho del muerto un vapor que pareciera salir o de su cuerpo inerme o de un quinqué apagado, y que termina desparramándose a lo largo del firmamento de los tres paneles del cuadro, reviviendo la batalla por la

Tito Salas (1911): *Tríptico bolivariano*. Óleo sobre lienzo, 654 x 990 cm (con marco). Colección del Palacio Federal Legislativo, Asamblea Nacional. Fotografía de Reinaldo Armas Ponce.

independencia de manera espectral. Son figuras con espadas y trajes militares que se enredan con las nubes, mostrando otra realidad más allá de la dimensión fáctica de los hechos. La escena de la batalla se vuelve así inmortal, infinita, y entra en otro espacio. Lo curioso es que este lugar no es del todo luminoso, sino más bien se presenta de forma borrosa, turbia, dudosa.

¿Qué querrá decir eso? Los testimonios no ayudan mucho. En el mismo *Libro del Centenario* (1912) y sin indicación de autor, se describe nuestro detalle como compuesto por «cargas de lanceros y montañas y nubes y ciudades» (1912: 378), donde hay una «humareda que se alza de la luz extinta» y en el que «van revelándose las visiones magníficas de los días pretéritos: cabalgatas heroicas, las batallas de nombres perdurables y sonoros» (1912: 112). Rafael Pineda, uno de los estudiosos del tema, lo ve como una «Cabalgata de la Gloria» que se «asoma entre nubes borrascosas» (1969: 130). Para el reconocido historiador Roldán Esteva-Grillet, por su parte, podría tratarse más bien de un «recurso fantasioso, como de visión futurista de inspiración cristiana muy propia de la iconografía hagiográfica» (2010: 63). Si bien estas descripciones son algo indeterminadas o confusas, no dejan de servir de referencia para irse acercando con más cuidado al detalle que nos interesa. Nada más intrigante que pensar esas figuras en el firmamento como efectivamente un «recurso fantasioso» que surge de una vela extinta: una fantasía que podríamos considerar menos individual que colectiva, una fantasía que sublimiza y espiritualiza los cuerpos heridos, mortales, en un ascenso de inspiración cristiana que nos lleva a la lucha eterna de liberación, al cielo republicano de la lucha independentista; después de todo, y como decía de las pinturas Peter Burke a la hora de reflexionar sobre la imagen: «Tanto si son pinturas como si se trata de fotografías, lo que recogen los retratos no es tanto la realidad social cuanto las ilusiones sociales» (2001: 32).

Ciertamente, como vimos en lo que se abre en la última escena de la obra, pareciera darse ahí una especie de cesura o corte entre lo visible de los cuerpos mortales heroicos y lo visual de sus figuras espectrales, que rompe con el marco de la temporalidad cronológica, con el pacto de representación y su efecto indicial de realidad, para abrirse a la latencia expectante de futuras realizaciones en el firmamento[3]. Pero es bueno apuntar también que los dos

---

[3] Sigo aquí la distinción que hace Didi-Huberman entre lo visible como «objeto exhibido o encuadrado» (1995: 28) y lo visual como «acontecimiento» que guarda un elemento «virtual» (1995: 29), y es por eso que, a mi juicio, tiene un valor espectral o fantasmático en el sentido más abierto del término, porque «designa precisamente la potencia soberana de lo que no aparece visible» (1995: 29). Es cierto que, por el motivo del ascenso, se podría hablar de una «virtualidad figurativa» en los términos que usa Louis Marin

planos guardan cierta relación cuando revisamos con cuidado el imaginario nacional, pues el vapor o bruma nos lleva a otra dimensión de la hazaña heroica, dada en esa promesa futura, en esa herencia de las próximas generaciones, cercano al archivo espectral bolivariano. No otra cosa es lo que varios críticos e historiadores han ido señalando de esa manera de entender la patria como un «quehacer permanente», que consiste en «hacer real y vigente el pensamiento de Bolívar», tan propio de lo que Luis Castro Leiva vio como «historicismo bolivariano» (2005: 71) y que Ramos Sucre precisamente advirtiera para la época en uno de sus textos (y con un sospechoso lenguaje que revive la jerga positivista) al hablar del ideario de El Libertador como «germen de futuras evoluciones grandiosas» (2001: 16).

De este modo, lo que parecieran ser momentos diferentes en el tiempo del plano mortal de la obra, guardan una continuidad no solo con la progresión de la vida de Simón Bolívar, sino con la de su ideario, que sigue al parecer en ese firmamento brumoso; como dice el crítico Rafael Pineda, en la pintura «la causalidad se convierte en acción» (1969: 125). Lo corpóreo y lo incorpóreo en un *telos* de transformación y evolución se conjugan en una belleza a la vez realista y sublime donde «quedan conformes la Historia y la poesía», por decirlo en palabras de Rubén Darío, quien influyera en el pintor con su *Canto a la Argentina* (2005: 634). El sacrificio mortal valió la pena, parecieran sugerirnos las imágenes, pues la deuda y la herencia del trabajo liberador seguirán acumulándose sobre los venezolanos desde un horizonte de promesa infinita dado en el cielo eterno de lucha.

---

en cuanto a que la «representación se santifica» (2023: 66), pero prefiero el uso de Didi-Huberman por la dimensión de su acontecer.

Ascenso republicano

¿Qué pareciera entonces interrogarnos ese detalle irrepresentable dentro de la escena representable de la liberación? Es obvio que se nos aparece en el horizonte inmortal, mostrándonos que la lucha por la liberación seguirá en las futuras generaciones, pero lo curioso, lo extraño, insisto, es que las formas de este compromiso futuro, de este legado o deuda, sean nebulosas, oscuras. Lo que vemos en el firmamento no son elementos identificables, formas de transparencia y luminosidad, sino figuras opacas. Pienso que esa desrrealización, por más que tenga un valor alegórico que busca la continuidad de la emancipación en las futuras generaciones, no deja de ser de alguna manera sintomática de un cambio de paradigma nacional, de una transformación del *arkhé* patrio que genera cierta zozobra escondida, cierta angustia e incomodidad colectiva por los tiempos que vendrán, pero para ello es importante seguir explorando la pieza.

Cuando contemplamos la obra, se entiende bien que no deja de ser importante el carácter de *Tríptico* para poner en evidencia una narración visual que transmite mejor esta lógica historicista, este ascenso moral, virtuoso, pero también temporal, de la empresa emancipadora. En el primer panel vemos a Simón Bolívar en pose solemne, mirando a su maestro. Al fondo está una Roma derruida, dejada atrás frente al lugar de ascenso en el que se encuentran nuestros héroes patrios. En el mismo texto del juramento, adjudicado al protagonista de la imagen, se reconoce que se está frente al «pueblo de Rómulo y Numa, de los Gracos y los Horacios, de Augusto y Nerón, de César, de Tiberio y Trajano», esto es, frente a su historia imperial, y se afirma además que esa cultura ha «dado para todo, menos para la causa de la humanidad» (Bolívar 2009: 4). Lo dice justo El Libertador después de enumerar varios casos de decadencia para sobredimensionar más la distancia, tanto temporal como moral. Hay entonces cierto desdén hacia un momento histórico fracasado, que se mira en el retrato en contrapicado por la superación en una especie de *Aufhebung* hegeliano que se resolverá en el nuevo destino americano:

> La civilización que ha soplado en Oriente, ha mostrado aquí todas sus fases, ha hecho ver todos sus elementos; mas en cuanto a resolver el gran problema del hombre en libertad, parece que el asunto ha sido desconocido que el despojo de esta misteriosa incógnita no ha si no de verificarse sino en el Nuevo Mundo. (2009: 4)

La verdadera libertad está por venir en el Nuevo Mundo, en la promesa del juramento. Hay detrás de ello un *fatum*, una economía del deseo y la fatalidad, donde el sacrificio de una vida y de un itinerario (como vemos en el cuadro) se eleva por los aires como símbolo de un poder para salirse del destino histórico agotado y fenecido (el soplo de oriente que ha mostrado todas sus fases y elementos). Desde ahí, desde ese reconocimiento retrospectivo de crisis y superación, se abre otro camino que deja atrás la misma cultura romana, ya que podría resolver el gran «problema del hombre» que no pudo lograr esta otra forma de civilización desgastada.

El término tríptico proviene del prefijo griego *tri-*, que significa «tres veces», y *ptychē*, que quiere decir «pliego» u «objeto plegado». Es decir, se trata de algo «plegado en tres» que facilita una progresión narrativa desde el punto de vista visual en la pintura. Al parecer, fue usado en el cristianismo antiguo como retablo que mostraba imágenes divinas, entre ellas la de la misma Trinidad, detrás de los altares de las iglesias[4]. Además, muchas grandes obras en trípticos correspondieron a anunciaciones, como las del

---

[4] Para un estudio más pormenorizado del tríptico en la pintura occiden-

Greco, Rogier van der Weyden o Robert Campin, entre otros. De hecho, a sus paneles laterales se los vio como puertas y con ello se le asoció a toda una simbología relacionada con el acto de entrar a otro lugar, es decir, como rito de paso o transición a otras esferas celestiales, a regiones del más allá. Quizás por eso en el cielo de la obra de Salas la imagen de la gloria heroica que vincula los tres cuadros se concentra en el panel del medio, fin último de la entrega al otro mundo.

Lo anterior también explica por qué la figura humana del Libertador no pareciera ser tan protagónica como en otros retratos que también pintaron Martín Tovar y Tovar o Cristóbal Rojas, sin obviar su carácter sacrificial. En esta pieza de Salas aparece desde un ángulo en el que se ve mejor a otros actores y donde el escenario (y el movimiento) cobran también especial relieve: en la primera escena, está con su maestro de la infancia; en la segunda, queda detrás con pose cabizbaja, siguiendo una masa anónima de sujetos heterogéneos; en la tercera, su mismo rostro muerto termina oculto bajo un pañuelo. Por eso, para Mariano Picón Salas, Bolívar luce aquí «exangüe y quijotesco» (2007: 35). Lo importante por lo visto no es tanto su cuerpo histórico, sino más bien su cuerpo simbólico: su ideario.

Una breve comparación con el reconocido cuadro de Arturo Michelena *El panteón de los héroes* (1898) nos permitirá notar algunas diferencias relevantes. Si en Michelena vemos claramente la centralidad de la figura de un Bolívar dispuesto en la silla de forma rígida, rodeado de los héroes de la independencia, blancos criollos, en el de Salas el héroe se confunde con el pueblo en una perspectiva no tan agraciada; si en el de Michelena (en el mismo plano de los protagonistas) está la estatua y la encarnación de la

---

tal, recomiendo la introducción del estudio de Lynn F. Jacobs *Opening doors. The early Netherlandish triptych reinterpreted* (2012)

alegoría de lo nacional en forma de una mujer vestida de blanco con la bandera del país, en un mismo plano temporal y espacial —cosa que lo diferencia por cierto de un Arturo Herrera o Martín Tovar y Tovar, donde el registro alegórico se difumina y entrelaza con el histórico—, en el *Tríptico* de Salas, por el contrario, lo alegórico sube al nivel del firmamento, distanciándose de la representación mundana de las figuras humanas, hecho que evidencia una especie de fractura entre los dos planos, la necesidad de evidenciar una escisión.

Lo importante entonces no pareciera ser precisamente lo que se ve, sino lo que queda como resto o vestigio de esa lumbre apagada al lado de ese cuerpo fenecido: la promesa de un juramento de liberación que rompe con el esquema pictórico cronológico, atravesando la representación de cada escena, cruzando por igual los tres cuadros. Contrastan así los rasgos realistas, casi fotográficos, de los rostros y emociones, con el marco historicista que los dispone en el firmamento en un orden alegórico; la representación humana y real coexiste con la representación inmaterial de la gloria guerrera, que sobrepasa el cuadro como un sueño. Una economía simbólica se reparte así en un doble movimiento: entre el descenso corpóreo (de la montaña pasa al caballo para terminar en la cama), y el ascenso incorpóreo (de la cama pasa a la batalla continua en el espacio inmaterial del onirismo alegórico que sube a los cielos). Y al final todo se integra en el firmamento del panel central, precisamente como lugar de ascensión a donde se entra por las puertas del Tríptico.

No resulta exagerado verlo precisamente como una forma de ascensión o resurrección, siguiendo los motivos de los famosos trípticos del Renacimiento, que seguro Tito Salas examinó con detalle en su viaje a Italia antes de trabajar en el cuadro. La obra muestra así dos planos: uno real y otro espiritual, que se da en el Cielo, y a su vez se ve el motivo del ascenso, tal como vemos en el tercer panel cuando hay una especie de resurrección de la figura de El Libertador, quien ya se ha elevado de su condición mortal y ahora encabeza junto con su caballo una especie de lucha eterna. En ese sentido, Tito Salas sigue una tradición como las de la Europa republicana, donde se valieron de recursos iconográficos parecidos para enaltecer los valores de las nacientes repúblicas, pero sustituyendo el imaginario religioso por el civil; no en balde el crítico Robert Rosenblaum decía que en ellos se habían resucitado temas de la cristiandad y de la antigüedad (1986: 77), algo muy propio por cierto de lo que considero como el archivo figural o mítico de la máquina soberana nacional, lo cual a la vez me lleva a pensar en el análisis que Georges Didi-Huberman hace precisamente de uno de las obras más representativas del motivo de la anunciación. Me refiero al cuadro de Fra Angelico, artista relevante para el crítico francés, quien al contemplar otro de sus trabajos, la *Virgen de las sombras*, tuvo la oportunidad de desarrollar, como él mismo refiere, su estimulante teoría del anacronismo.

Sin ánimo de establecer una correspondencia directa entre este cuadro y el de Salas, quisiera detenerme en el análisis de Didi-Huberman, pues siento que puede servir para pensar mejor esta dimensión irrepresentable del detalle que vengo analizando. Sabemos que tanto los motivos de la anunciación, la resurrección, la asunción y por supuesto la ascensión tienen sus claras especificidades, pero me interesa a grandes rasgos destacar una lógica parecida en los dos planos que comparten de tiempo y espacio, y que es lo que pudiera verse en la obra de Salas desde motivos laicos o republicanos. Me refiero a la posibilidad de mostrar por igual las dimensiones divinas y terrenales, y abrirse a zonas umbráticas que los conecten en ritos de pasaje o de transformación inmaterial. El análisis de Didi-Huberman nos permite entender mejor esto. En su trabajo sobre el fresco de Fra Angelico *La anunciación*, titulado «La historia del arte en los límites de su simple práctica», explica cómo la potencia de lo virtual que marca el pigmento blanco del cuadro del pintor muestra una revelación muy propia de la creencia cristiana que rompe con el marco histórico de su representación y abre una cesura entre lo visible y lo visual. En la escenificación de ese pigmento blanco que se esparce en una zona del cuadro vemos no solo «la potencia soberana de lo que no aparece de forma visible» (2023: 29), sino el mismo «Verbo que se encarna con una intensidad luminosa» (2023: 38). Así que esa «matriz misteriosa, virtual, de acontecimientos innumerables» (2023: 34) con que identifica el blanco luminoso del cuadro renacentista viene dada por una forma de representar lo místico, lo inexpresable.

En el cuadro de Tito Salas vemos a la vez estos dos órdenes, y el firmamento también emula en cierta medida una dimensión de lo irrepresentable. Sin embargo, si ese otro lugar que no es representable se revela en el pigmento blanco del cuadro de Fra Angelico, en el cuadro de Tito Salas se da más bien en el color ocre o incluso negro, acaso producto de la influencia del trazo de los pintores españoles que tanto admiró, o quizás de lo que aprendió con uno de sus maestros, Lucien Simon, lo que le da, en cualquier caso, un carácter sombrío a ese lugar trascendental. Con ello pareciera introducirse un elemento de incertidumbre, que no está contemplado en los motivos de la resurrección de la iconografía cristiana, o en el caso de Fra Angelico, de la anunciación. Tratándose de una figuración de la historia ajena al mundo celestial el autor acaso haya decidido apostar por colores más oscuros, pero en cualquier caso eso también sería significativo como gesto a leer y descifrar. De manera especulativa, sigo pensando que ese detalle que nos ocupa puede corresponderse a cierta duda que se estaba viviendo entonces. Es probable que todavía hubiera serias reservas sobre el futuro de la nación con el régimen de Juan Vicente Gómez, tratándose de un año donde se iba haciendo más claras sus intenciones dictatoriales, y más cuando Tito Salas regresaba pronto a vivir a su país —Salas, si bien declaró su apoyo incondicional al dictador, es posible que en el fondo abrigara algunas dudas, como sucedió con muchos de los que siguieron a Gómez con el argumento de que era un mal necesario. No descarto incluso esa última posibilidad, por más que Salas haya llegado de forma apoteósica a Venezuela, como el gran artista del país que conquistó Europa. Con todo, siento que hay algo más vinculado a nuestro archivo espectral. Quizás sirva recorrer brevemente el motivo cristiano de la ascensión, lo más cercano a lo que sucede en el cuadro, ya que puede arrojar mayores evidencias sobre lo que nos interesa.

La palabra está relacionada con la elevación del alma en la cultura católica. En los evangelios hay varios momentos donde se describe la ascensión de Jesús a los cielos. Uno está en Lucas 24: 50-53, donde Cleofás y un compañero se encuentran al hijo de Dios resucitado y este, luego de bendecirlos, asciende frente a ellos al firmamento. El otro está en Marcos 16: 19, donde Cristo se aparece a dos de sus discípulos y, después de pedirles que prediquen el evangelio, se eleva al cielo ante sus miradas. En Hechos 1: 9-11 se describe en más detalle el fenómeno: cuando se reúne con los apóstoles, les aclara el momento en el que recibirán el mensaje de la restauración de Israel y posteriormente tiene lugar la ascensión: «Y habiéndoles dicho estas cosas, viéndolos ellos, fue alzado y le recibió una nube que le ocultó de sus ojos».

Para el cristianismo se trata de un episodio muy relevante para dar prueba de las relaciones del más allá con el mundo terrenal. Su abundante iconografía, que se inicia cerca del siglo IV, osciló siempre entre la asunción de la virgen María y esta ascensión del hijo de Dios. En ambos motivos, en todo caso, se escenifica la espiritualización del cuerpo, que queda despojado de su vitalidad para subir al plano trascendental desde el cual todo cobra sentido, siguiendo el gesto del hombre platónico que sale de la caverna al mundo del conocimiento verdadero en su *República*. Todos son motivos visuales que reaparecen en Salas y otros autores republicanos, algo muy propio de las operaciones del archivo figural de la máquina soberana. La diferencia aquí estriba, como se puede deducir, en los actores que aparecen en este cuadro de Salas. Ya no son ángeles o dioses, sino héroes independentistas; en un mundo laico, moderno, este espacio-tiempo está representado por el «historicismo bolivariano», por su paradigma que ve lo nacional como una empresa de revolución permanente. Detrás de esta caracterización, sospecho, pudiera evidenciarse algo más relevante que está precisamente en el fondo desde el cual la escena realista de la pintura cobra significado, es decir, en esta dimensión platónica o cristiana de lo verdaderamente trascendental. Que ese espacio sea ocupado por estos cuerpos combatientes pareciera decirnos que nuestras obras en el mundo mortal estarán dirigidas, signadas, por ese otro mundo, como si en el fondo evidenciara, si quisiéramos traducirlo en términos foucaultianos, las condiciones de posibilidad de todo discurso nacional producido en esa época, el marco que define lo posible y lo imposible de las prácticas culturales de corte nacional, tal como veremos en los textos positivistas y otros que se escribieron por esas fechas, o lo que es lo mismo, el poderoso lugar del archivo espectral sobre el institucional en la máquina soberana nacional.

SUBLIMAR EL EXCESO

Me detengo por un momento. Hay una historia que vale la pena introducir ahora, antes de seguir con el análisis. Me refiero al destino de nuestro tríptico de Salas dentro de la trama institucional venezolana, que por cierto terminó colocándose en el Palacio Federal Legislativo, en la sala que lleva su mismo nombre, donde reside aún hoy. El tríptico ocupa toda la pared oeste y debajo de él se exhiben los textos constitucionales venezolanos desde 1830, fecha fundacional de sus gobiernos republicanos. Junto al tríptico de Salas se venía ejerciendo un ritual que por mucho tiempo fue relevante para la democracia y la alternancia de poder desde 1958. Me refiero al juramento por parte del nuevo presidente de la nación, quien, al ser elegido por el voto popular, debía dar cumplimiento allí de su deber como magistrado. Salvo el caso de la segunda presidencia de Carlos Andrés Pérez en 1989, que hizo por primera vez el juramento fuera del recinto, específicamente en el Teatro Teresa Carreño, todos los presidentes elegidos habían seguido el ritual, excepto Hugo Chávez Frías en 1999, quien decidió no seguir los protocolos y romper la convención lingüístico-jurídica. Chávez decretó así como «moribunda» la constitución que lo llevó al poder y que todavía estaba vigente, jurando a entidades muy por encima de ella: Dios y la Patria. La juramentación, como sabemos, es acto muy relevante, porque convierte «la afirmación de soberanía en un performativo, un compromiso, una fe jurada» (Derrida 2010: 104), de modo que estamos ante un ritual especialmente importante en el tejido simbólico.

Hay dos lecturas simbólicas de ese ritual y ese espacio donde el cuadro de Tito Salas cumple un rol destacado. La primera es la de Carole Leal Curiel. Al ver el periplo de Bolívar en el plano mortal, que es lo que sobresale, el nuevo soberano puede dar cuenta de «lo efímero de la vida y la inestabilidad del poder» (2006: 18). La segunda interpretación, que se concentra sobre todo en las constituciones que están cerca del cuadro, es la de Sócrates Ramírez, que la misma Leal Curiel cita: «la de la sujeción a un poder que es superior al suyo, y que está encarnado en el cuerpo político constituido por los representantes del pueblo, quienes son los hacedores de la ley» (2006: 16). Más allá de matices o diferencias, en ambos casos nos encontramos ante la fuerza directa de la soberanía nacional: el *Tríptico* cumple el rol de servir de testigo visual del revestimiento soberano, a su vez encarnado en los sujetos y objetos que muestra en los trazos de sus colores y disposiciones sobre el lienzo, que deviene así un vehículo de figurar —es decir, de hacer imagen, de modelar, de llevar a una forma concreta, reconocible, corporal o legible— la misma voluntad general. En el acto de mirarse en el cuadro se conjuran las deudas y condiciones para seguir la promesa soberana de la patria, pero también para delimitar lo propio y lo impropio de la ejecución de su representante temporal, de lo que es digno y de lo que no lo es.

Se trata de un artificio óptico, pues se vale de figuraciones visuales donde además se establece una suspensión «entre una naturaleza celeste y una terrena», al decir de Giorgio Agamben (2006: 75)[5]. La modalidad de máquina soberana de la que vengo hablando es por supuesto una derivación de este artificio, pero ya circunscrito al contexto de la vida en común de la *res publica* y de las formas de imponer autoridad en ella[6].

---

[5] Para evidenciar la estrecha relación que existe entre la cultura y la idea de lo humano, Agamben desarrolla la noción de «máquina antropológica» en dos textos conocidos: su libro *Lo abierto. El hombre y el animal* (2006) y el breve artículo «Acerca de la imposibilidad de decir Yo», incluido luego en el conjunto de ensayos *La potencia del pensamiento* (2007). En cierto sentido, Agamben reformula lo que ya el mitólogo Furio Jesi venía desarrollando, pero le interesa desmarcarse de la idea de mito y abrirse más bien a la de lo humano. En términos generales, piensa que el llamado *Homo sapiens* no tiene una naturaleza propia; para definirse necesita valerse de mecanismos de representación que le permitan reconocerse desde la diferencia con el animal. Verse en *figuras*, muchas de las cuales son trasformadas para distinguirse de las criaturas con las que comparte el mundo o el planeta; mirarse en máscaras, por decirlo de alguna manera, que lo ayuden a cobrar conciencia de su relación y diferencia con sus compañeros de existencia biológica.

[6] ¿Acaso no presupone toda soberanía una idea de sujeto humano, que

Si la máquina antropológica delimita lo humano de lo animal, la soberana patriota parte de ahí para imponerla desde las coordenadas de un territorio, de una población, de una cultura y de una institucionalidad estatal. Bien lo sostenía el propio Agamben cuando afirmaba que su aparato maquínico, por decirlo de alguna manera, al estar siempre «decidiendo y recomponiendo en cada ocasión el conflicto entre el hombre y el animal, entre lo abierto y lo no abierto, podría también producir para un pueblo su historia y su destino» (2006a: 139). Por eso, para trabajarla, es necesario tener en cuenta las discursividades, las imágenes y representaciones que provee, que en este caso se dan en una nación poscolonial como la venezolana, marcada por el destino recurrente de algunas enunciaciones y conformaciones. Por otro lado, es bueno insistir en un punto revelador. El presupuesto antropológico que constituye y funda el proyecto soberano se vuelve en núcleo desde el cual se propaga el vínculo y la separación con lo animal, lo divino, lo humano y lo imaginario, promoviendo así otra escisión: la de aquellos que están insertos dentro de esta idea de autoridad nacional y la de aquellos que no lo están, es decir, de la frontera que delimita la relación conflictiva entre

a su vez se deriva de una noción de pueblo, detrás de la cual está esa famosa «persona ficticia» de la que habla Hobbes? Por eso, como observa muy bien Jacques Derrida en *La Bestia y el soberano*, Hobbes buscaba antropologizar «el origen y el fundamento de la soberanía estatal» (2010: 78). No por causalidad la *figura* visual del *Leviatán*, el frontispicio que adorna la obra del autor, es la del gran cuerpo humano de un rey que está a su vez formado por múltiples cuerpos de personas, que serían, como es de suponerse, forma de mostrar el pueblo, de hacerlo visible. Pero a la vez es necesario advertir algo determinante, como muy perspicazmente sostiene el mismo Derrida a todo lo largo del texto citado, y es que esta noción está constantemente distanciándose y reconociéndose entre distintas tropologías vinculadas a lo animal, así como a criaturas relacionadas con la imaginación, con lo ficticio, con Dios y con elementos propios de los cielos o el más allá.

amigos y enemigos, entre pueblos civilizados y pueblos bárbaros, entre ciudadanías nacionales y/o ciudadanías extranjeras. Estos discursos y artefactos culturales, como se ha dicho en la introducción, vienen del archivo figural o fantasmal, y son distribuidos, organizados, por el archivo institucional del momento histórico y sus mecanismos de representación visual.

En la escena del cuadro de Salas vemos entonces funcionar el dispositivo óptico que define este aparato según Agamben, en el que a su vez se establece una nueva articulación entre lo terrenal y lo celeste, dada en las operaciones de las escenas del firmamento frente a las escenas que suceden en la tierra. Desde luego que ahí está operando una traslación simbólica de la teoría de los dos cuerpos del rey, que a su vez es una reinterpretación de la naturaleza doble de Cristo (celestial y terrenal). En *The two bodies of the king* Ernst Kantorowicz muestra en detalle cómo la figura del soberano tenía un cuerpo físico, el de la persona del rey, y un cuerpo político o simbólico, que representaba la nación. Esto también lo vemos acá con Simón Bolívar, dentro de lo que muchos han estudiado como el culto bolivariano[7]. Pero además de eso, las relaciones entre lo terrenal y lo divino se mezclan con las de lo racional y lo irracional o instintivo. Si se aprecian con cuidado los actores del cuadro, bien pudiera darse un nuevo juego de intercambios entre lo humano y lo animal, si consideramos también el lugar del caballo, que no he analizado hasta ahora y del que basta solo destacar (para no excedernos en nuestros propósitos) cómo opera en los dos clivajes de la pintura: si en el plano mortal los cuerpos cansados de los hombres, donde no deja de tener cierto valor el sujeto blanco criollo Bolívar, son transportados por unas yeguas no menos sufridas[8], en el plano inmortal de las figuras en el cielo

---

[7] Véase Dávila 2015 y Arenas & Gómez Calcaño 2006.
[8] Aparece en relación con el pueblo, confundido con él, y por más que no

divisamos, por el contrario, la elevación de ambas criaturas por igual, como si fueran una sola entidad, sobre todo en la imagen del Libertador, pero con una paradoja interesante[9]: a la vez que son vigorosas y de gestos enérgicos, preparadas para algo tan brutal o básico como una batalla, se muestran de forma fantasmal y con gestos monumentales, como si lo animal e irracional de la fuerza se justificara por el motivo de la lucha eterna por la independencia continua[10].

Aquí hay algo destacable. Cualquier estudioso del tema sabe que muchos de los argumentos de los intelectuales orgánicos del régimen de Juan Vicente Gómez residieron en presupuestos antropológicos que venían de la etnografía comparada. A su manera los interpretaron y usaron desde un marco de validación científica, donde sus referentes biopolíticos modernos no se expandieron con el suficiente interés para propiciar técni-

---

se vea, en oposición a otro sujeto negado pero que está ahí de forma invisible, que sería el español imperial y colonial.

[9] Recordemos cómo el llanero era visto como un centauro, precisamente porque sabía pelear muy bien con el caballo; nuestro primer presidente constitucional, José Antonio Páez (dignificado como primer modelo de «gendarme necesario» para los positivistas) fue llanero y calificado con ese nombre mitológico. Derrida ha comentado su carácter dual en la mitología, al representarlos al mismo tiempo como grandes bestias salvajes y «héroes civilizadores, maestros, pedagogos» (2010: 114), y observa cómo Maquiavelo asume la figura del príncipe soberano como alguien que debería tener dos naturalezas: ser mitad animal y mitad humano, para desarrollar la astucia e inteligencia del arte de gobernar (2010: 116).

[10] Es curioso que en *Lo Abierto* (2006a) Agamben haga partir su reflexión sobre el modo en que en la posthistoria las relaciones entre lo animal y lo humano de nuevo se diluyen y reconfiguran. Bien podríamos pensar, salvando las distancias, que detrás de la utopía del historicismo bolivariano y su republicanismo romántico se fija un tiempo utópico también posthistórico. De ahí esa obsesión por el nuevo hombre revolucionario en muchas tradiciones latinoamericanistas que reviven el legado bolivariano.

cas de gobernabilidad, formas concretas de control poblacional liberal salvo casos específicos e incipientes de vacunación, aseo o urbanización, sino para armar lenguajes políticos que autorizaran una lectura de la cultura nacional con propósitos soberanistas y pastorales (en el sentido de lo que Foucault entendía como poder tanto soberano como «pastoral»)[11]. Se dieron estos razonamientos en dos tendencias relacionadas que sirvieron de coartada mutua. Sin ánimo de adelantarme en unos elementos que estudiaré mejor posteriormente, solo diré ahora de paso, y de forma muy resumida, que la primera consistió en el uso del evolucionismo científico para justificar la historia patria y su revolución permanente (Castro Leiva), mientras que la segunda se basó en una construcción de lo popular desde condiciones territoriales y culturales, donde el llanero tuvo un lugar protagónico en lo nacional. Ambas se complementaron: si una buscó justificar la teleologización republicana desde la teoría de la evolución darwiniana fue precisamente porque la otra desarrolló una conformación de la naturaleza humana gracias a una idea de raza menos biológica que social, donde se interiorizó el medio geográfico y la herencia social en una dimensión inconsciente del sujeto que lo domina de forma instintiva (por eso la práctica de la doma equina). Mi tesis, de hecho, es que la primera se justificó gracias a la segunda, dándole direccionalidad, sentido, tal como vemos con el caballo y el jinete en el firmamento del cuadro de Salas, apostando su recorrido a un lugar trascendental[12].

---

[11] Foucault se ocupa de la noción de «poder pastoral» en los cursos reunidos en el libro *Seguridad, territorio, población* (2006). Ha habido muchas discusiones sobre su uso de dichos términos, pero sin duda abrió la puerta para entenderlos en coexistencia y no en cortes radicales.

[12] No por casualidad Laureano Vallenilla Lanz legitimaba el autoritarismo nacional al hablar de la importancia del uso del caballo en la cultura pastoral venezolana: «Mientras que en las otras regiones, en las montañas

Con ello se pretende sublimar el exceso, dirigirlo. Así no dejan de auratizarse, por decirlo de alguna manera, esas fuerzas animales y violentas de la batalla, paradójicamente en el plano celeste. Eso además permite empoderar la verticalidad ascendente de la escena del cuadro para delimitar sus relaciones y distinciones entre lo mundano y lo ideal, gracias a lo cual ese plus, ese excedente de poder o intensidad que Derrida advierte en lo soberano mismo bajo una «economía de la demasía» (2010: 308), queda legitimado. Y esa demasía, ese exceso u orden de lo des-figurable (para añadir otros aspecto), podría explicar precisamente el hecho de que Bolívar no ocupe la centralidad del cielo (tal como uno podría pensar dada su centralidad), sino que, al colocarse un poco de lado, deje un vacío que hay que llenar con la lucha perpetua, constante. De modo similar no baja su mirada hacia la vida mortal, sino que asciende y se separa radicalmente de ella, preocupado más bien en proseguir su batalla hacia el firmamento. A diferencia de los trípticos de la ascensión de Cristo, como por ejemplo el de Andrea Mantegna, o los cuadros de Giotto, Rembrandt y Tintoretto del mismo motivo cristiano, aquí vemos en la figura celestial una cierta despreocupación por su viejo contacto terrenal. Está por lo visto interesada más bien en llenar, con su batalla, esa falta que queda en las alturas, conduciendo así al pueblo que lo

---

sobre todo, pudo establecerse el inmovilismo, el quietismo colonial, que todavía persiste a pesar de toda la farándula republicano-democrática de que alardean sus ideólogos en los periódicos y en los congresos, en los países de llanuras el caballo rompió todas las amarras, y el jinete a campo raso, donde no hay cercos que los dividan ni montañas que lo estrechen, cuando aquel campo es la Pampa o los llanos sin límites, se siente libre en sus acciones; y daría rienda suelta a su pensamiento como a su caballo si alguien u otros en iguales condiciones, igualmente a caballo, tratasen de sustraerse a las penosas sujeciones del patrón, de la mita, de la encomienda o repartimiento» (1930: 349).

sigue con propósitos combativos a ese momento de plenitud por venir, a esa conquista o victoria por satisfacer.

Si bien ello corresponde en cierta manera al orden discursivo y la manera en la que se verá a Bolívar durante la época de Juan Vicente Gómez, puede interpretarse también (y sin contradecir esta línea), con respecto a otros dos elementos. El primero, especulo, tendría que ver con la lógica con la que opera la máquina soberanista. Ya Furio Jesi advertía que esta no tenía un centro sino más bien una especie de vacío que oculta con una supuesta realidad trascendental e inaccesible, algo que podríamos vincular también con la lógica del deseo en Jacques Lacan, que siempre está aspirando a un *objet petit a* momentáneo. Ese gesto de enmascaramiento sirve para mantener viva su reproducción mitológica, su fuerza fabuladora, porque al final es un aparato autofundante, que crea su propio principio germinador, y así «pone su origen en el afuera de sí que es su interior más remoto» (en Agamben 2006: 150).

El segundo elemento que podría explicar ese vacío tendría que ver con el ideario bolivariano mismo, que si bien asumió de manera sustitutiva el cuerpo político del rey (Kantorowicz) durante la era republicana, lo hizo sin embargo apuntando a una universalidad abstracta desde la cual se justificaba su empresa emancipadora[13]. De ahí los traumas históricos que arrastra su culto, al verlo desde un doble movimiento de culpa y castigo: por un lado, como alguien que abandonó a los venezolanos para seguir su lucha de liberación en otras latitudes; y, por otro, como alguien que no pudo concretar esa tarea precisamente porque

---

[13] Este problema, que conlleva un conflicto irresuelto entre lo particular y lo universal, generó a su vez el problema de una gobernanza que siempre osciló entre los extremos de lo monumental y lo performático dado en la improvisación y el baile, como ha mostrado muy bien Rafael Sánchez en *Dancing Jacobins* (2016).

fue traicionado por los venezolanos. Traumas que hacen difícil, vale acotar, una relación convincente con lo nacional por los problemas que arrastra, siguiendo la fuerza de una compulsión por volver al evento original de la separación traumática a ver si se puede reparar lo dañado o perdido. Como es de suponerse, ello termina siendo el motor que impulsa las energías maquínicas de nuestro aparato. Es lo que evidencia las recurrencias del orden discursivo soberano, más allá de las diferencias de tiempos y sujetos, de agentes y contextos. Y eso, vale decir, es lo que está visualizado en esa falta del firmamento del cuadro de Tito Salas que nos pide, como legado o herencia, llenar, cumplir, satisfacer, recuperar, tarde o temprano.

Lo curioso, como dije antes, es que en ese lugar Tito Salas no se sustraiga de esa dimensión opaca que pareciera encarnar una forma de dirigir el inconsciente colectivo venezolano. Además, si volvemos a su motivo pictórico inicial, hay una transfiguración reveladora en él donde pasa del escenario pacífico de las figuras cristianas al escenario nebuloso y desordenado de la guerra.

El detalle desfigurado

Faltaría mencionar otro elemento que hemos olvidado en este breve recorrido y que en cierta medida corrobora lo que venimos comentando sobre la hermosa obra de Tito Salas. Me refiero a lo que hay detrás de otros dos detalles particulares e inexplorados del cuadro. Uno de ellos tiene que ver con el rostro de Bolívar, que sigue el modelo de la «vera efigie» de Gil Castro, que se inspiró a su vez en los retratos que el propio Castro había hecho de reyes; necesitados de cierto efecto de inmortalidad sobre su cuerpo simbólico, el pintor los retrata en sus lienzos con un solo gesto atemporal en el rostro, como si no hubiese marcas del tiempo. Como señala el historiador Tomás Straka, «el muchacho que a los veintiún años jura en el Monte Sacro liberar América frente a su maestro, tiene la cara del estadista de cuarenta y dos años», y por ende «no aparece el hombre de bigotes, bronceado por el sol de los llanos» que otro pintor retratara para mostrarlo durante ese período (2009: 153).

El segundo detalle tiene que ver con su representación en el firmamento dentro del cuadro, que no es más que una reproducción de la Estatua Ecuestre de Bolívar, realizada por Adamo Tadolini, y que a su vez es un réplica de la versión original que se hizo en la Plaza Bolívar de Lima en Perú, financiada para ese entonces por la Fundación Von Müller. De modo que mientras los demás elementos de la pintura tratan de ser lo más realistas posibles, mostrando gestos de dolor o constreñimiento con una clara carga patética, el líder (no solo en sus facciones más íntimas, sino en sus empresas de acción futura) termina siendo mostrado desde los moldes de cierta atemporalidad arquetípica, de cierto anonimato monumental. De esa manera se privilegia su dimensión alegórica, por encima de su encarnación real; su fuerza ideal, por encima de su poder verosímil; no deja de ser tentador interpretar entonces el proceso de su mortalidad en los escenarios de la vida como el proceso de devenir monumento al consolidarse como figura estatuaria[14]. Dicho de otra manera: lo que era apenas signo que se daba en el rostro, que al final por cierto sale cubierto con un paño al morir, termina de emerger de modo más evidente y puro, en el cielo, bajo la forma de la estatua.

Sabemos que la trayectoria de Tito Salas fue amplia, con varias líneas de interés y producción, pero quizás habría una continuidad entre lo mundano y lo estatuario en sus recorridos. Las primeras obras antes de su partida a Europa, tan significativa en su

---

[14] Lo estatuario es muy relevante y remite a la tesis de Rafael Sánchez, quien ha visto en nuestro republicanismo una tendencia a la teatralización monumental, que deviene un importante dispositivo de poder.

formación y experiencia personal como pintor, todavía se mueven cargando las viejas herencias del siglo XIX con motivos heroicos y helénicos, tal como vemos en su cuadro *La Fragua de Vulcano* o la *Batalla de la Victoria* (1903). Luego, en su estadía en Francia, empezará a apreciar representaciones más expresivas de los acontecimientos mundanos, valorando las dimensiones del pueblo en sus prácticas cotidianas, como bien podemos ver en su reputado lienzo *La San Genaro*. Es precisamente por esa época, a mi juicio, donde se confrontará con la experiencia pictórica que lo lleva a dos viajes fundamentales para sus exploraciones estéticas. Uno será su visita a Italia, donde tomará nota de las representaciones de motivos cristianos monumentales. El otro será una estadía por dos años en España, donde su pintura adquirirá tintes más bien realistas, sombríos.

Con el *Tríptico* inaugura su etapa institucional, en la que resurgen motivos que ya había trabajado antes, pero que adquieren ahora una luz especial. Con él, además, se consolida como pintor oficial del Estado y como gran cultor de la epopeya bolivariana, sobre todo porque poco después pinta en la Casa Natal del Libertador y Panteón Nacional. El cuadro resulta paradigmático con relación a una línea que desarrollará en toda su pintura de este período, donde las relaciones entre lo mundano y lo trascendental, entre lo real y lo ideal van cobrando un relieve distinto a como se dieron en la iconografía de la historia patria del siglo XIX. Por eso creo que analizarlo significa tomar en cuenta al mismo tiempo una tendencia importante de su obra. Asimismo, el lienzo guarda una línea de continuidad con muchos de sus trabajos de corte histórico, pero también una línea de diferencia que no hay que desestimar frente a sus realizaciones posteriores; como muchos otros han señalado, la figura de Bolívar es representada en sus creaciones siempre desde una dimensión más profana, menos solemne y mucho más expresiva: en *El terremoto de 1812* se ve inclinado hacia el frente furioso, en *Expedición de los cayos* (1927) aparece en una postura en tensión, a la expectativa de combatir, o en *Batalla de Araure* (1927) su cuerpo aparece flexionado hacia atrás, en suspenso. Al igual que el *Tríptico*, contrasta su rostro impávido, sin expresividad, siguiendo el modelo de la vera efigie, frente a la cara de sus compañeros de acción, con claros signos de emotividad.

Es cierto que esta línea de su pintura destaca una visión menos solemne, más mortal y patética del Libertador, pero eso no quiere decir que dentro de ella no se dé a la vez otra línea que inscribe, por el contrario, una suerte de hiato o marca que escinde las relaciones entre una dimensión de la historia más alegórica y su dimensión más literal o histórica. Eso lo vemos en cuadros como *Apoteosis del Libertador* (1930), donde apreciamos al líder en una cima y en el cielo, detrás de él, se perciben las figuras de los héroes; en *Mi delirio sobre el Chimborazo* (1939), con Bolívar solitario en un cumbre mientras en el firmamento aparece la figura nítida de un ángel; en *La libertad de los Esclavos* (1950), donde se notan levemente sobre un cielo luminoso los trazos que definen los caballos en combate; en la *Apoteosis del Libertador* (1942), que recubre la nave central del Panteón Nacional, donde el firmamento está siendo cruzado por un carruaje libertario que transporta al héroe; y en otra versión de *Mi delirio sobre el Chimborazo* (1950), donde el ángel baja a la montaña y acompaña al Libertador. No hay que olvidar que muchos de estos trabajos repiten en clave alegórica y republicana los motivos religiosos de muchos de los cuadros que vio durante su viaje a Italia, y por eso en otro trabajo donde se advierte también la dinámica entre estos dos planos es *El milagro de Cristo* (1958), donde sigue los motivos de la ascensión.

Como podemos suponer ya, lo que diferencia el *Tríptico* en este aspecto es que aquí la escena del firmamento cobra ese tono deliberadamente opaco, desfigurado, borroso y hasta, cabría decir, ominoso que venimos destacando. No solo rehúye de forma deliberada el estilo visual de las representaciones posteriores, pintadas con trazo más claro y detenido, sino que además no guarda ninguna luminosidad resplandeciente, ninguna geometría o sentido de la proporcionalidad. De este modo, junto a esa especie de escisión entre el marco de la representación realista y el marco de la representación alegórica, vemos alzarse cierto tono sombrío en esta dimensión ideal del firmamento donde Bolívar reemprende la batalla.

De nuevo, volvemos a nuestra pregunta: ¿qué significa esa decisión a la luz de los tiempos que están por vivirse?

Tramas del momento

No hay por lo visto una sola respuesta que explique la decisión de incluir ese halo oscuro en el cuadro. Quizás vale la pena considerar más el contexto, sus prácticas y discursos. Desde una dimensión menos coyuntural, se comienza a advertir cierta ambigüedad en la forma de representar las figuras heroicas de la época, que podría vincularse con el detalle del cuadro. Pareciera entreverse una clausura sobre ciertas líneas en la representación y un horizonte distinto. Podemos citar múltiples casos, pero las imágenes que se desprenden en ese momento de la literatura son más que reveladoras, por eso quisiera detenerme en algunas. Pienso por ejemplo en ese blanco criollo Crispín Luz de talante mediocre, burócrata, que retrata Rufino Blanco Fombona en su novela *El hombre de hierro* (1910), un personaje sin ningún destello de heroísmo, o en el protagonismo que se le da en «Cuento negro» (1899) del modernista Manuel Díaz Rodríguez: al Pascual de «oscura piel de mestizo», que no solo le resultaba causa de exclusión entre sus compañeros, sino generaba a su vez «una lucha mezquina, la lucha latente de las dos razas que en él vivían, unidas en sangre, unidas en la conciencia, unidas en las raíces del ser, jamás reconciliadas» (1912: 279). Tras ello está el cambio que viene dándose en un nuevo sujeto nacional que ya no es obviamente el blanco criollo, sino que ahora es mestizo o mulato y de extracción más popular[15]. Un cambio que ya no obedece a simples representaciones de personajes exóticos, al estilo de las obras criollistas, sino a sujetos arrojados a dilemas vivenciales, a formas de subjetividad más complejas. Acompañando a esto están los deseos contradictorios que parecieran motivar sus acciones, que se mueven entre la libertad y el libertinaje, entre el honor y el resentimiento, entre la vitalidad y la violenta anarquía: el trigueño Presentación Campos rebelándose contra sus amos Don Fernando y Doña Inés mientras se une a las tropas de Boves en *Lanzas coloradas* (1931) de Arturo Uslar Pietri, el hijo ilegítimo Hilario Guanipa tomando los terrenos de la hacienda Cantarrana y casándose con la aristócrata Adelaida en *La trepadora* (1928) de Gallegos, o el mestizo Miguel Franco de la novela *Después de Ayacucho* (1920), de Enrique Bernardo Núñez, quien a través de la guerra logra el ascenso social que tanto anhelara.

De igual modo, las reconstrucciones del pasado mítico independentista no solo están protagonizadas en el panel del medio del cuadro de Salas por nuevos sujetos marginados (que aparecen con torsos desnudos y desgarrados de ciudadanos comunes, de

---

[15] Esto se corresponde con lo que Raquel Rivas Rojas (2002) comenta a propósito del cambio de la novela hacia la estética regionalista. Javier Lasarte Valcárcel ha mostrado que ya a finales del siglo XIX estaba teniendo lugar este cambio con la estética del criollismo decimonónico, y que para este momento mas bien se asistía al «nacimiento en la literatura del populismo democratizador contemporáneo» (1995: 15). Todo esto tiene que ver también con el cambio historiográfico de la «historia patria» a una historiografía más relacionada con las luchas modernas y democráticas de la nación; al respecto, véase Carrera Damas 1961.

personas de color o de aldeanos humildes), sino que se vuelve al evento desde otra perspectiva, mostrando los horrores de la guerra y sus sacrificios. Todo enmarcado en un curioso reparto del modo de representar el imaginario heroico en el que, al mismo que adquiere una apariencia más vernácula y realista, no deja de darle un valor mítico o alegórico a Bolívar, quien se encuentra al fondo, con semblante caído; el cambio pareciera saldar las cuentas con esas promesas incumplidas de inclusión social, y en cierta medida racial, que nos lleva a la terrible tesis del «gendarme necesario» (2016: 15).

☙

Ahora bien, cabe detenerse para hacer una consideración en este recorrido por los lugares de la ficción para entender mejor la oscuridad del cuadro de Salas: he mencionado la Guerra Federal y la crisis del liberalismo amarillo que trajo consigo toda una tradición de conspiraciones caudillistas de la mano del empoderamiento igualitarista; Antonio Arraiz (1991) habló de más de 39 revoluciones entre 1830 y 1903, sin mencionar cuartelazos, alzamientos y asonadas de distinto calibre. Con Cipriano Castro ocurrieron los bloqueos de las potencias extranjeras, la famosa Revolución Libertadora —liderada por Manuel Antonio Matos y considerada además como la última gran guerra civil nacional—, y una gran cantidad de alzamientos y conspiraciones que llevaron al mismo Castro a decir en algún momento que el país estaba azotado por una fiebre revolucionaria (Sullivan 2013: 201). Estos fantasmas revolucionarios y conspirativos son los que de cierta manera llevaron a los positivistas del gomecismo a repensar la historia nacional, y a los paisajistas del grupo de Bellas Artes, entre otros, a retornar panoramas contemplativos, estáticos y pacíficos, carentes de guerreros y de luchas, de representaciones bélicas. Se necesitaba asentarse, volver a la paz y al espacio propio. Por eso hubo una suerte de obsesión por construir de diferentes manera un paisaje nacional. Ya con el conflicto entre Paulo Guarimba y Josefina Macapo que narra *Este país* (1916), de Luis Manuel Urbaneja Achelpohl, se pone en tensión la trama amorosa de la realidad del campo y el protagonismo del escenario bélico, vehículo de ascenso social. *Después de Ayacucho* de Bernardo Núñez y varios cuentos de Gallegos, sin dejar de incluir el final patético de su héroe Reinaldo Solar, se desmarcan más radicalmente del culto belicista y heroico; no deja de ser curioso a este respecto que un texto de criminalística de Juan Liscano considerara el heroísmo como una actividad delincuencial y asumiera sus peligros en ese sentido[16]. Por otra parte, recordemos la proclama que recibe Crispín Luz sobre un alzamiento de entre los muchos que se dieron en esas fechas; en ella, con un tono ampuloso, se «juraba derrocar la tiranía, salvar la patria y difundir, a bayoneta limpia, la felicidad». Ahí se invitaba a los venezolanos «con toda altisonancia de nuestro altisonante lenguaje político a cumplir la tremenda obra de redención», y se tildaba al movimiento de «Revolución redentora» (Blanco Fombona 1910: 275).

Por último, estas nuevas caracterizaciones del imaginario heroico y del nuevo sujeto nacional evidencian una distancia crítica frente a sus modos de representación y abren otras políticas estéticas, otras coordenadas de manifestación. Así como en el cuadro de Salas vemos una separación entre el ideario en el cielo y su encarnación concreta en Bolívar, en muchas de las obras mencionadas presenciamos también representaciones duales o ambivalentes del motivo heroico. Quizás sea Julio Garmendia

---

[16] El texto en cuestión, titulado «Sobre sociología criminal venezolana», apareció en la revista *Cultura venezolana* en 1918. No he podido confirmar que sea del propio Liscano, a pesar de que fue publicado con su autoría.

quien mejor reflexionará sobre las consecuencias de este desfase con su humor lúdico e irónico; quizás sea él quien mejor se percate de esta *differance* que viene dándose entre el modelo heroico, siempre puro e idealizado, y sus realizaciones concretas en la historia venezolana, repletas de contingencias y problemas. Desde el espacio simbólico que va trabajando en la ficción moderna avizora no solo otro lugar de lo heroico, sino la crisis misma de su representación nacional, como si el repliegue que conlleva esta autoconciencia del fracaso del ideario le permitiera advertir con más claridad los poderes que hubo detrás del imaginario y la retórica que lo sostuvo. Esta derrota puede seguirse bien en el relato «La tienda de Muñecos», publicado en 1927, donde el autor hace una crítica solapada al nuevo militarismo que coincide precisamente con la modernización y profesionalización de la institución castrense, llevada a cabo por Cipriano Castro y Juan Vicente Gómez. Cuando los representa bajo las figuras de unos muñecos cautivos que permanecen en unos estantes, y que además es un gran negocio vender —se vuelven simples objetos de consumo mercantil—, de alguna manera está mostrando cómo la lógica profesional y económica del heroísmo se impone por encima de las virtudes republicanas de reciedumbre moral, arrojo y dignidad, aquellos elementos exaltados en las representaciones del siglo XIX.

Pero no es sino con «El cuento ficticio» (1927) donde, a mi juicio, mejor se trabaja el problema de la misma encarnación heroica desde este repliegue del que vengo hablando[17]. En el relato se

---

[17] Otro texto como «El librero», que al parecer tituló de forma reveladora «Entre héroes», prosigue con el proyecto narrativo de desacralización al evidenciar el dispositivo ficcional, ahora de manera más indirecta: uno de los protagonistas, un librero fantasmal y anónimo, confiesa que no sabe distinguir entre la realidad del mundo y la de los libros, pues al parecer habla desde la literatura misma. Lo curioso es que este personaje, quien al final

cuenta en tono de mofa precisamente la pérdida de verosimilitud de los antiguos héroes, su transfiguración en seres reales y verdaderos, poniendo de relieve la crisis que conlleva la conciencia de la mundanidad de sus figuras. Al mismo tiempo que el relato suspende, gracias a su carácter reflexivo, su mismo estatuto narrativo, clave para toda fábula, muestra esta carencia en el contrato simbólico para mitificar al sujeto heroico. Esta pérdida puede, por un lado, significar una democratización de la figura del héroe —y sobre todo de sus valores, que ya hemos visto con la aparición de otros sujetos nacionales no tan aristocráticos o criollos—, pero puede también, por otro, hacer manifiesto un cuestionamiento de sus ideales —que se vienen perdiendo bajo las nuevas condiciones de paz en un contexto centralizado, donde los andinos terminan de acabar con los últimos resabios de los alzamientos caudillescos— y de la conciencia del fracaso histórico de la Guerra federal[18]. En cualquiera de los dos, se logra la inoperancia de la

---

se esfuma dentro de algunos de los tomos, se preocupa menos por los seres transcendentales del heroísmo nacional, o incluso universal, que por los personajillos insignificantes de algunas obras literarias.

[18] En «Opiniones para después de la muerte» y «El camino de la gloria» vemos gestos parecidos, que muestran que se está trabajando el espacio ficcional de una manera muy distinta a como se venía usando antes: en el primero, cuando el protagonista sabe ya en el cielo de su falta, de su carencia, «de asombrosas aventuras y acontecimientos inauditos»; en el segundo, cuando se escenifica toda una parodia para reducir al héroe mismo (1984: 43). En otro cuento como «Cuando pasen 3000 años más», de 1923, si bien no se trabaja desde una lúcida autoconciencia de lo ficcional, hay una interesa exploración del género de la ciencia ficción para de nuevo impugnar el heroísmo mítico, sus usos y abusos. El relato se coloca en un lugar del futuro en donde unos arqueólogos descubren restos sagrados de una civilización sudamericana antigua, desaparecida hace mucho. Allí, «en el sitio donde se supone que existió una ciudad llamada Caracas», se descubren las ruinas de un templo que servía para llevar a cabo un «culto religioso» y que poseía todavía «objetos sagrados» e imágenes de santos y dioses menores. Ahí estaba

máquina nacional-soberana al «exhibir el vacío central, el hiato que separa», por decirlo en términos de Agamben (2006a: 167), el ideal heroico de su realización concreta.

Podríamos hablar de otros casos también, como la escenificación del sujeto decadente que producen varios de los poemas de Ramos Sucre, especialmente «La vida del maldito» o «Elogio de la soledad», y de sus desplazamientos al inconsciente cultural del imaginario heroico como otra forma de lidiar con esta realidad. Asimismo, en algunos pasajes de las novelas de Bernardo Núñez se muestra también una crítica a ciertos usos devocionales de la figura de Bolívar; de hecho, tanto en *Cubagua* (1930) como en *La galera de Tiberio* (1938) se presencia una crisis del sujeto republicano: si en la primera el blanco caraqueño Ramón Leiziaga termina preso y seducido por Nina Cálice, en la segunda los protagonistas, que están en Panamá, no son más que exiliados sin lugar en la patria misma. De igual modo, podríamos mencionar muchas de las figuras de las novelas de Teresa de la Parra y su interés en darle cabida a representaciones de lo femenino que cuestionan desde la ironía el poder patrimonial masculino, vinculado a la virilidad heroica[19].

---

también «la tumba de algún héroe nacional que fue elevado a la categoría de Dios» (1984: 132). Su fuerza tiene poder de irradiación, sobrevida y mitificación: «Es de esperarse que a medida que adelanten las actuales excavaciones se logre reconstruir la relación de los hechos de ese héroe, que toca hoy los lindes de la fábula y cuya memoria volverá a brillar en el recuerdo de la humanidad» (1984: 133)

[19] Lasarte Valcárcel (1993) explica muy bien este cambio desde las representaciones del intelectual que muchos de estos textos hacían. Si bien ese repliegue autorreflexivo ya venía ocurriendo con las narrativas modernistas, todavía mostraban una cierta nostalgia épica o idealización espiritualizada, de la que reniegan desde una mayor ironía o distancia reflexiva las obras de Teresa de la Parra, Rómulo Gallegos, José Rafael Pocaterra o Bernardo Núñez.

Los ejemplos son variados. Podría hacerse todo un catálogo de variaciones y posiciones a partir de detalles y gestos que vale la pena reconocer como tentativas que buscan distanciarse de cierta idea de heroicidad, todavía prevaleciente en algunos a finales del siglo XIX y comienzos del XX. Lo importante es resaltar cómo el imaginario heroico era visto bajo nuevas coordenadas, abriendo un espacio de negociación con la representación de un sujeto popular que aparecía, no sin ciertas dificultades, por fin en escena. La amenaza que significaba el reconocimiento de nuevos actores nacionales, sin restar peso a la agria aceptación del legado irresuelto de la Guerra federal, e incluso de la misma independencia, por no hablar de los signos incipientes de una cultura de masas que subvertía órdenes desde la supuesta trivialidad de la moda, de los modelos del cine y la radio, ¿acaso no podrían revelar un síntoma de incomodidad, una mancha oscura sobre el firmamento de una liberación nacional continua, tal como aparecía en la pintura que venimos comentando?

El nuevo pasado

Otro aspecto que hay que ver en contexto para entender el cuadro de Tito Salas tiene que ver con las ciencias sociales del momento. Esa sintomatología que vengo describiendo en algunas intervenciones literarias también estaba modelándose, si bien de manera menos crítica que en las apuestas ficcionales mencionadas, en la nueva concepción de la historia de los positivistas de la época, sin obviar que en ciertos aspectos la obra de Tito Salas también estaba enmarcada en una discursividad que se remontaba a finales del siglo XIX y que buscaba repensar el pasado nacional. Pensemos en la ayuda que recibió Salas de José Gil Fortoul y Vicente Lecuna en la recreación de los hechos históricos, o su amistad personal con Vallenilla Lanz, el célebre intelectual vinculado al gomecismo.

Los trabajos de muchos de ellos, que seguiré comentando a lo largo de este libro, evidenciaban un cambio epistemológico para el acercamiento oficial al pasado que vale considerar con cuidado, pues desde ellos se actualiza la máquina nacional-soberana. Ya muchos han descrito esta particularidad, pero quisiera destacar muy brevemente dos líneas[20].

La primera es la influencia de las ciencias, que estuvo a su vez permeada por el lenguaje biológico de corte evolucionista propio de la época. Los trabajos de Augusto Comte, Émile Durkheim y los colaboradores tanto de la famosa *Revue Internationale de Sociologie* como de la colección editorial de la *Bibliotèque Sociologique Internationale* fueron una referencia destacable. La segunda tendencia, acaso la menos explorada por los estudiosos de la primera, es lo que yo entendería como una acuciosa y nerviosa necesidad de distinguir, separar y recortar los espacios de la ficción (literaria, romántica) sobre los de la historia y la sociología (objetiva, científica). Luis Castro Leiva describió esta tendencia como producto del «tránsito y re-distribución de las relaciones entre lo bello y lo verdadero» (1988: 72), que sirvió de marco a partir del cual podían darse las condiciones de posibilidad del conocimiento histórico; de hecho, esta recolocación puede apreciarse en textos tempranos de Laureano Vallenilla Lanz, de Lisando Alvarado o del mismo Gil Fortoul, en donde criticaban la falta de rigor de

---

[20] Sobre la especificidad del giro historiográfico de los positivistas, véase Carrera Damas 1961. Sobre los lenguajes políticos que repensaron y cambiaron los positivistas, véase Sosa 1976, Harwich Vallenilla 1986 y Plaza 1985 y 1996. Luis Castro Leiva (1988) analiza este cambio como otra etapa o momento del «historicismo bolivariano», que bien se puede interpretar, desde el marco figural en el que opera la máquina y siguiendo a Hayden White, quien a su vez se basa en Auerbach, como «figura-cumplimiento», como expresión que «completa o realiza lo que estaba solo implícito [...] en el evento anterior» (2010: 147).

los acercamientos románticos, buscando una distinción tajante entre imaginación y hecho fáctico, cónsona con la necesidad de rescatar la historia civil del país, a pesar de valorar la necesidad de un gran hombre. Más adelante volveré sobre esto, pero vale decir que se trató de un debate relevante que buscaba situar el lugar de la ficción y la literatura de imaginación.

Al igual que el cuadro, la nueva historiografía del momento, movida por el trauma de la Guerra Federal, las promesas incumplidas del proyecto del liberalismo amarillo y la experiencia inestable, conflictiva y hasta desquiciada del régimen de Castro, buscaba plantear, bajo las coordenadas descritas, las formas del ideario bolivariano en una nueva distribución entre el culto mundano de la vida social y la idolatría espiritual del heroísmo nacional. Me detengo en dos trabajos significativos del momento. El primero, escrito a comienzos del siglo XX por José Gil Fortoul, es su *Historia Constitucional de Venezuela* (1907). Allí el historiador cercano a Juan Vicente Gómez buscaba por primera vez hacer una reconstrucción de la historia civil del país, distanciándose de los acercamientos militares. Cansado de la exaltación heroica del pasado como simple batalla grandilocuente, le interesaba ahora indagar sobre los procesos legales venezolanos. La figura de Bolívar en varias ocasiones es criticada; de hecho, más de una vez la tilda de impulsiva, con la tendencia a dramatizarlo todo, sin dejar de enaltecer desde luego su «ideal republicano» (1907: 311), que tuvo que irse moldeando con eso que llama «las leyes de la evolución nacional» (1907: 4)[21] —diagnóstico este que, por cierto,

---

[21] En más de una ocasión Gómez lo presenta como impulsivo: no se «detenía a reflexionar», con un estilo «a menudo pintoresco y musical» que tendía en exceso, y esto es relevante, a dramatizar lo que contaba y describía (1907: 290-291). En esto coincide por cierto con su colega Laureano Vallenilla Lanz, quien decía de Bolívar «que todo lo poetizaba» (1991: 96). Añade Vallenilla Lanz de Bolívar que en su infancia era un «travieso, desobediente,

escinde lo humano (el ideal) de lo irracional y animal dado en lo compulsivo—. De este modo la dimensión del héroe romántico se reduce bajo sus defectos y limitaciones mundanas, mientras que su ideario se enaltece, se eleva a la dimensión de valor nacional desde una visión evolucionista que perpetúa la lógica teleológica del historicismo.

La segunda historia, escrita por Laureano Vallenilla Lanz y publicada en 1922, es por supuesto la que se describe en *Cesarismo democrático*, donde explica cómo la guerra de independencia fue al final una batalla civil entre bandos venezolanos, a la vez que muestra la dependencia de la figura de un caudillo en la cultura política nacional, dejando de lado el liderazgo de Bolívar, que era representante de la oligarquía blanca criolla[22]. Así, el héroe no queda tan impoluto: además de ser cómplice de una lucha entre venezolanos, tiene claras limitaciones por su falta de origen popular; con todo, no va a dejar de reivindicar al Libertador bajo otras coordenadas, como hace también Gil Fortoul. En otro trabajo, Vallenilla señala

---

voluble, burlón» (1991: 199), al que le costó aplicarse a los estudios. Además critica su decisión de decretar la guerra a muerte, algo que todavía se suele borrar o negar por la historiografía más vinculada al Estado. Por supuesto, ello no es razón para dejar de destacar su ideario republicano y la necesidad de imponerlo con voluntad pese a que las condiciones eran desfavorables, pues «no había alumbrado todavía el cerebro de la masa pobladora compuesta en su mayor parte de mestizos o "pardos"» (1991: 311).

[22] Según Vallenilla Lanz, Bolívar no pudo lograr «la cristalización del sentimiento colectivo de los venezolanos» porque durante la independencia había surgido una masa popular protagónica que «como fuerza colectiva no existía al estallar la revolución» (1991: 34). El celebre igualitarismo había resucitado con la revolución, abriéndole camino a la llamada «pardocracia», y Bolívar no tenía representación frente a estos grupos por provenir de la aristocracia colonial. Al final, gracias a Páez, se logra conciliar a estos grupos: «El General Páez ha salvado la República [...] El General Páez es el primer hombre de Venezuela» (1991: 44).

cómo en 1811, momento fundacional de la nación, se estableció la autoridad del Libertador frente a la tendencia disgregativa y caudillesca, gracias a lo cual se logró «una fuerte tradición de la unidad política» y se echaron las bases del «sentimiento nacional» (1930: li). Aquí vemos cómo la teoría de la evolución es usada como principio modelador de la historia, pues «la biología abraza también la historia de las sociedades» (1921: 145). Para él, la sociedad es un organismo vivo y está determinada por sus condiciones naturales; por eso ve a la nación como un «concepto organista», que funciona como «los seres individuales» (1921: 207), y el ideario bolivariano termina por fungir como un principio vital que dirige la evolución. Así, al hablar de Bolívar, dice: «nadie podría disputarle jamás la gloria insigne de haber mantenido y consolidado la herencia inmanente de nuestros Libertadores» (1930: v)[23]. El lenguaje de las ciencias biológicas, muy usado en Europa para desarrollar nuevas tendencias gubernamentales biopolíticas, aquí por el contrario renovaba de forma radical el soberanismo.

También valdría la pena tomar en cuenta intervenciones de otros historiadores, que si bien no pertenecieron al círculo positivista del momento, sí comulgaron con algunas de sus ideas y miradas. Pienso en concreto en algunos de los primeros acercamientos del joven Caracciolo Parra Pérez, conocido diplomático e historiador de la primera república, quien para 1918 en la revista *Cultura venezolana* publica algunos de los capítulos de lo que será su texto *El Libertador* (1928). Allí habla sin remilgos del talante autocrático del líder, aunque no deja de justificarlo como consecuencias de la circunstancias. «No me atrevería a escribir que

---

[23] Esto lo vio lúcidamente en su momento Elena Plaza: «pudiéramos decir que Vallenilla hace una reinterpretación en clave positivista y evolucionista de la necesidad de los gobiernos fuertes y vitalicios prevista por la mentalidad ilustrada del libertador» (1996: 357).

no gustaba de leyes», afirma con algo de duda y seguramente incomodidad en su artículo «Bolívar y Venezuela», pero «no podía haber orden actual sin su dictadura, ni estabilidad en el porvenir sin su sistema» (1918: 121).

Estas nuevas formulaciones permiten ver, por un lado, a un Bolívar menos apoteósico, acaso más real y humano, y por otro, un ideario independentista menos marcado por la gloria que por la necesidad unitaria, sustituyendo en apariencia la teleología de corte cristiano, al estilo de Fermín Toro o Felipe Larrazábal, por una de corte evolucionista y social[24]. Así, tal como vimos con la lectura de Bolívar que hacen Gil Fortoul o Vallenilla Lanz desde su particular reconstrucción histórica, en las cuadros de Tito Salas hay acaso una dimensión más objetiva del pasado, donde en apariencia se retraía y replegaba la personificación guerrera de Bolívar —de capa caída, dejando de ser protagonista, y en escenas de desposesión— para resurgir en el humo de la vela como encarnación del ideario nacional.

El gesto lo acerca, como bien ha apuntado Rafael Pineda, al republicanismo romántico de un Laurens (maestro de Salas), en el que «la voluta de humo se eleva en sus pinturas de historia» (1969: 99)[25]; algo que también sucedía con los positivistas, que

---

[24] Si bien Fermín Toro fue el primero en tratar de mártir a Bolívar, estableciendo una analogía entre la crucifixión de Cristo y la muerte de El Libertador, no es sino con la biografía de Felipe Larrazábal, al decir de Christopher B. Comway, que se brinda una visión mesiánica de El Libertador que evidencia esta mixtura: «As in the Bible with the "word of God" Bolivar's words embody the heroe's being —his words reflect his essential being— and operates as sublime charges that enable humanity to catch glimpses os the celestial realm» (2003: 41).

[25] El hiato entre la teleología de la gloria y la mortalidad de la figura crea las condiciones para que las futuras encarnaciones del cuerpo nacional no sigan el molde original; dicho de otro manera, permiten la posibilidad

no rehuyeron la tentación de rendir culto republicano al padre de la patria con la retórica que precisamente negaban para sus acercamientos históricos. No en balde en una novela como *Las lanzas coloradas* (1931), escrita algunos años después, no solo se lee la guerra de independencia como una lucha civil y social sino que en ella Bolívar aparece únicamente de forma indirecta, lo cual acrecienta el impacto de su valor mítico o alegórico[26]. Casualmente esta mundanidad presente del heroísmo finisecular podría corresponder también a las imágenes fotográficas de Luis Felipe Toro, alias «Torito», quien perfecciona la técnica del retrato de figuras del poder en paisajes naturales. Sus fotos, aparecidas en la prensa del periodo del dictador, retratan al círculo que lo rodeó por años y tienen una impronta particular, que va sustituyendo el tipo de retrato que se hacía antes en el país[27]. En vez de exaltar, como en las pinturas del siglo XIX, leyendas mitológicas del credo republicano, se acerca a las figuras de carne y hueso del Estado nacional contemporáneo, a sus verdaderos representantes. En sus gestos más carnales, su vestimenta y accesorios cotidianos tenemos una perspectiva más objetiva y natural, más espontánea, más mundana. Lo curioso es que, si seguimos los encuadres de las fotos de Toro y los usos de cierta disposición jerárquica del espacio, encontramos, bajo otras coordenadas y actores, la misma exaltación heroica de antaño

---

del «gendarme necesario». No por casualidad Tito Salas pintó un retrato de Juan Vicente Gómez en torno a estas fechas.

[26] Sigo aquí la sugerencia de Mónica Marinone, quien ve en la novela la figura de Bolívar como «el único personaje histórico cuya ficcionalización [...] no implica su visibilidad, pues solo es escuchado, sentido o referido desde relatos que lo describen como extraordinario, aun capaz de derrotar al Diablo» (2010: 256).

[27] Sobre la fotografía de Luis Felipe Toro recomiendo los trabajos de Manuel Vásquez-Ortega (2020), uno de los pocos que ha analizado de manera novedosa su obra.

y la fascinación personalista por las figuras del poder, como sucede también en la teleología que proponen los positivistas.

Volviendo a Tito Salas, tenemos así dos presupuestos donde coinciden la pintura de su *Tríptico*, la escritura del pasado de los positivistas y las representaciones fotográficas del momento. El primero es esta nueva redistribución entre lo civil y lo heroico, entre lo realista y lo sublime, entre lo mundano y lo trascendental, entre lo humano y lo animal. Está en los dos planos del cuadro de Salas, y está en la distinción entre Bolívar como encarnación del ideario republicano y el Bolívar como defectuosa figura histórica que presentan Vallenilla Lanz y Fortoul. El segundo presupuesto es la visión historicista de la emancipación como escenario permanente de redención continua, presente en la obra de Salas como contraste y superación de esa Roma ambivalente, encarnación del modelo de república ideal y representación de los vicios y excesos imperiales, autocráticos; la misma lógica la encontramos en Fortoul y Vallenilla Lanz con el evolucionismo de la empresa emancipadora, que si bien sigue el *telos* de la liberación nacional, no deja de correr el peligro de enturbiarse cuando el Gendarme ilustrado termina en despótico tirano.

Recordemos el culto al héroe en la época gomecista y su antecedente más significativo con Guzmán Blanco, pero quizás todavía falta analizar ciertas especificidades que se abren en ese momento con la moderna nación petrolera de comienzos del siglo XX[28]. No basta con señalar el uso personal que el dictador Gómez hiciera del Samán de Güere, o la coincidencia de su

---

[28] Algunos trabajos de Ana Teresa Torres (2009) y Tomás Straka (2017) están tratando de ver mejor esta relación con la democracia venezolana, aunque ya los estudios pioneros de Luis Castro Leiva (2005), Yolanda Salas (1987) y Michael Taussig (2015) habían ofrecido señales importantes, que sería interesante desarrollar.

fecha de nacimiento con la de Bolívar, pues quedan todavía las innumerables celebraciones que hizo, entre ellas la del Centenario, donde se presentó la pintura de Tito Salas, así como las labores de sus seguidores, empeñados en verlo como discípulo de El Libertador de innumerables formas[29]. Sin embargo, y tal como vimos ya en la historiografía positivista y en el cuadro de Tito Salas, este imaginario nacional pareciera darse bajo otras coordenadas. Fernando Yumar, desde un punto de vista psicoanalítico, ve el período como parte de una gran crisis histórica, producto de la caída del proyecto del liberalismo amarillo y de la necesidad de erigir mitos unificadores (2005: 179). La crisis genera la necesidad de volver sobre la dimensión mítica, pero a la vez proponiendo una alternativa distinta a la que se estaba dando antes. El cuadro de Salas propone hasta cierto punto esa vía, donde la supervivencia heroica se impone bajo una retracción peculiar. Tras su apuesta realista, tan común al paisajismo o al criollismo visual del momento, está el legado historicista bolivariano, revestido de imágenes épicas donde lo animal se fusiona con lo humano bajo la figura monumental o estatuaria. Ese desplazamiento se corresponde con lo que viene sucediendo en los discursos de la época, que tienden a ocultar ese archivo tropológico, a colocarlo en otro sitio. Ya no es solo la nueva historiografía positivista. La obsesión que tuvo por ejemplo el Circulo de Bellas Artes, el trabajo que hizo la poesía de la generación del 18 o la obra de los fotógrafos paisajistas por salir de la alegorías del período republicano pudiera seguir también esta lógica, pero ahora desde otra dirección, al reubicar la deuda con la máquina soberana en lo que podemos entender como la nacionalización de la mirada sobre el territorio. Ya esta no reside sobre el espacio

---

[29] El Samán de Güere fue un famoso árbol donde descansaron las tropas independentistas y que Gómez declaró monumento nacional en 1933.

referencial como objeto visible, físico, sino que ahora se ubica sobre el sujeto que delimita el orden de lo representado. El ojo que mira las montañas del Ávila o los campos de poblados regionales no hace sino configurar ese espacio y ese tiempo propio de lo venezolano, aquello que es literalmente el fruto de la victoria de la lucha emancipadora del siglo XIX, aquello que incluso Juan Vicente Gómez quiere redireccionar para su propia apropiación del culto bolivariano en lo que ve como parte de la razón de las batallas del pasado: el usufructo de la tierra nacional para el beneficio pacífico de la población, que a su vez esconde, retrae, la violencia irracional, animal, del tirano que pone orden. Nada más significativo que el mismo periplo simbólico del cuadro de Salas: en el plano de la vida está la muerte de Bolívar, el fin de su empresa emancipadora, mientras que en las alturas del cielo, y de manera inmaterial, está su espíritu en forma guerrera. Se trata de la clausura de una manera de figurar el imaginario identitario y de la apertura hacia otras formas que vienen apareciendo en estas décadas de cambio.

Desde luego que en algunos gestos de la literatura esto se diluye. Desde los escenarios anacrónicos de los textos ramosucreanos, pasando por las discontinuidades temporales de la *Cubagua* de Bernardo Núñez o los juegos ficcionales de algunos cuentos de Garmendia y Blas Millán, sin olvidar algunos de los poemas en la *Yerba Santa* del mismo Salustio González Rincones, en los que el marco realista del paisaje nacional se refracta en operaciones autorreferenciales y en invenciones autorales, observamos desplazamientos en la configuración del paisaje, en sus marcos temporales y espaciales. Podemos ver signos parecidos en las artes plásticas, como en los cuadros de Antonio Edmundo Monsanto *Paisaje* (1906), *Techos* (1909) o *Alfarería* (1920), donde se altera la representación tradicional bajo una superposición de planos que problematizan la perspectiva renacentista, en una cierta desrrealización de la figuración clásica gracias a los usos del color y de los contornos, que a su vez ponen en escena al sujeto pictórico rompiendo con los esquemas de objetividad que se venían imponiendo para el momento, incluso dentro de otros de sus cuadros. Gestos parecidos los vemos repetirse en pinturas de Federico Brandt, Rafael Monasterio o Elisa Elvira Zuluaga, entre otros, donde se presencia un cuestionamiento de la distribución del espacio y el color. Pero también hay que decir que en alguno de ellos venía teniendo lugar justo el movimiento contrario: muchos de los trabajos de estos autores estaban coexistiendo al mismo tiempo con una configuración del paisaje propia del régimen de representación que se venía instaurando, algo que sucedió de modo semejante con la literatura del momento, donde el *arkhé* de la máquina soberana entraba y salía de las obras.

Desde luego que en el período donde Armando Reverón pinta su *Luz tras mi enramada* (1926) o *El árbol* (1933) ya empezamos a ver propuestas más osadas, sin dejar de lado algunos cuadros de Boggio, Mutzer o Ferdinanov, quienes visitaron el país y seguro mostraron otras formas de percibir a esta generación de pintores. Estos puntos de fuga disparan otras líneas de relación sobre el archivo nacional, muchas de las cuales sirven para divisar el nuevo lugar que ocupa la máquina soberana en su voluntad de apropiarse las prácticas culturales de la época, de direccionarlas en la nueva conformación archivística. Lo curioso es que algo de esta desfiguración, aunque de manera mucho más reservada, pudiera estar en la representación del cuadro de Salas en las alturas espectrales, por más que se nos haga fácil reconocer la figura de un Bolívar batallando en el cuadro. De modo que hay todavía una latencia que pudiera estar relacionada con una dimensión, difícil de reconocer, del malestar y la incomodidad que generaba la incertidumbre frente a una crisis y una nueva forma de poder que estaba por sedimentarse, por imponerse en esos años.

Hilo final

Para terminar entonces este recorrido, retomemos el hilo. Tenemos el detalle del cuadro de Tito Salas que pareciera mostrar lo irrepresentable de una época en donde conviven a la vez los sueños utópicos de un porvenir iluminado y las sombras de un tiempo lleno de ansiedades, incertidumbres y violencias. Si en las convicciones de Salas y los positivistas de la época daba la impresión de imponerse la primera tendencia, en los pigmentos oscuros de ese cielo del cuadro y en las imágenes y enunciados de algunos discursos que se produjeron entonces pareciera más bien imponerse la segunda, tras la cual se abrigaba una convicción no del todo consoladora, y quizás por eso proclive a ser reprimida, que podríamos resumir, usando las palabras del historiador Tomás Straka, como «épica del desencanto» (2009: 42). Detrás de todo ello está también el imaginario heroico, que muestra a la vez cierta recurrencia, cierta elasticidad para adaptarse y replantearse bajo distintas formas, incluso como vimos contradictorias; no olvidemos el valor prospectivo que adquiere en el panel del cuadro, en su fuerza de actualidad. Pensemos, por ejemplo, cómo en años recientes, en una cuña comercial de navidades del 2021, el autócrata Nicolás Maduro se grabó, junto a su esposa, en una supuesta cena con varios héroes históricos del siglo XIX que permanecían atentos, escuchando el mensaje navideño del dictador. Algo que heredó del culto heroico de su maestro Chávez, quien llegó a exhumar los restos del cadáver de Bolívar en una transmisión televisiva. Creo que este asunto lo podemos considerar como una especie de supervivencia no solo circunscrita a cierto lenguaje figural, a ciertos rasgos y energías propios de movimientos y gestos, sino también a un archivo de figuras que reaparecen, que retornan, tanto en los textos escritos como en los visuales, desde las metáforas y los rituales para hablar de la nación y su personificación heroica[30]. Joaquín Olmedo al ver al Libertador como el Dios Marte, Eduardo Blanco al compararlo con un «Alejandro, César, Carlo Magno» (1881: 86), o el mismo Laureano Vallenilla Lanz, quien también lo verá como un César o un Napoleón (1912: 155), son meros ejemplos dentro de una larga constelación de personajes, poses y expresiones[31]. En esta necesidad de mitificar la empresa del líder se acude con recurrencia sintomática a un repertorio de imágenes de cierta memoria literaria y artística que aluden a eso que he ido llamando archivo fanstasmático de nuestro republicanismo heroico: cuerpos y ambientaciones de personajes de la Grecia clásica, de la Roma imperial, de las luchas medievales o de las guerras históricas que sobresalen por cierto patetismo, por cierto *pathos* victimario.

---

[30] Por personificación entiendo aquí la encarnación de un ideario en la figura de un líder, y siguiendo la tradición de lo que Germán Carrera Damas ha trabajado como «culto bolivariano», veo peligroso que efectivamente el Estado se transfigure en instrumento de los deseos personales de esta figura encarnada en ideario.

[31] Esta supervivencia que propongo pudiera estar emparentada con lo que Aby Warburg llamó *Nachleben*, un concepto actualizado por los estudios de Didi-Huberman, Agamben o Philippe-Alain Michaud, entre otros. Por otro lado, más que pensarlo desde una materialización de una conducta personal o desde un componente psíquico, como hace cierta lectura junguiana, me interesa verlo como figuras y gestos que reaparecen a lo largo del tiempo. Didi-Huberman lo explica como un «modelo fantasmal de la historia en el que los tiempos [...] se expresaban por obsesiones, supervivencias, remanencias, reapariciones de las formas» (1995: 25). Para él, que sigue aquí al antropólogo E.B. Tylor, se trata de «síntomas portadores de desorientación temporal» que no siguen «en absoluto, las premisas de una teleología en curso, de un "sentido evolutivo"» (1995: 58), sino que más bien trabajan anacronizando el pasado (1995: 75). Forman parte así, y sigo una expresión de Warburg, del «archivo inconsciente de la memoria», que es siempre cultural (1995: 165).

Sin embargo, la figura bolivariana subsume todo ello en un solo ideal, imponiendo una jerarquía en el ordenamiento de las figuras del cuadro de Tito Salas. Pero incluso así la empresa resulta algo infructuosa, pues quedan algunos materiales visuales disonantes. La presencia del fuego, vinculada en otros tiempos al cambio entusiasta de esa luz de la gloria que tanto desea revivir el lienzo de Salas, es un buen ejemplo de ello. Si en la obra de Eduardo Blanco, referente literario de la generación positivista, el fuego mueve a los cuerpos heroicos y los penetra en su deseo de libertad, en el cuadro de Salas su forma es otra: el fuego adquiere una latencia, una espera potencial y sin horizonte claro[32]. Las figuras en el cuadro, marcadas por su elevación, no dejan con todo de ser confusas. Primero, el origen de la estela de la vela apagada se confunde con el hálito mortal del Libertador. Segundo, los mismos personajes parecen tan angelicales como demoníacos, por no hablar del humo, que es una traza de algo muerto, acabado. En muchos escritores de la época vemos la misma ambivalencia. En Ramos Sucre la presencia de la llama está asociada tanto al «sacrificio de la sangre hermana» (1992: 9) del heroísmo, en el poema «Plática profana», como al poder de los villanos en la toma de la Torre del poema «Los Lobos del yermo» (1976: 110). El fuego vivo, tan exaltado en el siglo XIX, se verá negativamente tanto en el incendio de la casa de Don Fernando y Doña Inés en *Las lanzas coloradas* (1933) de Arturo Uslar Pietri como en las ruinas del pueblo donde pelearon los ejércitos de Juan Parao, tal como se retrata en *Cantaclaro* (1936) de Gallegos. No sé si es

---

[32] Vallenilla Lanz, quien como vimos celebra el ideario bolivariano bajo el trabajo de la herencia, en otro pasaje vincula, sin embargo, la metáfora del fuego con la condena a seguir repitiendo las guerras intestinas del país: «Todos aquellos movimientos eran simplemente la continuación de la misma lucha iniciada desde 1810, la propagación del mismo incendio, oculto a veces bajo las cenizas o elevando sus llamas hasta enrojecer el horizonte» (1991: 139).

exagerado pensar de nuevo que los trabajos del período blanco de Armando Reverón, realizados durante estas fechas, podrían asumirse como una dramatización radical de las fuerzas atávicas que hay detrás de este legado. En ellos la materia energética desfigura y borra la presencias de los objetos representados al punto incluso de desmembrar el cuadro mismo y mostrar las fibras del lienzo, una respuesta por parte del pintor hacia esta teleología emancipadora que evidencia, por el contrario, la fuerza misma de su propia opacidad.

Así, al contrario de lo que el historicismo positivista y el propio Tito Salas deseaban, la herencia heroica no es por lo visto del todo legible en esta dimensión del cuadro. No por casualidad Ramos Sucre asevera en «Tiempos heroicos» —uno de sus pocos textos con referentes históricos nacionales— que Bolívar «depositó en el seno fecundo y misterioso de los tiempos el germen de futuras evoluciones grandiosas» (1989: 16). El uso inconsciente o consciente de la palabra «germen», tan resaltado por la biopolítica positivista del momento, remite a un doble destino: en castellano, el término no solo está asociado con lo que florece y brota de forma «fecunda», sino también con lo que contamina y enferma de forma peligrosa. Ese destino infructuoso, fatal, marca sin embargo previamente un arco de trayectorias difusas desde las cuales surgieron otras vías de escape, como las obras de algunos de los creadores citados.

Con todo, ya las cartas estaban echadas en ese momento histórico. La máquina soberana empezaba a funcionar con nuevos bríos. Como bien se sabe, poco después a la exhibición del cuadro de Salas Juan Vicente Gómez termina de consolidar su dictadura, que durará más de treinta años, y sobre ese espacio del *Tríptico* se instaura su programa restaurador, pacifista, que muchos definirán como la «paz de los sepulcros». Por eso se hace ahora necesario mirar este artefacto con más cuidado, atendiendo también a las respuestas sobre algunas de sus operaciones y tendencias, a algunos de sus dispositivos retóricos o imaginales.

La reacción de Don Máximo
Los tiempos del ayer en el nuevo archivo

> Los archivo son recintos sagrados
> en donde se rinde culto a la patria
>
> Mario Briceño Perozo

El giro historiográfico

Volvamos sobre nuestra máquina. Nada mejor que revisar el nuevo archivo republicano y contrastarlo con algunas reacciones que se dieron en ese momento. Aquí resulta pertinente para introducir el análisis una breve reflexión sobre las fábulas de clase y descendencia social, desde la cuales se quería controlar un pasado que ahora entraba en crisis. Ya en la Venezuela independiente de mediados del siglo XX había más de una razón para dudar de las genealogías de la sangre, depósito familiar a partir del cual se establecían las jerarquías culturales y se consolidaban las seguridades de la prosapia, herencia altiva y decorosa que perpetúa las lealtades del apellido, sus razones patrimoniales y sus derechos de primogenitura, tan fuertes durante la colonia. Cualquiera que en efecto revisase lo ocurrido durante las luchas de emancipación, sin obviar la Guerra Federal que vino después, puede constatar los vertiginosos ascensos y descensos de élites, lo que no significaba que esa falta o impedimento de estatus pudiese ser cubierto por el culto patrio en su relación con las élites blancas y criollas.

En todo período histórico donde los modelos de las élites entran en crisis por la presencia de otros actores en el poder

—como se vio en su momento en Venezuela, con la crisis de los caudillos llaneros durante los primeros ensayos republicanos, que ahora correspondía a la de los humildes campesinos andinos de la Revolución Libertadora— es natural que las viejas jerarquías se desequilibren y algunos linajes se diluyan. Lo que no quiere decir que estas prácticas no resurgieran luego con ciertas contradicciones en las nuevas clases terratenientes (en el primer período republicano) o en la naciente burguesía comercial (en las primeras décadas del siglo XX) bajo otra modalidad: la del culto heroico, una forma para dar cabida a otro tipo de modelo de aristocracia de corte mantuano, vinculado a la virtud secular de quienes protagonizaron las hazañas emancipadoras.

Aunque este no es el punto que voy a tratar en este capítulo, la anécdota con la que quisiera iniciar estas líneas no solo capta muy bien estos elementos durante las primeras décadas del siglo XX, sino advierte con gran lucidez de otra variación en el uso del pasado por parte de estas falsas pretensiones de altivez, de estas convicciones criollas muy de nuevo rico en un país poscolonial. Se trata de lo que va a generar el nuevo archivo histórico estatal que vengo analizando y de cierta idea de tradición literaria, que va también a sufrir ciertos desacomodos, como trataré de explicar. El escenario es una casa de clase media, a inicios del siglo XX. Allí un día Don Máximo, su personaje principal, descubre leyendo la prensa un artículo histórico donde en nombre de los «superiores intereses de la Ciencia moderna» se demuestra que su digna progenie, la «más ilustre pléyade de varones con que se honraron los fastos de la patria», no era de patriotas, como pensaba con orgullo, sino más bien de realistas (1987: 32). La noticia se asume como un terrible y bochornoso pecado, como una amenaza a su integridad. En la polémica que termina por sostener el protagonista con el autor de semejante tesis, se le replica con pruebas objetivas y documentos rigurosos, lo que lo lleva a revisar su propio archivo familiar y comprobar que en efecto su antagonista tiene razón: su ascendencia no era por lo visto tan honrosa; por el contrario, siguió a los ejércitos realistas, al bando contrario.

La historia viene del cuento «El último patriota» de Rómulo Gallegos, publicado en *El cojo ilustrado* en 1911, y da cuenta en tono satírico de las implicaciones en la vida civil y cultural del cambio de este paradigma historiográfico a comienzos del siglo XX en Venezuela.

Lo que se pensó como una simple variación metodológica tuvo más implicaciones de lo que se cree, pues esta tendencia abrió una nueva manera de pensar la historia nacional que rompió con ciertos moldes e interpretaciones y creó las condiciones de emergencia de la máquina soberana moderna del siglo XX venezolano. «La figura de nuestros próceres es algo amuñecada», razona en ese sentido uno de los contertulios del personaje Don Máximo, cosa que «la sociología enseña, por medio de la crítica de la Historia» (1987: 33). Ciertamente, el acercamiento a los documentos históricos estaba ahora mediado por un nuevo régimen de visibilidad que lleva al protagonista a ver de otra manera lo que siempre tuvo a la mano, en eso que el fervoroso Gabriel Olmedo en la novela *Ifigenia* (1924) de Teresa de la Parra advirtió como propio de la «edad sociológica» (1991: 125). De hecho, no es casual que el personaje leyera esa noticia en la prensa del momento, porque por la época que fue publicado el relato Vallenilla Lanz, Arcaya o Gil Fortoul venían publicando algunos de sus acercamientos historiográficos a partir de diagnósticos sociales. La alusión en el cuento a la guerra civil para entender la independencia, tesis sostenida por el primero de los mencionados, es clara y aparece además en tono de queja. Para Don Máximo es un sacrilegio «decir que nuestra guerra magna no fue sino una de tantas revoluciones; que la Epopeya no vale un comino; que los próceres no eran tales dechados de generosidad y virtudes» (1987: 35).

Ese cambio de mirada sobre el pasado y esa imagen del archivo que aparece en el cuento de Gallegos ponen en escena, desde la ficción literaria, las implicaciones culturales que trajo consigo el giro historiográfico positivista en la vida cotidiana de muchos venezolanos y la manera en que trastocó la pretensión de blanquear las ascendencias criollas, ya no desde el modelo colonial aristocrático, sino paradójicamente desde el acervo republicano mismo y su culto iluminista a los héroes. Recordemos que es un momento bien importante para la configuración de una historia oficial moderna, que marcó las pautas no solo para la centralización del Estado, que continuará en las primeras décadas del siglo XX, sino para la constitución de una memoria histórica republicana, siguiendo algunas líneas abiertas ya en el período de Guzmán Blanco. Un momento donde se impone además la teoría del gendarme necesario, que justifica una recolocación del lugar que ocupaba la élite dentro del acervo nacional, y la necesidad de trabajar con cierta idea de lo popular, que en este caso estaba representada en el dictador Juan Vicente Gómez. Ahí podemos ver toda una nueva región de conflictos y posicionamientos entre el discurso literario y el historiográfico que sería interesante observar con cuidado para entender cómo se asumió esta máquina estatal venezolana, y su implicación sobre la memoria social. Si bien la historia y la memoria no son lo mismo, muchas veces comparten zonas porosas, espacios corrosivos, y más cuando se trata de ficciones modeladas por escritores que están al día con los debates intelectuales del país, tal como sucedió con Gallegos. Ahora bien, antes de avanzar en este recorrido, creo necesario detenerme en la manera en que se conformó este archivo durante las primeras décadas del siglo XX, atendiendo a su vínculo con el historicismo positivista y su versión del pasado nacional.

El nuevo tiempo documentado

A comienzos del siglo XX, como ya hemos visto, varios intelectuales empezaron a hacer una reconstrucción del pasado nacional bajo nuevos parámetros metodológicos. Laureano Vallenilla Lanz, José Gil Fortoul y Pedro Manuel Arcaya fueron figuras claves al respecto. Vallenilla Lanz lo hizo en varios de sus artículos para *El Cojo Ilustrado*, *El Patriota* o *El Universal*, recogidos después en *Cesarismo democrático* (1919) y luego en *Disgregación e integración. Ensayo sobre la formación de la nacionalidad venezolana* (1930). Gil Fortoul, por su parte, la llevó a cabo con la primera parte de *Historia constitucional de Venezuela*, publicada en 1909, y antes con *El hombre y la historia. Ensayo de sociología venezolana*, de 1896. Y el tercero la propició con su *Estudio sobre personajes y hechos de la historia venezolana* (1911), que revisará y corregirá después en *Estudios de Sociología venezolana* (1928)[1].

No deberíamos dejar de lado la naciente historia literaria que, aunque pertenezca a otro campo disciplinario, es determinante para definir los lugares de la ficción y la historia. Lo vemos con *La literatura venezolana en el siglo diez y nueve* (1906) de Gonzalo Picón Febres, que es para muchos el primer trabajo sistemático de historiografía literaria nacional, en diálogo con acercamientos similares de trabajos anteriores que fueron más fragmentarios: pienso en «Notas sobre la evolución literaria en Venezuela», de Pedro Emilio Coll (1904), o en «La literatura venezolana», de

---

[1] Es importante destacar también la obra de Vicente Lecuna, especialmente *Papeles de Bolívar* (1917) y *Marcha de 1817 y Combate de Clarines, Documentos referentes a la creación de Bolivia* (1924), sin dejar de lado sus monumentales diez tomos de las colección *Cartas del Libertador*. Y podrían desde luego también incluirse las investigaciones pioneras de Caracciolo Parra Pérez, quien para 1918 ya había publicado en la revista *Cultura venezolana* algunos capítulos de libros suyos que aparecerán después. También convendría considerar gran parte de los trabajos de Julio C. Salas o de Lisandro Alvarado (1920).

José Gil Fortoul (1904). En la dedicatoria de Picón Febres al dictador Cipriano Castro habla de su interés por contribuir al «progreso intelectual» del país, y define su acercamiento como una mirada retrospectiva que incorpora por igual la literatura y la historia, inspirado por «la severa musa de la imparcialidad» (1930: 20). Censura también la historia mal llevada, donde encuentra muchos vacíos y en donde «abundan los epítetos de relumbrón o sonaja, las hipérboles descomunales, los escarceos y vaguedades de la imaginación, el prurito de soñar en períodos llenos de elocuencia, y las descripciones poéticas teatrales» (1930: 20). Destaca el valor de la causalidad histórica, del juicio neutral, fuera de las pasiones. La historia para él es «la ciencia experimental de los hechos consumados» que deben ser investigados de modo «escrupuloso y seguro, analizarlos con atención y estudio detenido», además de «comprobarlos por medio de documentos fidedignos e inequívocos» (1930: 22).

Más allá de las diferencias entre estas tendencias, todas comulgan con lo que German Carrera Damas destacó como la observación minuciosa y fáctica de los «hechos históricos» (1961: 650), y con una visión de la nacionalidad que se inicia con la Colonia, privilegiando en cierta medida la emancipación independentista como el momento que dio origen al destino de la patria; lo que se vio antes en el *Tríptico* de Tito Salas, que en cierto modo encarna el reacomodo de los discursos del momento, obedece entonces a un renovado esfuerzo por mundanizar y actualizar de nuevo el culto de El Libertador, sobre todo bajo una nueva modalidad de historicismo, combinando elementos republicanos y católicos con lenguajes biológicos, sociológicos y etnográficos. No es exagerado decir que esta nueva historiografía, si bien dio sus primeros pasos en el siglo XIX, terminó de consolidarse un poco después, con la institucionalidad que abrigó Juan Vicente Gómez, en cuyo régimen trabajaron activamente muchos de estos intelectuales, como bien se sabe. Un acto significativo ocurrió el 19 de marzo de 1910, cuando se construyó en la sede en la Avenida Urdaneta de Caracas, justo entre las esquinas de Santa Capilla y Carmelitas, el Archivo General de la Nación[2]. El reconocido arquitecto Luis Briceño Arismendi fue el encargado de diseñarlo; luego, el 19 de abril del siguiente año, es inaugurado ante un gran público, junto con otros eventos importantes; el episodio no es trivial, pues como señala Achille Mbembe, «There cannot therefore be a definition of "archives" that does not encompass both the building itself and the documents stored there» (2002: 19).

Por primera vez en la historia republicana se buscaba reunir en un solo sitio la memoria documental del país, correspondiendo así con el modelo de archivo que según Cornelia Vismann (2008) siguió a la Revolución francesa, y cuyo fin era legitimar los nuevos Estados nacionales[3]. El archivólogo escogido fue Carlos Aristimuño Coll, muy cercano al mismo Laureano Vallenilla Lanz, quien, de paso, se encargó de la transferencia de una suma de casi 5 152 títulos, separando los textos relacionados del Congreso y los del Ministerio de Relaciones Exteriores; no deja de ser significativo el hecho de que el mismo intelectual orgánico del gomecismo, este gran historiador que aplica nuevas técnicas

---

[2] En el mismo decreto de la Ley sobre el Archivo Nacional, elaborado el 15 de junio de 1926 y firmado por Juan Vicente Gómez, se dice: «Corresponden al Archivo Nacional, además de los documentos que hoy contiene, todos los expedientes de la Administración General y los documentos de interés meramente histórico nacional que se hallen en las Oficinas de registro Principal o en los Archivos regionales» (Briceño Perozo 1979: 168).

[3] Vismann ubica la creación del modelo después de la Revolución francesa, cuando el nuevo Estado centralizó todos los archivos en un solo lugar, tal como sucedió en Venezuela con el gomecismo. A propósito de lo que hizo el gobierno prusiano, que decidió administrar toda la documentación, señala: «From then on, the states acts as its own originator. It makes history and is thus able to write itself into history» (2008: 120)

metodológicas, haya sido designado luego Director del Archivo Nacional en 1913 y permaneciera allí cuatro años organizando la documentación. Con ello se le pudiera asignar el rol de arconte, siguiendo a Derrida cuando describe su función como la de quien asegura no solo «la sécurité physique du dépôt et du support», sino sobre todo la de quien posee «le droit et la competénce herménéutiques» (1995: 13)[4].

En el minucioso informe que presenta para modernizar el espacio se aprecia el modelo de racionalización de la documentación, muy propia de su metodología positivista. En una ocasión dice que con el método que usa se va «formando una suerte de inventario que facilitará grandemente los trabajos de heurística» (1915: 8). También vemos que privilegia los momentos históricos de su propia investigación; de hecho, al hablar sobre las Causas de Infidencia, comenta con más cuidado su valor histórico para el país, cosa que ratificará después en el uso documental que le dará en algunos de sus libros y aproximaciones[5]. Y por último, destaca una de las operaciones más relevantes del período: la propuesta de organización, siguiendo a Vicente Lecuna, de la documentación del gobierno del Libertador, entre 1813 y 1814, así como de los trabajos del General O'Leary y los del archivo Blanco-Azpurúa,

---

[4] De hecho, y como certifica un informe que entregó al Ministerio de Relaciones Interiores el 15 de febrero de 1915, catalogó y empastó 154 volúmenes, dividiéndolos en 5 ramos (Limpieza de sangre, Disensos y Matrimonios, Visitas Públicas, Causas de Infidencia y Gastos Públicos). También realizó otras labores, como la de actualizar otros rubros, revisar mejor ciertas líneas y proponer algunos cambios, así como contratar a «un buen copista mecanógrafo» (Vallenilla Lanz 1915: 13).

[5] Esta información es importante para alentar el finalismo histórico de la historia de la nación como un proceso de emancipación continua, algo que veremos más adelante y que tiene como fundamento también el ideario bolivariano.

en lo que llama el «Archivo del Grande Hombre». Nótese, de un lado, el trabajo institucional para el archivo republicano, y del otro, el ejercicio para la consolidación del archivo bolivariano: ambos se entrecruzan, se vinculan, no sin algunas tensiones, en este esfuerzo de construcción de poder.

Ahora bien, esta iniciativa no puede entenderse del todo sin otro esfuerzo, no menos simbólico: la empresa inaugural que se realizó para fundar el nuevo edificio del Archivo General de la Nación, que ayudó a sedimentar algunas de estas interpretaciones y operaciones positivistas. Me refiero a la celebración de El Centenario de la Independencia (1910-1911), que correspondía con una tendencia muy cara al dictador y a nuestra máquina soberana nacional, la de usar de forma propagandística las efemérides patrias, como la del 19 de abril de 1810, la del 5 de julio de 1811, la del 24 de junio 1812 y la del 17 de diciembre de 1830, entre otras. Ello nos retrotrae a las disquisiciones de Diane Taylor (2003) sobre las teorías del archivo y esa zona ciega, en su obra a veces en tensión, entre la dimensión corporal y performática del repertorio y el carácter textual del documento. Si bien aquí pareciera ver un espacio de autonomía del ejercicio documental, los roles de quienes organizan la institución y las operaciones que se van a hacer en su inauguración o fundación, en donde también aparece el cuerpo vivo del autócrata Juan Vicente Gómez, ponen en jaque cualquier distinción radical entre uno y otro. Ahí se va a dar literalmente lo que dice Mbembe de los archivos en tanto «a ritual which results in the resuscitation of life, in bringing the dead back to life» (2002: 25).

Además de ciertos usos del culto bolivariano por parte de Gómez que ya venían dándose antes (y que seguirán después), esta conmemoración se enmarca en un proyecto de apropiación y construcción de un imaginario nacional acorde con las demandas de los tiempos, donde el nuevo dictador sigue la misión bolivariana, su teleología revolucionaria, pero esta vez para pacificar el país, para lograr su unidad y bienestar[6]. En este acto también se promovieron otras construcciones urbanas de gran valor, como la Casa Natal de Simón Bolívar, el Museo Boliviano, la reconstrucción del Panteón Nacional y el Palacio de Miraflores.

No hay que olvidar el trabajo pictórico y escultórico de Eloy Palacios y del propio Tito Salas, quien, como vimos en el capítulo anterior, será el gran modelador iconográfico de la figura de El Libertador, al tiempo que incorpora algunos gestos de mundanidad en su pintura desde una mirada más objetiva[7]. Tampoco habría que dejar de lado la labor del historiador Vicente Lecuna en la organización de *El Archivo de El Libertador*, donde por primera vez se clasifican todos sus escritos personales, muchos de los cuales terminan colocándose en acto público en la recién reconstruida Casa Natal; por cierto su «rankeano culto al documento», según comenta Straka, lo acerca de nuevo a nuestro Vallenilla Lanz, aunque también lo acerca su crítica al historicismo romántico, pues «espantó una cantidad importante de los fantasmas legendarios que la tradición, la exaltación poética y la singularidad capacidad discursiva [...] fueron tejiendo en torno al Héroe Máximo» (Straka 2009: 156).

---

[6] Juan Vicente Gómez vinculó su fecha de nacimiento con la del Libertador (a partir de 1920 se decreta el nacimiento del Libertador con el Día del Rehabilitador), y promovió el culto del Samán de Güere como la culminación de una etapa más de la misión histórica bolivariana. La pacificación que logró en ese período, con terribles costos, la vio como una misión proverbial que cumplía el designio bolivariano de unión; en un texto publicado en *El Nuevo Diario* el 14 de enero de 1924 Vallenilla Lanz lo describe como «conductor de nuestros designios», un «hombre providencial» porque «producido por las circunstancias parece defendido por una fuerza superior, por una serie de sucesos favorables que anuncian lo excepcional de su obra» (En Plaza 1996: 291).

[7] Tomo esta idea de Straka 2009.

El Centenario de la Independencia, además de evidenciar una destacada línea de continuidad con el culto bolivariano y heroico de Guzmán Blanco y su visión del progreso y la modernidad, muestra también una fusión interesante de elementos populares e ilustrados, e incluso de una sociedad de masas incipiente: de hecho, Roldán Esteva-Grillet en *Las artes plásticas venezolanas en el Centenario de la Independencia 1910-1911* (2011) señala que, junto a los eventos que se presenciaron, hubo fuegos artificiales, banquetes, conciertos y hasta proyecciones cinematográficas en La Pastora, la Candelaria y San Juan, de modo que el suceso tuvo visos de espectáculo cercanos a los de una escena masiva, similares a lo que veremos después en otros festivales. En esta variedad de actividades, dos de ellas resultan especialmente significativos, a mi modo de ver. La primera es la celebración de un concurso, siguiendo el modelo del Certamen Científico y Literario de 1877, donde ganan Ismael Urdaneta con un libro de poemas titulado *Los Libertadores*, tema muy propio de nuestro archivo, y el mismo Laureano Vallenilla Lanz con el ensayo «Influencia del 19 de abril de 1810 en la independencia suramericana». A ello se suma la llamada «coronación» del escritor Eduardo Blanco (el célebre autor de la novela épica *Venezuela heroica*) el 28 de julio de 1911; Blanco no solo fue cercano a Salas, sino el creador de la obra que Vallenilla Lanz tanto celebrará en obituario poco conocido y muy revelador[8]. Y el segundo acontecimiento es la creación del *Arca del Libro de Actas de 1811*, destinado al Salón Elíptico del Palacio Federal,

---

[8] En un pasajae, dice: «Contaba yo apenas dos años, cuando en una noche de navidad, allá en la vieja ciudad provincial donde nací, mi Padre, que fue también el mejor de mis maestros, se presentó a nuestra casa llevando un libro que ostentaba en la cubierta los colores de la bandera nacional. Lo entregó al mayor de mis hermanos y a poco, con religioso recogimiento, comenzamos a escuchar por primera vez el evangelio de la Patria» (en Plaza 1985: 177).

donde estará la famosa acta de la independencia. Su aparición es importante para una fecha que usará Gómez para su propia reconstrucción histórica: no es casual que dicho monumento, colocado en un pupitre forrado en damasco rojo, esté además coronado por el busto de Bolívar.

Las pautas de la celebración del Centenario siguen, según advierte Carole Leal Curiel, una interpretación que buscó bolivarianizar el acontecimiento histórico, que tuvo muchos otros protagonistas. Es decir: darle un papel protagónico al Libertador. Llevada a cabo a finales del siglo XIX, borra en cierta medida el hecho de que para ese momento se hubieran reconocido los derechos de Fernando VII, destacando la intención de liberarse e independizarse: «Con el centenario se oficializa [...] la idea del 19 de Abril como movimiento trascendental de la emancipación y con ello se produjo la disipación de cualquier vestigio de conciencia monárquica» (2006: 76)[9]. Bien sabemos que todo ello fue producto de la necesidad de pacificar el país y de centralizar el Estado, propósito que se llevó a cabo en el período con la profesionalización del ejército, la modernización de la administración pública y el incipiente desarrollo industrial petrolero, todos claves para este cambio. Más allá de la apropiación personal de la que se valió el dictador para legitimarse, también sirvió para solidificar el archivo de la nación venezolana moderna, que, siguiendo los modelos de la historiografía positivista, quedaba investido ahora en su momento fundacional, en su acto de origen, de toda oficialidad gracias a una pormenorizada empresa simbólica donde se destacó la historia republicana y el culto

---

[9] Para Leal Curiel, El Certamen Científico y literario de 1877 fue «el primer intento por elaborar el mito de la fecha fundacional» donde se «bolivarianiza» la fecha, es decir, «se inscribe en el proceso histórico de institucionalizar el culto oficial a Bolívar» (2006: 73).

bolivariano bajo un aspecto más mundano, que lo diferencia de períodos anteriores.

El historicismo oculto

Ahora bien, conviene ver mejor esta relación del archivo institucionalista y heroico de nuestra máquina nacional-soberana con la nueva interpretación de la historia que se estaba generando, destacando los puntos más significativos de este giro y de la nueva conformación. Los positivistas fueron, en efecto, responsables no solo de biologizar la teleología bolivariana, reordenando de otra forma su culto —ya no a la persona misma, que tenía defectos de carácter y de clase, sino a su doctrina unificadora—, sino también de adjudicarle un lugar relevante a lo vernáculo en su crítica al liderazgo blanco criollo de corte liberal, que los llevará lamentablemente a trabajar la figura del «gendarme necesario», a despecho de las ínfulas de Don Máximo en el cuento de Gallegos. De este modo, si el archivo institucional relativiza el lugar del héroe, el archivo bolivariano reaparece en la forma de un ideario historicista, como una forma de revestir de carisma o aura política al líder popular y autoritario.

Tras este giro, se van introduciendo algunos elementos de profesionalización de la historia como disciplina rigurosa y científica que vale la pena comentar. En la segunda edición del magno proyecto de José Gil Fortoul, *Historia Constitucional de Venezuela* (1930), el autor aclara que, además de enfocarse en la reconstrucción del pasado venezolano desde el punto de vista civil, cosa que hasta ese momento no era común, rescataba una falencia: el «espíritu filosófico que procura ahondar en las causas y motivos de los sucesos humanos». Hay así una manera racional de aprehender el movimiento de la historia, que tiene unas coordenadas que se pueden descubrir, unas leyes que rigen su evolución (1930: 4).

De igual modo presenta su trabajo, como es de suponerse, como una «guía imparcial» (1930: 6) que buscaba mostrar sobre todo la historia de la república. Todo ello evidencia la naturaleza de un estudio evolucionista, por decirlo de alguna manera, que a la vez pretendía ser científico e histórico.

Estas líneas son algunas de las cuales los positivistas se encontrarán, independientemente de sus miradas e intereses. Por ser la gran figura de esas décadas y el guía espiritual del nuevo archivo historiográfico, es relevante detenerse en Laureano Vallenilla Lanz, quien le da un valor positivo al bolivarianismo republicano desde una concepción profesional del estudio histórico, no sin cierta asepsia cientificista. Para eliminar todo ruido, propone delimitar mejor el espacio donde podemos convenir: la verdad del pasado es aprehensible si la sacamos del campo de las elucubraciones fantasiosas, donde el movimiento de la historia tiene una lógica racional[10].

Pero lo que separa por un lado, une por el otro: tanto el fervor bolivariano (que no deja de tener una dimensión irracional y fantasiosa para su momento), como la inevitabilidad de la lucha de clases, que se abre con la independencia en toda su irracionalidad, son destinos inevitables, como se vio a propósito del cuadro de Tito Salas en el capítulo anterior. Lo que pareciera ser una contradicción entre dos técnicas de acercamiento histórico (una crítica, contextual, desapasionada, y la otra teleológica, identitaria,

---

[10] En *Disgregación e integración* critica las «abstracciones políticas y la historia romántica, literaria y declamatoria» para estudiar el pasado venezolano (1930: 242); para él «la historia no es sino una de las formas de investigar la verdad y de ningún modo un género literario» (1930: 237), como señalaba ya en uno de los textos de *Críticas de sinceridad y exactitud* (1921). También se molesta con el historiador José María Baralt por usar afirmaciones bíblicas y con otros colegas por valerse de «vaguedades teológicas y metafísicas» (1930: 222) para estudiar la causa de fenómenos históricos.

fervorosa) termina por fusionarse, y así el método positivista de investigación se enmarca dentro de la causalidad del historicismo republicano de corte bolivariano que, al final, guarda el valor de verdad desde el *telos* de liberación y unidad que persigue.

El pasado, el presente y el futuro se mantienen en una sola línea, la cual se sedimenta bajo una peculiar biopolítica soberana en la que se naturaliza el historicismo bolivariano en clave biológica. Como ya sabemos, Vallenilla Lanz entiende que la sociedad es un organismo vivo y está determinado por sus condiciones físicas y naturales[11]. Su mirada al pasado histórico asume la visión del experto que observa desde su laboratorio un experimento de ciencias naturales. Examina, indaga, primero en modo profesional: «Los órganos del cuerpo social aparecen primero como esbozos rudimentarios que poseen apenas en su conjunto un carácter de agregación». Más tarde, sigue las metáforas de las disciplinas experimentales: «Sometidos estos diversos elementos a la acción y a la reacción recíproca, en esa lucha incesante que constituye la manifestación misma de la existencia, va entonces definiéndose, especializándose paulatinamente, hasta que surge el principio vital de la sociedad, como la primitiva agregación celular lo es del organismo individual» (1921: 207). La evolución la toma como principio modelador de la historia: «ciencia de la vida, la biología abraza también la historia de las sociedades», dice (1921: 145). La biopolítica es de corte menos liberal que republicano: funde población y pueblo. Cuida la salud del cuerpo colectivo social. Y este «principio vital» que he citado va a ser el ideario republicano de El Libertador, una teleología que va encauzando el camino de definición nacional que puede seguirse y analizarse como un dato

---

[11] La cita es clara: el «concepto organista de que las naciones, como seres colectivos, siguen en un todo un movimiento análogo al de los seres individuales, se halla ya definitivamente establecido» (1921: 207).

en un laboratorio. El líder conjugará así su vínculo identitario con las poblaciones más desprovistas y mayoritarias, siguiendo el ideal del gobierno cesarista y la virtud del ejemplo de unidad o entrega que dio el gran padre de la patria. Todo ello podrá examinarse y seguirse desde el lugar del científico social.

La progresión de la población venezolana, gracias al ideario bolivariano, se inscribe dentro del gran proyecto de modernización técnica, higiénica y profesional de la sociedad civilizada occidental, como parte de esta superación evolutiva. De paso, ello justifica también el tipo de investigación positivista, más adecuado a los tiempos de ese desarrollo y avance. Por eso su culto obsesivo al hecho objetivo no solo coexistirá con esta dimensión teleológica, sino que se justificará como un paradigma histórico más actual. El pasado es mensurable y rescatable desde una metodología científica que, en el espacio nacional, tiene un marco que ya de antemano predetermina y le da sentido a sus transformaciones; se le reviste así de una causalidad cientificista que integra como horizonte de realización utópica la llegada al mundo moderno, incluido todo el imaginario del progreso.

Por otro lado, este rigor histórico, justificado como hemos visto desde el *telos* nacional, lo llevará a rescatar la idea de archivo institucional, clave para la máquina soberana. Como he mostrado, muchas de las bases de su investigación, aun cuando sigan presupuestos e intuiciones previas, provienen de su experiencia trabajando en el Archivo General de la Nación. No puede verse una cosa separada de la otra, como tampoco puede ello desligarse de las construcciones institucionales de museos, certámenes y exhibiciones: todas buscan sedimentar cierta noción del pasado, validar determinadas formas de acercase a él desde nuevos soportes. Incluso en algunas de sus reflexiones, usa la práctica archivística como fundamento legitimador: en varios de los textos de *Críticas de sinceridad y exactitud* dice que le parece «imposible, después de leer la cuantiosa documentación, existente en el Archivo Nacional», que pueda haber gente que niegue las jerarquías de clases (1921: 254); en otro señala que del Archivo Nacional ha extraído «multitud de documentos cuya sola publicación bastará para que el pueblo de Venezuela» se dé cuenta de su deuda con los Padres de la Patria (1921: 255)[12].

Este modelo de archivación parte de varios supuestos, que seguían lógicas internacionales de modernización capitalista. Uno es la racionalización en la manera de vincularse al pasado, que sigue en cierta medida los parámetros tayloristas de trabajo. Como bien apunta Mary Ann Doane, «in the late nineteenth and early twentieth centuries, time became increasingly reified, standardized, stabilized, and rationalized» (2002: 5). El otro supuesto es que el hecho histórico, si bien considerado en el marco interpretativo evolucionista como parte de un conjunto orgánico y natural, no deja de ser comprendido como algo objetivo, percibido a la manera que Sven Spieker definirá el archivo de finales del siglo XIX, es decir, bajo la convicción de que la temporalidad se podía registrar, recoger en el archivo «contigent time in the form of discretes traces (records)» (2008: 5). Esta necesidad de racionalizar el tiempo, con sus contradicciones y resistencias, esta confianza en la lectura del documento inscrito bajo un marco historicista, llevó a Vallenilla Lanz no solo a juzgar con gran severidad a la literatura y los acercamientos románticos de la historia,

---

[12] Para Sven Spierker, el modelo historicista que promueve el archivo del siglo XIX funda las bases del modelo de archivación burocrático que vendrá después, porque parte de la idea de que el tiempo es una «cadena ideal e ininterrumpida de eventos» que se pueden aprehender objetivamente(2008: 5). La fe positivista en el documento como prueba y evidencia la explica así Carlo Ginzburg: «the evidence is not regarded as a historical document in itself, but as a transparent medium —as an open window that give us direct acces to reality» (1991: 83).

sino también a censurar otras formas de lidiar con el pasado. En el Prefacio de *Críticas de sinceridad y exactitud* habla de los «adelantos de las ciencias históricas» que han permitido «rectificar multitud de hechos» y poner de relieve «hasta anacronismos groseros» (1921: iv). Esto será moneda corriente entre muchos otros positivistas, entre ellos el mismo Gil Fortoul.

La crisis que trabaja de modo irónico el cuento de Gallegos está entonces enmarcada dentro de las implicaciones del cambio que se venía viviendo. Por supuesto que el estudio de lo popular que trabajan los positivistas, donde la idea de un Gendarme replantea el lugar de Bolívar y su legado criollo, está detrás del drama de Don Máximo, por no hablar ciertamente del acto inaugural de las celebraciones gomecistas, que revelan un nuevo público que no se reduce solo a la élite patriota. Se puede hablar también de la nueva cultura del momento y de cierto ascenso de las clases medias (por no decir del ascenso político de los andinos, con Castro y Gómez), pero lo que resulta clave aquí es que hay un nuevo lugar de la historia que nos pide colocarlos de otra manera ante ese pasado, que hasta ahora se había enmarcado en cierta visión heroica, romántica, que por lo visto vivía sus últimos rezagos con una construcción clasista de los abolengos familiares criollos. Con la máquina soberana que se impone durante estas décadas los tiempos del ayer nacional son aprehensibles objetivamente, se desarrollan en progresión según el ideario republicano y tienen una verdad comprobable, medible, calculable, bajo cortes cronológicos que separan un contexto anterior de otros del presente y otro del futuro.

Aclarado lo anterior, vale la pena detenerse ahora en algunas intervenciones de la literatura del momento que reaccionan de manera particular antes estas nuevas condiciones, por pequeñas o contradictorias que sean. Me concentro solo en unos pocos títulos, detectando desde su espacio discursivo y simbólico algunos gestos de fuga que desarman, a su modo, esta operación histórica de la máquina soberana reconstruida por el archivo positivista desde finales del siglo XIX y comienzos del XX.

Posiciones literarias

Además del cuento de Rómulo Gallegos que ya hemos comentado al inicio de este capítulo, pueden encontrarse otros posicionamientos irónicos o directos frente a este cambio de la mirada al pasado —y sus implicaciones para el poder del momento— que trajo consigo el archivo positivista de corte institucional y profesional que he venido describiendo. Podríamos mencionar algunos comentarios de los personajes de las novelas de Teresa de la Parra, algunas alusiones indirectas de los relatos de Julio Garmendia, sobre todo en «Tienda de Muñecos» y «El cuento ficticio»[13], por no hablar de otras formas de intervención como el entrecruzamiento temporal de la trama de la novela *Lanzas coloradas* que logra Arturo Uslar Pietri, gracias a su novedosa técnica narrativa que cuestiona toda lógica lineal o evolutiva, por más que perpetúe en cierto modo el historicismo independentista al concentrarse en el período y perpetuar la tesis de Vallenila Lanz. Retomemos el relato «El retrato» de José Rafael Pocaterra, que vale la pena volver a comentar. En él se nos habla de la valiosa pintura de un prócer del pasado cuyos insignes familiares, antiguos propieta-

---

[13] De hecho, en el cuento «Cuando pasen 3000 años más», de 1923, donde juega con la ciencia ficción y comenta desde el futuro remoto sobre el descubrimiento de una civilización cuyo dios era un héroe del pasado, en clara alusión al culto bolivariano, Garmendia hace referencia indirecta a los positivistas: «Mucho provecho esperan de los nuevos descubrimientos la arqueología, la historia, la filología, y especialmente la sociología, que está ya próxima a obtener los sólidos fundamentos que todavía necesita para reclamar la condición de ciencia, que algunos le rehúsan» (1986: 133).

rios del lienzo, se pierden en el tiempo. Como sucede con Don Máximo, hay un cisma entre la familia criolla y el signo de distinción que marca su ascendencia patriota. En algún momento, el cuadro es adquirido por una persona anónima (es decir: que ya no tiene nombre, que es impropia) y a un precio económico, pues ha perdido su valor. Su poder fetichizador se sustrae así de la economía familiar y social de la progenie de apellidos decentes y se abre a otras apropiaciones.

El destino de la pieza alegoriza así, a través de la imagen del prócer y su des-auratización, el (no) lugar de la autoridad épica en los tiempos modernos[14]. Si el archivo positivista revive el pasado como ideario evolucionista a seguir, Pocaterra aquí lo destituye evidenciando su falta de valor. Ambos ciertamente parten de su crisis: para el archivo positivista este legado sería revivido por el humilde «gendarme necesario», mientras que para el cuento su depreciación permite que pueda utilizarse de otros modos que no necesariamente sigan la empresa salvacionista nacional. Lo que me interesa, más allá del problema de sus herencias y patrimonios sociales y familiares, es el nuevo lugar del pasado que se viene vislumbrando con el positivismo, ciertamente bajo una lectura cuidadosa de los tiempos. De ahí la relevancia de detenerse en dos autores que, desde sus apuestas ficcionales, cuestionaron de manera más radical algunas de las premisas de esta nueva historiografía. Uno es el poeta José Antonio Ramos Sucre. En un texto publicado en 1921, «La aristocracia de los humanistas», observaba la crisis del acercamiento histórico romántico, haciéndose

---

[14] Víctor Alarcón ha mostrado cómo en varios autores de la época se dio un contrapeso de las «creencias instauradas» por los estudios de la época, producto de una estética que buscaba «diferentes materializaciones de una misma realidad», en contrapunto con los presupuestos que habían fundado su historiografía (2017: 67).

eco de la crítica de los positivistas. Hace notar la «carencia de objetividad» que «multiplica los dictámenes personales» (2001: 22), y critica que vean el pasado como «pasatiempo estético», describiendo y enumerando sus inconsistencias metodológicas de la siguiente manera: «Flojo enlace, consecuencia problemática entre los acontecimientos, falta de regularidad que engaña la previsión» (2001: 22). El resumen de su argumento hace patente la premisa fundamental del cambio historiográfico: «La historia puede merecer el majestuoso nombre de ciencia desde que esta, despojada de lo absoluto y allanada a tarea más humilde, renuncia a explicar y antever y se reduce a describir». La posición del poeta en el texto no es del todo clara, pues en muchas ocasiones pone también en cuestión las presunciones de esa tendencia cientificista, objetiva y rigurosa de los positivistas; en un momento, a propósito de la crítica que esbozan estas tendencias, dice con ironía: «como si de opiniones no contara el tesoro de austeras disciplinas humanas»,; en otro llega a avalar, sin nostalgia, el tiempo en que la historia y la literatura estaban fundidos (2001: 22). El reconocimiento de las implicaciones de este saber convive a su vez con una crítica velada, que por lo visto desarrollará de forma más clara en sus propios poemas. Es curioso que, por otro lado, el título incluya la noción de aristocracia, jugando con una metáfora que nos remite a la crisis de un estatus que también destaca Gallegos, pero en tono más familiar, y que es el de la ascendencia criolla.

Si seguimos la trayectoria poética de Ramos Sucre podemos ir entendiendo mejor esta posición. En algunos de sus primeros textos, algunos de las cuales citan al mismo Laureano Vallenilla Lanz, aparecen figuras de la historia nacional. Después, sin embargo, el poeta reemplaza estas figuras por personajes de la Edad Media, de la antigüedad, de la literatura, diluyendo las barreras entre la ficción y la historia —algo que los positivistas trataban de diferenciar y delimitar, pese a que algunos de sus esfuerzos fuesen en vano o a medias, como veremos más adelante. En ese sentido, hay que recordar algunas de las ficciones de Julio Garmendia donde también se continuaba el proyecto ramosucreano de cuestionar los límites entre lo real y lo imaginario, lo referencial y lo ilusorio. También hay una intención de clausurar el *telos* moral bolivariano a través de la negación de su ideario, representando a un sujeto derrotado y moralmente decadente[15], sin dejar de lado su necesidad de reivindicar una especie de saber gnóstico, oscuro, amoral, frente al saber racional, de raíz cartesiana y positivista, que se imponía en los círculos intelectuales. Pero lo más interesante de este giro es el hecho de sumergirse en el inconsciente heroico de la cultura occidental, el marco tropológico a partir del cual se modeló la tradición republicana venezolana y el culto a Bolívar, como si en cierta medida estuviese cuestionando las falsas operaciones positivistas de mundanidad del bolivarianismo, que no hacían sino esconder una nueva sacralidad teológica.

De igual modo, el sujeto lírico que lee el pasado en los poemas no lo hace distinguiendo temporalidades sino que, al contrario, se funde en el mismo pasado que describe bajo una forma particular de anacronismo. Pensemos por ejemplo en un texto tardío, como «Fragmento apócrifo de Pausanias», aparecido en el libro *Las formas del fuego* (1929). Allí se refieren varios hechos. Primero se describe cómo Teseo persiguió a las amazonas y sedujo a su reina, si bien estas escaparon «sobre el Bósforo congelado», no sin antes sufrir la pérdida de una de ellas, que muere en el «sitio de su nombre» (1999: 195). Luego aparece la figura de un «autor

---

[15] Podría pensarse que para ellos había legitimidad en ciertos usos «literarios» si se trataba de hablar de El Libertador y de los héroes de la independencia.

anónimo», que asume el papel de lector y habla ahora de las «valentías del hijo de Teseo», entre las cuales está el amorío con una «sacerdotisa». Después, en una suerte de ruptura temporal, cuenta cómo este se contagió de una rara enfermedad de la mente, «amenazando con volverse loco» (1999: 195). Pero de improviso el relato regresa otra vez a Teseo, quien consulta a varios sabios y decide traer un médico de Egipto para curar el mal de su hijo. Al curarlo, deja en «memoria de su paso, una esfinge de su persona». De pronto aparece el sujeto lírico del poema, sin darnos ninguna referencia concreta del lugar de enunciación, sugiriéndonos que está dentro de la historia del escritor «anónimo»: «Yo la he visto entre los simulacros y ensayos de un arte rudimentario» (1999: 195). Testimonia así la veracidad del episodio descrito en un texto cuyo creador desconocemos, pero a la vez la evidencia sale del texto, casi a la manera del mundo de Tlön borgeano.

Esta versión peculiar tomaría supuestamente como referente a Pausanias, historiador y geógrafo griego de finales del siglo II a.C., autor de una compilación fragmentaria e incompleta de la historia de la antigüedad titulada *Descripción de Grecia*, que no habló sobre este episodio. Solo en la primera parte, donde se cuenta la pelea contra las amazonas y el amorío con una de ellas, es que Ramos Sucre es fiel al texto de Pausanias; en cambio, las acciones del autor apócrifo son inventadas, y los hijos de Teseo —Hipólito, Demofonte o Acamante— nunca tuvieron relación alguna con una «amazona cautiva», ni se conoce tampoco en la literatura de la antigüedad el episodio de la enfermedad.

Lo curioso es que, además de atribuir falsamente una historia, asevera el sujeto lírico que ha presenciado alguna parte de la misma, que la ha «visto». En cierta medida no solo entra en el espacio temporal del poema (¡pecado inaudito para un positivista!), sino que se vuelve cómplice de la falsedad: levanta un testimonio equívoco, pues se hace testigo de los hechos que se describen siguiendo el juego de tergiversaciones que propone el texto. Además de este cuestionamiento profundo de la mirada al pasado de la historiografía, es bueno destacar que el poema, si bien ya no habla de héroes de la independencia, no deja de valerse de un recurso muy usado por nuestro republicanismo: el imaginario heroico. Tanto las figuras de la antigüedad grecolatina como la tradición caballeresca de la Edad Media fueron usadas para calificar y representar a Bolívar y a otros héroes de la independencia, algo que puede constatarse también en Vallenilla Lanz o Gil Fortoul, entre otros[16]. Aquí el poeta pareciera valerse de este inconsciente tropológico, literario, para desarmar algunos de los presupuestos que dominan los discursos fundacionales del archivo republicano erigido por Gómez, y lo hace identificando su sustrato mítico, tan mal visto por el culto al progreso y a las ciencias.

Por otro lado, en muchos de los aforismos de *Granizada* (1929) Ramos Sucre hace una clara crítica a la historia positivista. Cuando señala que la realidad está mediada por el lenguaje, en su caso el «símbolo», cuestiona la presunción de una lectura transparente del documento del pasado. «La verdad es el hecho», señala por otro lado con ironía, y hace luego una apología del equívoco:

---

[16] Joaquín Olmedo en «Canto a Bolívar» cita a la célebre musa, a Héspero y al mismo Baco. En *Venezuela heroica* Eduardo Blanco, además de comparar el evento de la independencia con las «ruinas de Príamo» y el suelo de «Maratón, Platea o las Termópilas» (1971: 33), habla de los libertadores como «apóstoles» y compara a Bolívar con «Alejandro, César, Carlo Magno y Bonaparte» (1971: 86); también ve a Páez como «otro Aquiles», y a Rivas lo llama «Sansón republicano». Vallenilla Lanz, en un discurso pronunciado en la Academia Nacional de la Historia con motivo de la conmemoración de la Batalla de Boyacá, ve al Libertador de la siguiente forma: «Como César, como Alejandro, como Napoleón, él va a concentrar también peso a la sombra de las banderas de la independencia» (1919: 155).

«La ciencia consta de los hechos y su explicación. Esta última es variable y sujeta al error, pero no debemos preocuparnos, porque el error es el principal agente de la civilización» (2001: 522). De igual modo, su crítica a la sociología se acerca a una crítica al positivismo; al hablar de Humboldt dice que este «encuentra que el medio geográfico no logra decentar la integridad del tipo conservado por la herencia, aviso que ilustra los conatos juveniles de la sociología, esa interpretación determinista de la vida» (2002: 71). En otra de sus afirmaciones pretende desmontar, por otro lado, el presupuesto de la objetividad histórica y su demarcación de la ficción: «Lo único decente que se puede hacer con la historia es falsificarla» (2001: 523).

Las bases historiográficas del nuevo archivo nacional quedaban debilitadas en muchos de sus presupuestos. Desde la ficción se abrían las posibilidades de su crítica.

Otros anacronismos

El otro autor que cuestiona el archivo positivista desde la ficción es Enrique Bernardo Núñez con su novela *Cubagua* (1931). Como bien apunta Víctor Alarcón, hay en ella una íntima relación «entre lo fantástico y lo histórico» que nos lleva al pasado para constatar «lo inexplicable» (2017: 65). Núñez, en principio, erige una especie de archivo alternativo o espectral, distinto al que nos ofrece el régimen gomecista. Esto puede verse al menos en tres niveles: primero, en algunas escenas de la novela misma; en un segundo nivel, en cierta técnica narrativa de reescritura anacrónica, que recuerda ciertas propuestas de la poesía de Ramos Sucre; y por último, en el imaginario y el orden discursivo de los que se valió el autor, bien sea de forma consciente o inconsciente. Hay, mi juicio, dos escenas emblemáticas donde pueden presenciarse algunas formas de archivo encubierto y doméstico, muy distintos al *arkhé* oficial del nuevo Estado Moderno. La más representativa se sitúa en el cuarto de Fray Dionisio. Cuando Leizaga entra a su habitación, se encuentra con una «confusa aglomeración» de objetos: «se veían libros, cartas geográficas, ejemplares de cerámica indígena y varios instrumentos» (2014: 49). Se trata, entonces, de distintos tipos de documento, que a su vez guardan rastros de diversas culturas[17]. Entre los libros que encuentra, Leizaga toma el *Viaje a la parte oriental de Tierra Firme en la América Meridional* de Francisco Depons [sic][18], donde se relata el viaje de este diplomático francés a Venezuela, sobre todo a su parte oriental, donde se habla de Cubagua; allí, por cierto, bebe Leizaga la botella de «Elixir de Atabapo».

Me detengo aquí, pues representa una suerte de archivo espectral del pasado colonial, marginado por el nuevo archivo moderno republicano[19]. Se trata de un archivo doméstico, abandonado, situado en los márgenes del Estado Nacional, pero que no obstante guarda los textos que la institucionalidad oficial ha dejado de lado: el período anterior al siglo XVII, y que su historicismo margina al tomar como punto de partida y *tabula rasa* el ideario bolivariano, tal como vimos en la obra de Vallenilla Lanz[20]. Allí se dan, además, las condiciones para el viaje personal al pasado

---

[17] «¿Ve usted esos ejemplares de cerámica? Son pensamientos plásticos. Cada una de esas figuras encierra la misma idea repetida mil veces hasta la saciedad. La arcilla es aquí como un papiro o una tela pintada de jeroglíficos» (2014: 51), le dice Fray Dionisio al protagonista.

[18] François-Joseph de Pons (1751-1812).

[19] Concuerdo con la lúcida lectura, espectral desde el punto de vista derridiano, que hace Juan Pablo Lupi en «Cubagua's Ghost» (2016).

[20] El mismo Vallenilla Lanz advierte este límite cuando apunta, por razones que van más allá de su intención: «Como en todas o casi todas las ciudades de Venezuela han desaparecido los archivos coloniales y en Margarita fueron destruidos por los españoles durante la heroica resistencia de aquel pueblo contra el ejército expedicionario» (1918: 33).

que vive el protagonista, clave por otro lado en la novela. El fraile, que empieza a establecer conexiones con otros eventos, termina siendo una especie de Arcón de este lugar simbólico que guarda una memoria negada, traumática, una memoria que conecta otros eventos. De hecho, ya en el capítulo siguiente (el tercero) se da el primer viaje temporal del protagonista, en un recurso parecido al que emplea el sujeto lírico de los poemas de Ramos Sucre con su técnica del anacronismo y lo que se ha dado en llamar la máscara del yo: Leizaga revive el pasado y los mira como si lo hiciera desde los ojos de Luis de Lampugnano, una figura histórica importante. Fray Dionisio se revela como una figura espectral y atemporal, y de hecho se cuenta cómo lo decapitaron en la revuelta de 1520. Su personaje es como un Virgilio, que guía e inicia a Leizaga a otra temporalidad.

La segunda escena donde se evidencia la presencia de un archivo aparece al inicio del capítulo quinto, donde un paratexto advierte al lector: «En el cuartel de policía de La Asunción, antigua huerta de los frailes, fueron hallados unos manuscritos, pertenecientes a la biblioteca del convento». Es curioso que una de las versiones del libro describe mejor las condiciones de este archivo olvidado e improvisado: los papeles al parecer estaban no solo instalados en una «antigua huerta», sino cerca de una «galería llena de excrementos», y quizás por eso estaban «revestidos de una capa de mármol verde estriado» que hacía «muy difícil salvar el texto» (2017: 107). Por otro lado, es bueno advertir cómo entra la ficción literaria bajo una técnica de lectura anacrónica, que rompe la distancia objetiva e imparcial del positivismo y la linealidad «homogénea y vacía» (Benjamin 2010: 12) de su historicismo. Se escenifica otro tipo de archivo, en este caso más vivencial y virtual que documental, que posibilita entrar al tiempo histórico del texto. Lo vimos un poco en la manera cómo Leizaga revive la Cubagua de 1509 bajo la máscara de Lampugnano, y ahora lo vemos con la figura de Vochi, que no solo revive los textos de Humboldt o de Arístides Rojas que hablaron de este personaje, sino que ahora, y una vez más conducido por Fray Dionisio, Leizaga (siguiendo esa técnica «ramosucreana») vuelve a vivir los documentos históricos, obviados por la historiografía oficial. Tampoco deja de ser importante cómo se escenifica el «Areyto», un baile ritual que se da alrededor de esta figura mítica y que encarna lo que Diane Taylor llama «repertorio», esto es, una memoria cultural corpórea, contrapuesta al recuerdo institucionalizado del archivo oficial, que privilegia siempre el texto escrito y el documento[21].

Estas escenas y recreaciones sirven para hacer palpable lo que la historiografía oficial ha reprimido, ya sea porque se ha circunscrito a destacar otros períodos o bien porque le interesa armar el pasado sobre una lógica que deja estos momentos como residuos. Por último, está el propio archivo del que se vale el autor para trabajar su ficción. Es revelador el gesto fundacional que lo llevó a escribir la novela, sobre todo la escena que él mismo describe de un encuentro espectral. Cuando le tocó ser Secretario General del Gobierno de Nueva Esparta y director del diario *El Heraldo*, refiere el hallazgo, entre los libros del Colegio de la Asunción, de las obras de Fray Pedro de Aguado,

---

[21] Según Taylor, si la memoria del archivo «exists as documents, maps, literary texts, letters, archaelogical remains, bones, videos, films, cds, all those items supposedly resitant to change» (2003: 19), el «reportorio», por el contrario, «enacts embodied memory: performances, gestures, orality, movement, dance, singing —in short, all those acts usually thought of as ephemeral, nonproductive knowledge» (2003: 20). Taylor ve incluso como modelo de la segunda al mismo «Areyto»: «Areitos, from the Arawack arisin, was used by the conquerors to describe a collective act involving singing, dancing, celebration, and worships that claimed aesthetic as well as sociopolitical and religious legitimacy (2003: 15).

un autor olvidado para esas fechas y quien fuera fuente, a su vez, de grandes cronistas e historiadores nacionales, como el Padre Pedro Simón y Oviedo y Baños, referencias indudables para la reconstrucción colonial que hacen los historiadores republicanos[22]. La escena que describe es significativa:

> Una capilla de la iglesia franciscana me servía de oficina. Un aire caliente y mohoso se respiraba en esa capilla. La prensa donde se tiraba el periódico estaba en el presbiterio del altar mayor. En la capilla había un altar roto, y ladrillos, que hice refaccionar para poner libros y papeles, y en el suelo, contra la pared, una lápida sepulcral, también rota. Allí leía la crónica de Fray Pedro de Aguado, hallada por azar entre los pocos libros del Colegio de La Asunción, en la cual se narra la historia de Cubagua. Nombres, personas, cosas, ruinas, soledades, venían a ser como un eco del tiempo pasado. Aquéllas imágenes acudieron luego a mi memoria, y ese fue el origen de mi librito, simple relato donde sí hay, como en *La Galera de Tiberio*, elementos de ficción y realidad. (Núñez 1959: 12)

Parece como si el mismo autor se topara con Fray Dionisio en ese encuentro de lectura, que revela a su vez el documento espectral que el archivo oficial no ha guardado todavía, o que ha marginado en cierta forma. Otros textos que leyó y cotejó para su novela fueron los de Juan de Castellanos, Arístides Rojas y Humboldt. Si estas lecturas se eligen a nivel consciente, más allá de lo fortuito de sus encuentros con algunos de los documentos, queda otro nivel por explorar, visible sobre todo en sus referencias

---

[22] Es bueno destacar que las obras de Fray Pedro Aguado se publicaron solo en las primeras décadas del siglo XX, es decir, su versión de los hechos de la conquista permaneció inédita y fue recibida solo mucho tiempo después. Las dos primeras ediciones —la de 1906 en Bogotá y la de 1915 en Caracas— destacan, según el prologuista de la edición de 1918, Jerónimo Bécker, por ser muy «deficientes» (1918: ix), algo que podría explicar el desinterés.

dentro del texto a la noción del «alma de la raza»[23]. Como sabemos, en el episodio donde Leizaga y el doctor Tiberio Mendoza discuten sobre los hechos usan esa misma construcción, el «alma de la raza». Roberto González Echevarría ha estudiado en detalle cómo el discurso antropológico determinó muchos de los imaginarios de la literatura regionalista a comienzos del siglo XX[24]. En este sentido *Cubagua*, precursora de esta línea, se vale de los trabajos etnográficos y sociológicos de muchos de los positivistas que pretende criticar; de hecho, dicha noción fue propuesta por el francés Gustave Le Bon en *Las leyes psicológicas de las evolución de los pueblos* (1894) y *Psicología de las masas* (1895), obras leídas y usadas por Laureano Vallenilla Lanz y Gil Fortoul. Hablamos de un concepto determinante para el sistema de creencias que dominan la masa, atado con su tradición, a saber, con los elementos de la memoria social que muestran su especificidad, ya que estos «representan las ideas, las necesidades y los sentimientos del pasado» (Le Bon 2005: 67). No se trata, vale aclarar, de valores o prácticas concretas heredadas por los ancestros, sino más bien

---

[23] Según Gustavo Luis Carrera se trata de una «absurda categoría conceptual» (1994: 454); Alejandro Bruzual sostiene que al ponerla «en boca del académico Tiberio Mendoza queda, precisamente, como una burla irónica» (2014: 210). Ahora bien, esa «absurda categoría» fue usada por muchos en su momento y tiene su historia, y la burla que ve Bruzual, que no descarto, no aclara del todo el uso que hace Leizaga después para reflexionar sobre el misterio que vivió. En cierta manera está presente también en la novela cuando Fray Dionisio habla del «secreto de la tierra» (2017: 53), que da título al capítulo.

[24] Me refiero sobre todo a *Mito y Archivo*, donde defiende que la antropología es «el elemento mediador en la narrativa latinoamericana moderna» (1998: 22). Por otro lado, sostiene algo que nos recuerda *Cubagua*: «De la misma manera que la novela del siglo XIX convirtió a América Latina en objeto de estudio científico, la novela latinoamericana moderna transforma la historia de América Latina en un mito originario» (1998: 23). Lamentablemente en este libro no menciona la novela de Enrique Bernardo Núñez.

de «un substrato inconsciente y fijo, que se materializa como un «sentimiento colectivo» (2005: 81). «Cada raza es portadora en su constitución mental de las leyes de sus destinos y quizás obedezca a tales leyes a causa de un instinto ineludible, incluso en sus impulsos más aparentemente irracionales», afirma Le Bon (2005: 87). De esto es de lo que se valen los positivistas para hablar de esa naturaleza colectiva que domina al venezolano y al llanero, figura paradigmática de lo nacional según algunos de ellos.

El sociólogo francés concebía el «alma de la raza» como el resultado de un «ensamblaje de unidades disímiles» que comienzan «a amalgamarse en un todo», es decir, como «un conjunto que posee características y sentimientos comunes a todo lo cual la heredabilidad dará mayor y mayor firmeza» (2005: 149). Lo importante es que para Le Bon, quien percibía como peligrosa la irracionalidad y heterogeneidad de la masa, esta podía encauzarse si lograba que su «raza» siguiese algún principio de desarrollo o superación. «En la persecución de su ideal, la raza adquirirá sucesivamente las cualidades necesarias para darle esplendor, vigor y grandeza» (2005: 149), dice, y aclara después algo relevante: «A veces, sin duda, seguirá siendo una masa, pero de allí en más, bajo las características inestables y cambiantes de las masas, se encuentra un sustrato sólido, el genio de la raza que confina dentro de límites estrechos las transformaciones de una nación y sustituye el papel del azar» (2005: 149).

Todo esto es significativo para entender la apropiación que hacen los positivistas venezolanos al incorporarlo al historicismo bolivariano[25]. Núñez, sin embargo, usa la noción despojándola

---

[25] Laureano Vallenilla Lanz, en una conferencia en el Teatro Calcaño de Caracas, «El concepto de raza en la evolución venezolana», sugería que en lugar de raza era mejor usar el concepto de pueblo o nación (Cardozo 2007: 58), y quizás por eso terminó incorporándolo al *telos* identitario y republicano.

de cualquier carácter evolucionista, más bien como residuo de un pasado olvidado o del que se ha renegado[26]. Por último, es bueno destacar en la novela la figura de Tiberio Mendoza, historiador oficial que de alguna manera sigue los presupuesto positivistas de la verdad comprobable. Lo curioso es que este personaje termina por robarle las perlas a Leizaga y, no conforme con ello, le roba también sus historias y manuscritos para hacer de ellos un *paper* histórico (¿extractivismo intelectual?), algo que recuerda las afirmaciones de Ramos Sucre sobre la estrecha relación entre historia y falsedad, que ponen en cuestión la fe en el hecho verdadero que supuestamente refiere el cronista oficial, cuya verdad en el fondo es la del Estado y sobre todo la del poder mismo, es decir, la de la máquina soberana.

Puntos finales

Visto así, tanto Ramos Sucre como Enrique Bernardo Núñez responden desde la ficción a ciertos dispositivos discursivos del archivo positivista y republicano que modeló el Estado Nacional gomecista a comienzos del siglo xx, abriendo otros espacios y proponiendo una relación con la historia desde lugares alternos. Si el primero cuestiona de raíz los presupuestos de su acercamiento al pasado desde un uso radical del anacronismo, el segundo, siguiendo esa línea, revive los tiempos coloniales e imperiales marginados por ese régimen de poder, escenificando

---

[26] El uso de lo «neocolonial» como otro historicismo encubierto, o como una meta-estructura que domina el curso histórico, siento que es una tentación en la lectura que ofrece Alejandro Bruzual en su estudio introductorio de la novela, quien habla de una «línea de comportamiento histórico» (2017: xxx) como parte de una lógica cerrada. Por eso me parece más razonable e interesante la lectura de Juan Pablo Lupi sobre el trauma y la espectralidad de las heridas coloniales que la historia oficial reprime.

una modalidad espectral del archivo que permite revivir episodios del ayer renegado u olvidado. Ambos proponen también ciertos puntos de fuga frente a la operación de reacomodo del discurso heroico y republicano que lleva a cabo el historicismo positivista, ya sea cambiando de perspectiva o sea concentrándose no en el período independista, sino en el período de la misma conquista.

Por supuesto, hay ciertas diferencias entre ambos. La tentación identitaria se hace más visible en Bernardo Núñez cuando pretende denunciar los procesos de exclusión de las culturas aborígenes y afroamericanas, borrando la mediación misma del archivo positivista (antropológico) del que se vale para visibilizarlas (aunque el manuscrito sobre Vocchi abriría un lectura más compleja). En Ramos Sucre, en cambio, prevalece una conciencia más lúcida del sustrato imaginario de la mitología occidental que envuelve muchos de nuestros discursos nacionales, incluso cuando pretendemos oponernos a él; me refiero, desde luego, a esa parte tropológica que trabaja la máquina soberana. En todo caso, lo importante es que los dos trabajan por igual sobre archivos ruinosos y espectrales: el primero con documentos imperiales olvidados o negados por la nueva historia republicana oficial, y el segundo con referencias culturales de la antigüedad o la Edad media, supuestamente superadas por la nueva historiografía y su visión del progreso, cuando en el fondo no hacían sino seguir algunas de sus lógicas más problemáticas y causales. Estas intervenciones no solo muestran los cambios que venían teniendo lugar en los órdenes del saber, sino que los dramatizan mostrando cómo el estatus personal y familiar entra en crisis en sus ficciones bajo signo distinto: Ramos Sucre con sus sujetos líricos decadentes, que ya perdieron su rango heroico, y Núñez trabajando la crisis de un protagonista de ascendencia patricia, hasta cierto punto en línea similar a la del cuento de Gallegos que hemos comentado.

En última instancia, en la obra de ambos autores se ve cómo la literatura del momento no solo se posicionó frente a esa nueva forma de poder del *arkhé* positivista y a las implicaciones que generó, sino también sirvió de espacio para escenificar sus límites y proponer alternativas distintas. Don Máximo, volviendo al cuento de Gallegos, no fue el único que tuvo que cambiar de genealogía familiar, de filiación simbólica donde memoria e historia se (con)funden. También lo hizo por lo visto cierta forma inclasificable de ficción, abriendo otro diálogo con el pasado, distinto al historicismo oficial, donde entrarían nuevos sujetos nacionales bajo las máscaras de la impersonalización, las fuerzas de lo anónimo y los poderes críticos del anacronismo literario.

2.

Las firmas de la ficción

Secretas formas del yo
Figuras de la impersonalidad

> Más que una entidad es una toma verbal, un acto.
>
> Jean-Luc Nancy

> La facultad de nombrar solo le fue dada a un ser capaz de no ser, capaz de convertir a esta nada en un poder y a este poder en la violencia decisiva que abre la naturaleza, la domina, la obliga.
>
> Maurice Blanchot

Sujetos, autores

Podríamos empezar estas líneas invocando a alguien llamado Otal Susi, el problema es que no sabemos quién es. Salvo su mención en unos poemas y otras referencias, su vida, su obra, es una completa incógnita. La razón no amerita mayor elucubración, porque así se dio a conocer el misterioso, estrambótico y desconocido poeta Salustio Gonzáles Rincones a comienzos del siglo XX. Se trata en efecto de un anagrama que entra y sale de su obra, una especie de pseudónimo, casi personaje de ficción, que des-inscribe el valor del nombre propio y rompe el poder de su firma. Este gesto tiene ciertas correspondencias con la reflexión de Julio Garmendia en una fecha cercana, en el cuento «El otro yo» (1927), donde el *alter ego* del protagonista, Andrés Erre, le roba al narrador sus bienes, su crédito y hasta la misma autoría.

«Participo a mis amigos y relacionados de dentro y fuera de la ciudad que no reconozco deudas que haya contraído "otro" que no sea "yo"» (1992: 85), dice el usurpador.

Como se puede ya entrever a grandes rasgos, uno cuestiona la autoridad del nombre y el otro la del sujeto como unidad, siguiendo acaso en eso lo que una vez Eugenio Montejo denominara como «escritura oblicua» (1996: 183). Ambos rompen con dos tipos de soberanía: la del ego sobre un cuerpo y una conciencia homogénea, y la de un propietario sobre la circulación y sentido de sus textos. Los dos, con ello, desactivan también una tercera forma de poder soberano e independiente. Me refiero a la de una figura que se erige con el derecho (la *auctoritas*) de hablar por una comunidad o un colectivo, por un grupo homogéneo que marca una pertenencia, una identidad o un pueblo, núcleo clave para la personalización de nuestra máquina. ¿Qué está pasando entonces con la autenticidad de la propiedad nominativa del escritor y su correspondencia con la unicidad de la persona en estas fechas del *arkhé* moderno? ¿Podríamos estar hablando a su vez de signos —leves, quizás— de cambio en la ficción venezolana, entendida ahora como medio de puesta en escena de nuevas formas de impersonalización, de destitución del «dispositivo persona» en las fuentes de lo soberano[27]? Sí y no. Los casos son precarios y muchas veces fueron apenas gestos ficcionales en una que otra

---

[27] El término «despersonalización» ha sido usado en diferentes campos. La psicología clínica lo ha visto por ejemplo como sinónimo de trastorno disociativo, donde el sujeto se ve fuera de sí mismo. Aquí sigo a Maurice Blanchot, quien lo ve más bien como efecto de la escritura literaria moderna en eso que llamó lo «neutro». Si bien en sus trabajos se afinca en la ambigüedad del paso de la primera a la tercera persona, en los casos que analizo —algunos de los cuales no son estrictamente literarios— hay un cuestionamiento del «dispositivo persona», tal como lo presenta Expósito en *Tercera Persona* (2002), en algo quizás cercano a lo que Rancière llama «palabra muda» y, sobre todo, a

intervención concreta (una carta, un cuento, cierta situación dentro de una novela), lo que no quiere decir que no sean significativos y que no valga la pena comentarlos.

Lo cierto es que el autor como figura tenía un acervo muy especial en el momento. Ahora bien, cuando hablo de esta identidad, me remito desde luego no solo a lo que los teóricos han llamado función-autor (Foucault o Chartier), sino sobre todo a cierta escenificación o dramatización de su rol que puede suceder de distintas formas y enmarcarse bajo diversas prácticas, correspondiendo, vale añadir, a un tipo de subjetividad donde el nombre propio y la firma juegan un rol relevante. Ciertamente esta no fue encarnada solo por un ente abstracto o general y tuvo cierto grado de disputa con otras tendencias. En ese sentido, propongo hablar *groso modo* de tres regímenes que correspondieron, a su vez, a tres presupuestos sobre cierta idea de sujeto (entre racionalista, empirista o moral) y que implicó a su manera ciertas «tecnologías del yo», siguiendo a Foucault, es decir: modos «en que un individuo actúa sobre sí mismo» (2008: 499). A mi juicio, la máquina soberana nacional privilegió lo que llamo la ficción del autor patrimonial y pedagógico, de corte heroico, monumental, virtuoso y masculino[28], que se ha relacionado con mucha tensión

---

la literatura que define como «ese nuevo régimen del arte de escribir donde no importa quién es el escritor y no importa quién es el lector» (2011: 28).

[28] Detrás de esta tradición republicana y su teatralización de la primera persona vemos erigirse un tipo de dispositivo que, si seguimos las investigaciones de Roberto Esposito, tiene que ver con la manera de modelar y encarnar una idea de «persona»: «Senza il rimando a un'entità personale l'ordine politico non può costiuirsi» (2013: 7), advierte Esposito. Esta noción en principio jurídica, que viene del derecho romano en fusión con la metafísica de la trinidad cristiana, es precisamente el residuo teológico del soberanismo moderno que sirve como eje articulador de esa transacción constante que realiza nuestro artefacto maquínico entre lo trascendental y lo mundano, lo verdadero y lo falso, lo animal corpóreo y lo racional incorpóreo, o lo vivo y

con una segunda modalidad, la cual, a falta de otro rótulo, he decidido distinguir en estas líneas como liberal, de corte comercial y privado, correspondiente a los valores modernos; y, frente a esas dos, que se erigen desde el lugar de una subjetividad racional y soberana, habría una tercera tendencia, que es la que me interesa analizar y que llamo de impersonalización, donde se cuestiona tanto esta idea de un sujeto independiente como la de una figura autoral pedagógica, encarnación de un colectivo identitario fijo.

Si bien estas figuras autorales se corresponden con la idea de sujeto orgánico y de un «yo» antropocéntrico, lo determinante es su relación de propiedad con un escrito o conjunto de documentos, que se comprende tanto como bien público que como bien privado[29]. Ello, a su vez, equivale a cierto tipo de dramatización del escritor, que se percibe como dueño de lo que crea, piensa o escribe, siguiendo el rol que debe cumplir ante la sociedad y ante su conciencia, sin desestimar las condiciones para darse o mostrarse.

lo no-vivo. Desde ahí se interiorizan la lógicas de lo que debe asimilarse y/o excluirse del ser nacional. Esposito lo ve como «il meccanismo di inclusione escludente che separa da se stessi sia i singoli individui sia il genere umano» (2013: 82). Desde ahí también se realiza la negociación que hay dentro de la misma interioridad entre los procesos de subjetivación singular y los procesos de sujeción colectiva, que trabajan en conjunto. El dispositivo persona también labra las bases para sustancializar la noción de autor como propietario de hechos y palabras, que en Venezuela, por lo que vengo diciendo de esta tradición autocrática, se disocia en gran medida del texto como mero valor mercantil para abrirse a una encarnación con demandas más vinculadas a las formas de poder autocrático, propia de una tradición letrada y patrimonial, que sigue dependiendo de la figura de un Gendarme.

[29] Más que privilegiar la figura autoral como producto de un proyecto creador sólido (Bourdieu), siguiendo las formas de circulación y de recepción de las obras en un contexto que resulta altamente complejo por su carácter dictatorial, me interesa sobre todo destacar algunas de sus formas de representación y auto-representación bajo distintos tipos de prácticas simbólicas y culturales que tuvieron un rol significativo en la época.

Aun cuando el propósito de este capítulo es analizar la última modalidad de figura autoral —la impersonalización— por encima de las otras dos —la patrimonial y la liberal—, será preciso revisar algunos signos materiales y simbólicos del predominio de las dos últimas, sin excluir sus tensiones y contradicciones. Solo así se puede dar cuenta cabal del arrojo de algunos gestos de intervención impersonal que tuvieron lugar entonces, por pequeños que fueran.

Signos de un paisaje autoral

Las condiciones de un inestable campo literario e intelectual como era el venezolano, dependiente del poder político de una dictadura, evidenciaban el estado de precariedad de la figura autoral en su dimensión moderna. No hay que especular mucho para saber las difíciles condiciones del escritor independiente, profesional y crítico, que vivía de sus trabajos con cierta libertad, y más cuando se trata de un tiempo histórico que castigaba bajo distintas formas el desarrollo del «yo» como sujeto autónomo desde cierto presupuesto liberal. Se trata además de un campo sostenido solo por algunas revistas y suplementos de periódico, pues el estado de las instituciones educativas era lamentable y el mercado consumidor de las empresas editoriales era más que difuso e inestable. Solo iniciativas de pequeños grupos, cercanos al dictador de turno, podían sobrevivir con cierta dignidad. Ello explica las pocas leyes de propiedad intelectual que existían, lo escaso del círculo de lectores y parte de las dificultades que sorteaban las pocas imprentas e instituciones culturales que trabajaban entonces, moviéndose de forma algo errática para reconocer el poder de las firmas desde el punto de vista mercantil y editorial, pese a esfuerzos notables como los de *El Cojo Ilustrado*, *Cultura venezolana* o el proyecto de vanguardia *Válvula*, entre otros. Se pudiera decir, sin temor a exagerar, que la imagen autoral mantenía la fuerza de *habitus* coloniales del pasado en su dependencia del poder político, siguiendo sin embargo algunos presupuestos republicanos del siglo XIX (bien como máscara, en caso de los oportunistas, o como virtud sacrificial, en caso de seguidores genuinos), y se perpetuaba así la modalidad pedagógica de la función-autor desde protocolos simbólicos de lealtad a una tradición nacional, desde una teatralización peculiar del vínculo con valores viriles, patriarcales y morales, y desde las políticas mismas de publicación y circulación de los trabajos literarios considerados por estos sectores como válidos[30].

La situación contrastaba con ciertos discursos modernos, tal como hemos visto con los positivistas en el área de la investigación profesional y con relación a cierta idea autónoma del yo. Sin olvidar, por otro lado, que muchos presupuestos cartesianos sobre la unidad del sujeto racional y libre seguían manteniéndose como premisa común en el ambiente —solo en ciertos círculos eran

---

[30] Estas condiciones de precariedad se pueden observar en algunos signos. Bien se quejaba Teresa de la Parra de la poca acogida en Caracas de su novela, lo que la llevó a estar más pendiente del público de otros lugares, como España o Colombia (1951: 91). Se sabe que para tratar de publicar su obra le escribió una carta al dictador Juan Vicente Gómez —lo que evidencia el lugar de dependencia de la figura autoral moderna en el país—, quien nunca le respondió. Por suerte obtuvo un premio de la Casa Editora Franco-iberoamericana, lo que le permitió finalmente publicar su obra. Por su parte, la célebre *Doña Bárbara* de Rómulo Gallegos fue publicada en Barcelona por la editorial Araluce (1929); su otra gran obra, *Canaima*, fue prohibida por el dictador. De modo similar, *Cubagua* se publicó en Francia por Le Livre Libre en 1931, y si bien se reeditó luego en Venezuela, algunos especulan que la pobre recepción crítica en el país llevó a Núñez a corregir bastante su apuesta inicial. Hasta *Lanzas coloradas* de Arturo Uslar Pietri, quien tenía vínculos directos con el régimen, fue publicada en 1931 en Madrid por la Editorial Zeus.

leídos los estudios freudianos o literatura moderna que pusiera en cuestión esas premisas. Con todo, en algunas obras encontramos indicios de cuestionamiento de este lugar de enunciación, que paradójicamente se unen a ciertas críticas desde la ciencia sobre la unidad yoica, tal como advertimos en uno que otro trabajo de reconocidos científicos de la época, como Diego Carbonell, quien pone entredicho la idea de una conciencia autónoma, viéndola más bien ligada a «la actividad del sistema nervioso» (1929: 64). Algo parecido puede verse en Gabriel Espinosa y «La cuestión del conocimiento y la existencia intensiva», donde advertía que el conocimiento humano «se halla pautado intrínsecamente más por la intensidad específica de la vibración nerviosa» (1929: 52). Lo mismo podría decirse sobre algunos presupuestos antropomórficos, ahora depuestos o debatidos por algunos discursos evolucionistas y trabajos de investigación etnográficos populares entre los mismos positivistas, aunque ello no implicaba una seria impugnación de las bases conceptuales que sostenían la figura del autor monumental y pedagógico, tratándose más bien de reflexiones centradas en un público muy reducido, parte de la comunidad científica del momento.

Por eso, y por encima de estos discursos y prácticas, persistía el fantasma de una idea de autor bajo un presupuesto del sujeto que seguía anclado a la devoción del genio o el líder, muy del siglo XIX. No hay que olvidar en ese sentido el enorme reconocimiento simbólico de la figura de Bolívar, no solo como héroe, sino como *autor* de los tratados más importantes sobre el ideario nacional. Se trataba no solo de la *Carta de Jamaica* (1815) o de otras proclamas que se siguieron hasta la saciedad, sino del destino mismo de la nación; recordemos que con el rescate de sus cartas y documentos por parte de Vicente Lecuna durante el período que trabajamos, su imagen autoral se erigió como encarnación de la memoria nacional, que fundaba la *auctoritas* del destino colectivo. Dicho de otra manera: Bolívar, en esa perspectiva, habría escrito no solo sobre el papel sino también sobre nuestro *telos* identitario, sobre nuestro camino como colectivo. Es el *arkhé* mismo, en otra manera de institucionalizar el archivo republicano espectral desde esta visión autoral.

Todo esto puede seguirse en lo que César A. Salgado advirtió como «fiebre epistolar» de las primeras décadas del siglo XX. Se trató de una obsesión particular por rescatar del olvido los escritos de los héroes patrios. «En varias ocasiones administraciones venezolanas y colombianas decretaron fondos para adquirir autógrafos inéditos y publicar nuevos epistolarios ampliados con fines conmemorativos», apunta Salgado (2017: en línea). Bajo una comisión presidida por el gobierno de Gómez, la Academia de Historia de Bogotá publicó el Archivo del Libertador. Rufino Blanco Fombona, por su parte, llevó a la imprenta «los epistolarios inéditos de todos los héroes de la independencia» en su célebre editorial Ayacucho; en el prólogo al volumen de Bolívar, el mismísimo José Enrique Rodó argumentó que la lectura pública de la escritura epistolar del Libertador era incluso más importante que la de sus proclamas políticas para alcanzar un «conocimiento íntimo del hombre» y, por consiguiente, del proyecto nacional que su figura encarna (Salgado 2017: en línea). Por eso los libros de Lecuna *Papeles de Bolívar* (1917), *Marcha de 1817 y Combate de Clarines* (1918), *Documentos referentes a la creación de Bolivia* (1924) y los diez tomos que edita de la colección *Cartas del Libertador* (1929-1930) fueron fundamentales para consolidar el culto de este nuevo archivo desde su visión de autor.

Paradójicamente, si nos remontamos al pasado encontraremos que algunas personalidades señeras del ideario independentista tuvieron un destino complicado con la figura autoral. Como señala Silva Beauregard (2002), el primer encargado de la *Gaceta de Caracas* fue Andrés Bello, que se identificó siempre de forma anónima como «El Redactor»[31]. A comienzos del siglo XIX hubo una disputa interesante por los derechos de propiedad intelectual entre Jaime Lamb, dueño de la imprenta, y Francisco Isnardy, redactor del momento, quien defendía el valor económico de la autoría y el reconocimiento de sus derechos. El litigio, por un lado, evidencia el carácter tardío de este tipo de reivindicaciones (en Inglaterra por ejemplo ya era usual desde finales del siglo XVII), pero por otro —y esto es muy peculiar— muestra que «no fueron los impresores [...] quienes enarbolaron la bandera de la autoría para conseguir ventajas en su negocio» (Silva Beauregard 2002: 34), lo que podría indicar que hubo por mucho tiempo una tensión entre dos tipos de libertades y propiedades —la material y la intelectual—, que en otras partes coexistieron de manera natural pero que en Venezuela, por lo visto, no evolucionaron del mismo modo. Esto evidenciaría que si bien hubo cierto desdén hacia la figura autoral como propietaria independiente, en el sentido mercantil, por otro lado se preconizaba mediante distintos mecanismos el valor patrimonial del nombre y la autoridad del autor —cada vez más acosado por las tecnologías de difusión de la escritura y las posibles apropiaciones que ello traía consigo— como

---

[31] Resulta significativo que el primer libro publicado en la Venezuela republicana, el *Calendario Manual y la guía de forasteros* de 1810, haya aparecido con el crédito de sus impresores pero sin el nombre de Andrés Bello, su presunto autor. Todavía muchos años después otro título importante, el *Compendio de la Historia de Venezuela desde su descubrimiento y conquista hasta que se declaró Estado Independiente*, de Francisco Javier Yanes, se publicó también sin indicación de autoría. A esto hay que sumar el problema de las atribuciones. El reconocido trabajo de Yanes reproduce sin citar pasajes del *Calendario Manual y la guía de forasteros*, sobre todo la parte que posteriormente Juan Vicente González llamara «Resumen de la Historia de Venezuela», y Pedro Grases comprueba que José Domingo Díaz, por otras razones, habría hecho lo mismo en un trabajo anterior. De modo que la atribución autoral en su concepción moderna resultaba todavía problemática en las primeras décadas del siglo XIX.

valor simbólico y magisterial. Ciertamente el Estado-nacional y sus leyes parecieran dar muestras de un creciente interés sobre el tema, pero podría decirse que, en su aplicación, fue muy errático, probablemente por las innumerables guerras intestinas y sus correspondientes autocracias, que hacían difícil imponer un estado de derecho para este tipo de exigencias. Si bien es cierto que la constitución de 1830 recogía la primera ley que amparaba la propiedad de las obras literarias, sus limitaciones eran claras con respecto a la especificidad de la labor escrituraria. Luego vendrían otras legislaciones reconocidas, como las de 1839, 1853 y 1887, que supusieron importantes avances sobre el tema. En 1928 se propuso de hecho una fórmula con la Ley sobre propiedad intelectual, mediante la cual se protegían las obras registradas durante cincuenta años, entre otros beneficios. Venezuela, sin embargo, no se adhirió al famoso Convenio de Berna de 1886, revisado en muchas ocasiones, sino hasta 1982; algo similar sucedió con la Convención Universal sobre Derecho de Autor del 6 de septiembre de 1952, que terminó suscribiendo más de una década después, en 1966. Será solo en 1993 que se redacte en el país una ley amplia de Derechos de Autor.

La palabra «autor» en el Diccionario de la Real Academia de 1914 ya contemplaba la acepción de «persona que ha hecho alguna obra científica, literaria o artística», fundiendo individualidad con creación y viéndola por igual en trabajos de distinta índole —a diferencia de lo que ocurría en el siglo anterior, donde se reconocía como tal únicamente al escritor letrado, a su figura patrimonial. También aparecen allí la idea de causalidad, «el que es causa de alguna cosa», y la de origen, «el primero que la inventa» (1914: 115). De manera que, según la institución del idioma español, autor sería ese «alguien» originario, individual, que lleva a cabo la producción de algo hasta entonces inédito y en cierta medida bajo un signo de especialización; en contraste con lo que pareciera suceder en Venezuela, la definición desestimaría la exclusividad que se le daba antes al autor como parte de una tradición.

En Venezuela, por entonces, podemos encontrar quejas como la de F. González Guinán en el texto «Literatura nacional» de la revista *Cultura venezolana*, donde criticaba las condiciones del escritor que tenía que pedir ayuda para poder vivir de su trabajo con las suscripciones (1921: 13), o afirmaciones como la del crítico Jesús Semprún en otro texto publicado en la misma revista, donde se desmarcaba abiertamente de la escritura profesional que proliferaba en los países del primer mundo y prefería la labor intelectual vinculada al poder estatal «con todo y ser un esclavo público y notorio» (1921: 55). Paralelamente, también se observa cierto interés sobre esta materia: Diego Bautista Urbaneja, por ejemplo, publica *La propiedad intelectual en la legislación venezolana y ante el Derecho internacional* (1912), y un proyecto de 1916 condujo finalmente a la creación de la ley de 1928 sobre propiedad intelectual. Ahora bien, estos casos no pasaron de ser gestos aislados en un contexto que todavía no integraba bien una concepción moderna de la autoría con una concepción tradicional de corte más simbólico. La misma paradoja la encontramos con el positivismo del momento, que en su ánimo profesional de instaurar una nueva metodología, reivindicó un estatuto autoral más actual: su devoción por el manejo de las fuentes, con la correspondiente censura al anacronismo, implicaba una visión bien moderna del autor frente a la tradición, donde se disocia la propiedad del escritor actual del legado de otros escritores. Sobre esa base también se reafirma una idea de sujeto autónomo, cognoscente, muy cartesiana, que promulga una relación con el mundo exterior bajo la dicotomía sujeto/objeto. Sin embargo, muchos positivistas incurrirán en más de una contradicción sobre esto; tampoco hay que olvidar que, siendo cercanos al régimen, gozaron de condiciones especiales para trabajar, sin tener que incurrir en otras prácticas más del siglo XIX.

Se podría traer a colación más de un ejemplo en el desarrollo de la prensa y del mercado cultural con revistas relevantes, que si bien daban reconocimiento al escritor con pagos, firmas y reivindicaciones de distinto tipo, al final estuvieron a merced del poder autocrático del momento, que siempre logró delimitar su desempeño. Como sabemos, fue muy común también el uso de pseudónimos, que de cierta manera seguía una tradición creada durante el régimen de Guzmán Blanco a fin de proteger a los autores, quienes no gozaban de derechos en sus opiniones frente al déspota de turno[32]; ello abría una puerta para apuestas curiosas dentro de la ficción del momento. También fue frecuente la apropiación de otros textos, dado que los marcos legales estaban supeditados a los intereses de los poderosos y no existía el hábito de recurrir al derecho para resolver estas cuestiones.

Bajo esas condiciones, cabría preguntarse si se protegían o no los derechos del autor, y qué valor tenían la firma y la figura autoral. Al parecer mucho se dirimía solo en el terreno de la reputación. Así, en los casos de apropiación indebida o falseamiento, se imponía una sanción simbólica: el agravio público, que era el único terreno donde se redimía a la víctima y se condenaba al acusado, se restituía el valor del original y se desmantelaba la treta del usurpador momentáneo. Aunque hubo también historias de venganza con espadas y duelos, algo por cierto muy representativo de valores viriles[33].

---

[32] Sobre el uso de pseudónimos durante el régimen de Guzmán Blanco véase Silva Beauregard 1993.

[33] La historia del supuesto duelo de espada que quería Blanco Fombona contra Bolívar Coronado es un buen ejemplo.

Esta realidad reforzaba en cierto sentido el valor patrimonial de la firma, no ya como propiedad legal, sino como teatralización letrada: solo el sujeto respetuoso, digno, honorable, de virtudes masculinas y republicanas, era el que no se copiaba, el que escribía originalmente, el que tenía ideas «propias». El archivo del siglo XIX, personificado en la autoridad de la figura del intelectual y el escritor, reaparecía entonces a comienzos del siglo XX[34]. La máquina soberana no solo se alimentaba del historicismo bolivariano y de las instituciones que lo validaban y figuraban, sino también del poder de quienes tenían el derecho a pensar, escribir, decir, en nombre de la comunidad nacional.

೧೨

Un buen ejemplo de esta garantía patrimonial podemos encontrarlo dramatizado en el caso de Cecilio Acosta durante los tiempos republicanos. En un cuento en apariencia inocuo como «Los espectros que son, y un espectro que ya va a ser» (1877) aparecen estos elementos, abriendo y cerrando posibilidades de un espacio ficcional que luego, durante las primeras décadas del siglo XX, tendrá por fortuna margen mayor para criticar los supuestos de autoridad de la figura del escritor. El narrador, en tono de burla, se dirige a Don Antonio Leocadio Guzmán, mencionado en la dedicatoria, pues ha recibido un agravio suyo. En el relato

---

[34] Gran parte de la literatura del siglo XIX venezolano se sostenía sobre un pacto mimético, «con lo cual se descartaba la concepción de la literatura como discurso lúdico o deliberadamente ficticio» (Moré 2002: 104). Esto comienza a ponerse entredicho con ciertas obras del siglo XX, y ciertamente en algunos gestos de despersonalización que hemos visto. El modernismo había tenido un primer gesto de repliegue donde el letrado repensaba su lugar, pero todavía muchas de sus obras seguían ancladas a motivos épicos o trágicos, en una suerte de nostalgia del heroísmo.

el contendiente es sometido a un tribunal de nueve sombras. Las figuras fantasmales van enunciando las culpas del padre del famoso dictador ilustrado, quien denunciara de manera infundada al autor en fechas recientes a la publicación. Otras criaturas del más allá hacen lo mismo, y al final aparecen nada menos que Bolívar, Páez y Soublette —padres patriarcales que definen el proceder de toda autoría—, quienes lo interrogan y ponen en evidencia su mezquindad: espectros del pasado heroico que se despliegan en el archivo figural del soberanismo-nacional de la máquina para autorizar y desautorizar. El texto transcurre en la «ciudad de los muertos», una especie de versión del infierno dantesco, y destacan las acusaciones de «difamación y desvergüenza». De hecho, una de las sombras increpa al escritor, poniendo de relieve un recurso ficcional muy usado por la novela moderna:

> Cecilio Acosta no te contestará ni una palabra más. Le atacaste y se defendió con tu historia, que es para una sola vez y no para repetida, porque produce asco. Lo que él te ha dicho y esta sesión tétrica que va a imprimirse, quedarán como un monumento de verdad y un padrón de tu ignominia. (2004: 152)

Asistimos, entonces, a un acto de impersonalización. El narrador y autor, cuyo nombre propio certifica el trabajo escritural, aparece como referencia en su propia obra. La razón no es, sin embargo, muy moderna. El escritor del cuento, que ha sufrido una afrenta, un insulto a su reputación, hace acto de justicia valiéndose de la escritura narrativa y ficcional, al más puro estilo cervantino. Ese gesto lúdico busca desarmar a la crítica que distorsiona la imagen del Cecilio Acosta escritor e intelectual, único capital simbólico del que puede valerse en la República de las Letras —no olvidemos la indefensión de los pocos intelectuales independientes de su talla en una Venezuela caudillesca y marcial como la que le tocó vivir. El personaje tiene una imagen y reputación que cuidar, y es por medio de la narrativa que trata de resarcir el daño y reparar la tergiversación, procurando así el bien espiritual (que no obedece a criterios de temporalidad) de la justicia, cuyo valor de uso solo será realmente considerado a futuro: «quedarán como un monumento de verdad y un padrón de tu ignominia».

Nótese el uso de lo monumental, un motivo metafórico muy propio del republicanismo romántico. Rafael Sánchez en *Dancing Jacobins* hablaba precisamente del dispositivo de poder del mismo nombre, que fue producto de la teatralización radical asumida por los primeros líderes de la independencia para lograr la legitimación ante una masa dispersa y racializada, todavía atada a creencias y *habitus* coloniales, y que por eso debía ser ganada con esos recursos performáticos (2016: 24). Lejos de ser casual, esto más bien evidencia el desplazamiento —que venía ocurriendo desde el siglo XIX— de la elocuencia oral, propia del acto asambleario colectivo, a la escrita, propia del trabajo estilístico personal. Esta dramatización, además, muestra que la autoridad del escritor en la era republicana todavía no se enmarcaba o institucionalizaba dentro de mecanismos jurídicos o comerciales de autoría, sino mediante argucias retóricas que la vinculaban con una herencia de grandes patriarcas marmóreos y masculinos.

La *Biblioteca de autores venezolanos contemporáneos* (1875) de José María Rojas se refiere a Cecilio Acosta como un «célebre literato», cuya «reputación de gran escritor existe en todos los pueblos» (1875: 34). José Martí dijo de él que era un «justo», valiéndose de metáforas que lo vinculaban a la escritura: «Su pluma, siempre verde, como la de un ave del Paraíso, tenía reflejos de cielo y punta blanda» (2005: 196). Por otro lado, en *La literatura venezolana en el siglo XIX* de Gonzalo Picón Febres aparece como referencia fundamental para las letras venezolanas, en una de las primeras antologías de este género en el país. Ello también sigue una visión pedagógica de la escritura correspondiente al período republicano, donde muchas veces se confundía vida ejemplar con vida nacional. De hecho, en un célebre discurso publicado en *La opinión nacional* (1869), Acosta habla de las letras como viajeras que sirven «para llevar a todas partes germen, árbol, flor y frutos» (2019: en línea). El discurso, titulado las «Letras lo son todo», reivindica la cultura letrada bajo la noción de cultivo, y en él se asigna a sí mismo ese rol de promotor cultural; nótese que el interés didáctico se asimila a una función social. Por eso desea que «las ciencias y las letras» se difundan en el país y «formen como una atmósfera social», donde los «conciudadanos respiren por todas partes el aire de la civilización» (2009: en línea).

También será frecuente en él cierto uso del epistolario y la retórica de la confesión, sobre todo en su célebre *Cosas sabidas y por saberse* (1856), para hablar de la *res publica* y la importancia, entre otras cosas, de la propia educación. El desdoblamiento que hace de su nombre en el cuento que hemos comentado no significa entonces, como vengo diciendo, un cuestionamiento del carácter mimético de la escritura, en el sentido platónico, o del dominio autoral. Para nada busca romper con el contrato letrado que erige la escritura como referente indiscutible de la realidad, ni pretende desligar el nombre propio de su vínculo con el texto y la vida de Cecilio Acosta. Al contrario: lo que intenta es restituir la reputación mancillada, el honor herido. La ficción de ese gesto surge así casi de manera azarosa y suplementaria; si bien es la que posibilita la despersonalización, no logra manifestarse lo suficiente para herir las delimitaciones discursivas, para abrir un espacio distinto y alterno. Visto con cuidado, más bien logra lo opuesto: consolidar el autor en el régimen propio del republicanismo patriarcal de la época. Dicho de otro modo, el recurso de la despersonalización termina más bien personalizando: la ruptura momentánea logra vindicar el orden autoral imperante. Faltarán varios años y una cantidad significativa de transformaciones sociales y culturales para ver gestos más amenazantes con relación a esta república de las letras. En todo caso, en la Venezuela del siglo XX se mantienen muchas de estas prácticas y visiones dentro de la hegemonía que se vinculó al poder de los llamados andinos.

Quisiera ahora reflexionar en torno a tres «autores» que escribieron en las primeras décadas del siglo XX y desplegaron líneas de fuga sobre esta tradición, líneas desde las cuales podemos considerar otras relaciones con la imagen del autor, con su relación con la propiedad de sus textos y enunciaciones. Me refiero a José Antonio Ramos Sucre, a Teresa de la Parra y a Bolívar Coronado, cuyas estrategias textuales examinaremos a grandes rasgos.

GESTOS DE IMPROPIEDAD

Empecemos con Bolívar Coronado, famoso falseador de textos y firmas a quien bien podría verse como el secreto Marcel Duchamp de nuestra literatura, con sus intervenciones en propiedades textuales para colocarlas en otros lugares y contextos, bajo otras coordenadas o espacios de enunciación. Se trata de un autor de provincia que tuvo la suerte de estudiar en un país con un alto porcentaje de analfabetismo, sin más abolengo connotado que el de su padre, cronista de la ciudad. En ese sentido gozó de algunos privilegios de la época, aunque poco después su familia vendría a menos y él mismo, de espíritu aventurero e irresponsable, tuvo que considerar profesionalmente la escritura como forma de sustento. Para sobrevivir económicamente tuvo que ejercer la escritura de manera utilitaria y mercantil, ajeno así al uso que otros escritores más cercanos a la élite o al poder le daban como simple pasatiempo, como medio de legitimar el régimen o como forma de reputación oportunista. Hablamos de un autor díscolo, trashumante, marcado por la errancia y el resentimiento, que vivió la experiencia del exilio y el ostracismo al convertirse en un radical y furibundo anti-gomecista y terminó vinculado a grupos anárquicos en Barcelona, España.

Ya en su apellido Bolívar Coronado llevaba la marca de un patrimonio nacional, de una paternidad simbólica que pareciera ponerlo a prueba contra toda forma de autoridad que descansara en la autoría. Si bien profesó admiración hacia su padre biológico, al punto de verlo en el volumen primero de los *Apéndices* de la *Enciclopedia universal ilustrada europeo americana* (1918) como «lancero de primera línea, en las guerras civiles», que tenía bajo sus órdenes «el escuadrón de Sabaneros» (Castellanos 1993: 158), esta veneración no se replica en otras instancias, y evita así ser mediada por el archivo heroico que busca una filiación jerárquica desde una supuesta lógica aristocrática, muy propia de una sociedad igualitarista que buscaba establecer desesperadamente órdenes simbólicos de prestigio. Su idea de herencia pasa más bien por lo picaresco y lo vernacular, teniendo en cuenta que su progenitor fue también famoso como escritor de humor costumbrista, sin olvidar el abandono temprano con su muerte. ¿No resulta representativo y revelador para entender su aventura? Encarnar otra forma de lo filial, rehuyendo de la pontificación, de cualquier gesto que interioriza el estilo de los protocolos de las prácticas republicanas, es, en cierta medida, desautorizar, des-paternizar al padre de la nación[35]. Romper con el círculo de la herencia y

---

[35] Para Exposito la «paternidad» es fundamental en la constitución del «dispositivo persona» que nos viene de la ley romana: «En el interior de tal mecanismo jurídico [...] solo los *patres*, vale decir aquellos que son definidos por el triple estado de hombres libres, ciudadanos romanos e individuos independientes de otros, resultan *personae* en el sentido pleno del término. Mientras que todos los demás —situados en una escala de valores decreciente, que va de las mujeres, los hijos, los acreedores y llega hasta los esclavo — se

sus jerarquías, acabar con cierta idea de transmisión propia de la tradición letrada. Así lo hará también con otras autoridades.

Este ejercicio de «desautorización» se verá más claramente en su lucha contra el nombre propio y la firma, contra la «figura autor» estampada y sellada en formas nominativas que determinan textos, estilos, modos de organizar discursos, enunciados, obras. Para ello se valió de varios recursos inéditos. Primero, de la usurpación de nombres de otros: los más célebres fueron los de Daniel Mendoza para publicar *El llanero* (1922), el de Agustín Codazzi para editar el libro *Obras científicas* (1917), y el de Rafael María Baralt para dar a la impresión el volumen *Letras españolas: primera mitad del siglo XIX* (1918). En segundo lugar, está la descomposición verbal como parodia y puesta en crisis de la unidad nominativa: firmas como R. Oliva Brodoca, Dorile B. Covo O, E. V. Loronfacio, Liborano Dovac, no son sino anagramas de su propio nombre. Y por último, tenemos el uso proliferante, desmesurado, de la pseudonimia: se habla de más de seiscientos nombres que usó, inventó y cambió.

Ahora bien, quien haya tenido curiosidad por seguir la empresa de Bolívar Coronado podrá confirmar la dificultad de ubicarla como mera pseudonimia, porque muchas veces, más que usar nombres alternativos, secuestra el de otros o cambia el suyo. De igual modo, resulta difícil ver estos enmascaramientos como heterónimos acabados, en la línea de por ejemplo Fernando Pessoa, ya que no pretenden recrear una personalidad y mucho menos una poética —aunque, como ha mostrado Juan Pablo Gómez Cova

---

colocan en una zona intermedia, y continuamente oscilante, entre la persona y la no persona o, más tajantemente, entre la persona y la cosa: *res vocalis*, instrumento con capacidad de hablar, es finalmente la definición del *servus*» (2002: 43). Es contra esa «autoridad» del nombre de origen «paterno» que se rebela Bolívar Coronado.

(2024), sí la desarrolló en algunos casos concretos, como el del maestre Juan de Ocampo, supuesto traductor de una de las crónicas que escribiera sobre *Guaicaipuro*—. Su caso pareciera moverse entonces entre ambos espacios, en un lugar intersticial donde la autoridad del nombre queda usurpada sin una subjetivación nueva, o sin pretensiones de una configuración individual. Es una técnica de usurpación momentánea, menos biográfica que verbal o discursiva, lo que no obvia sus implicaciones metafísicas; no en balde en algún momento le comenta a un amigo que le ha pedido uno de sus poemas lo siguiente: «yo no soy poeta... yo soy Don Nada» (Castellanos 1993: 73). Hablo más bien de implicaciones identitarias, nominativas, que muestran su lugar marginal dentro del orden discursivo del letrado decimonónico y su rebeldía o resentimiento ante ello: «Yo no tengo nombre en la República de las letras», dirá (Castellanos 1993: 180).

Su ideario pareciera ser la fuga de toda autoría, la traición hacia sus formas de poder. Incluso hay en él una crítica radical a las pretensiones de substanciar e hipostasiar una persona legible, existente, detrás de la firma. *Memorias de un semibárbaro*, que tuvo la intención de publicar bajo el nombre de Oliverio Castro Gómez y que además se leyó como una autografía, era ficticia, novelesca; en ese sentido, y siguiendo un estudio de Violeta Rojo en el que muestra la tendencia confesional de varias obras del momento, ahí el sujeto autobiográfico también se fundía con el testimonio histórico, buscando sin embargo contar de manera subversiva o esquiva ese país «para la posteridad» (2018: 87). Si bien salió a la luz sin su consentimiento y sin que el texto estuviera terminado, era clara su intención de fundir allí hechos de su vida con aspectos inventados. Por si esto fuera poco, su estilo errático (entre llano y vulgar) evitaba ciertos esquemas propios del registro testimonial, tan frecuentado por ese entonces por un Blanco Fombona o un Pocaterra, y lo hacía incluso de manera despiadada, con lo cual rompía con cualquier tentación de erigir o sublimar al narrador como un sujeto confesional moral o virtuoso, y se entregaba al autosabotaje: en la obra cuenta, entre otras cosas, cómo de niño engañó a su padre, cómo robó a un muerto en sus primeras incursiones en la guerra, o cómo participó en atentados, traiciones y en aventuras con amantes. Son frecuentes ahí expresiones clasistas, racistas y destempladas, que lo hacen quedar muy mal.

Guerrero, viajero, bebedor, marinero, pendenciero, escritor, periodista, amante: muchas vidas a la vez, donde fundía y confundía hechos y mentiras, vida real con vida imaginaria, siguiendo sus lecturas de Rubén Darío, Pierre Lotti, René de Chateaubriand, Jorge Isaac, Blanco Fombona o Cervantes. De modo que hasta en eso escapaba de la tradición autobiográfica del «autor», de la pretensión de asumir una entidad fija detrás del nombre propio; parecía una obra que parodiaba el género modernista desde ciertos usos de la picaresca, cuyo protagonista encarnaba una Venezuela decadente[36]. Como bien sostiene Gómez Cova, era al final un escritor maldito, que «se opuso a todas las formas de poder establecido» y que en vida «se peleó con todas las grandes figuras a las que conoció» (2016: 112).

Ese «no tener nombre» es lo que lo lleva a enmascararse y romper el orden discursivo letrado, que en ese momento ha revivido sus contactos con España en lo que Claudio Maíz ha dado en llamar, siguiendo a Rodó, «patria intelectual». En *Constelaciones Unamunianas* Maíz sostiene que, a finales del siglo XIX y comienzos del XX, se arma una red intelectual hispanoamericana a partir de la lengua española y de la escritura en revistas, epistolarios y libros que conforma una especie de «comunidad imaginada», donde se piensa «nacionalmente» a partir de la conciencia de los vínculos hispanoamericanos (Maíz 2009: 10). En el

---

[36] Debo esta idea a una sugerencia de Juan Pablo Gómez Cova.

caso venezolano tenemos efectivamente para esa fecha no solo las iniciativas editoriales del mismo Blanco Fombona, con su gran proyecto América, sino la participación de autores como Pedro Emilio Coll, Manuel Díaz Rodríguez, Andrés Mata o Pedro Domici, quienes en su estadía en la madre patria colaboraron en relevantes publicaciones periódicas, muchas veces con la ayuda del español Villaespesa, por no hablar de los intercambios con figuras relevantes como Miguel de Unamuno. Pues bien, Bolívar Coronado, que escribirá desde ese mismo lugar, expropiará nombres e identidades en importantes trabajos antológicos, e irá minando así la figura autoral de esa comunidad hispanista. Con ello literalmente expropia lo propio de la autoridad letrada, de su soberanía autonomista o monumental sobre los sentidos y la circulación de los textos, para volverla de esta manera impropia y crear las condiciones de sus usos y apropiaciones anónimas, democráticas, plurales. Ya no busca valerse de la ficción para relegitimar su nombre o recuperar el prestigio perdido, tal como hacía por ejemplo Cecilio Acosta en el cuento que hemos comentado, sino que por el contrario mancilla toda reputación autoral para cuestionar sus bases simbólicas y su sistema literario.

Hay un doble movimiento en sus actos. Por un lado, descompone esta autoridad del escritor y sus diversas encarnaciones; por el otro, evidencia la debilidad del campo literario hispanoamericano y venezolano y sus operaciones de legitimación fuera de las fronteras nacionales, que se venían construyendo a duras penas sobre la base de una sed ciega por la reputación de grandes nombres de autor, más que por un trabajo cuidadoso en investigaciones certeras, rigurosas, honestas.

Su intervención descompone entonces la alianza de los autores de la república de la Bellas Letras por mantener un legado de firmas autorizadas para hablar del pasado y la cultura hispanoamericanas. Entra a esa comunidad subvirtiéndola desde otro lugar con propósitos iconoclastas y picarescos. Deshace, como buen mercenario que fue, la propiedad de la escritura ajena para incorporar desde su sitio invisible y anónimo su escritura interventora, secreta, impropia. Su gesto bien podría unirse al de otros que, desde apuestas distintas, buscaban cuestionar también la figura patrimonial. Si Ramos Sucre trabaja la reescritura desde la dimensión imaginaria en la que no se sabe la identidad de quién habla, o si Bernardo Núñez lo hace interviniendo de manera anacrónica a los cronistas coloniales, fundiendo pertenencias, Bolívar Coronado lo hace materialmente desde los textos mismos de los autores reconocidos. Un «don nadie» de oscura ascendencia familiar, sin bienes de fortuna, que terminó además siendo perseguido por el régimen de Gómez y al que no le quedó más remedio que prodigar su astucia amoral para robar firmas de otros, para asumir formas preestablecidas y corroerlas desde adentro. El costo en su vida fue claro: además de ser repudiado por el régimen, también lo fue por sus compañeros del campo literario, muchos de ellos también exiliados. Vivió el final de su vida olvidado, perseguido, amenazado, recibiendo en la marca de su nombre propio la sanción moral de falseador, de criminal de las letras (incluso para la posteridad), sin ningún capital simbólico que lo redimiera, como sí logró en cambio el escritor Cecilio Acosta.

༼༽

El segundo caso de impersonalización es mucho más conocido y opera dentro de la misma obra literaria, ya no desde la empresa nominativa, sino desde cierta retórica confesional y autobiográfica: hablo por supuesto de José Antonio Ramos Sucre. Para el poeta cumanés la primera persona del poema es siempre un «otro», distinto a sí mismo. «Yo visitaba la selva acústica, asilo de la inocencia, y me divertía con la vislumbre fugitiva, con el desvarío de la luz» (2001: 322), dice en el poema «Antífona», valiéndose de una retórica que repetirá en gran parte de sus trabajos. Guillermo Sucre advierte que se trata de un recurso de metamorfosis: «el yo elocutivo corresponde a múltiples yo, y estos, a su vez, corresponden a las más disímiles personas poéticas» (1999: 32), para vincularlo con el famoso «monólogo dramático» usado por Browning, Pound o Eliot, destacando además el carácter ubicuo en sus composiciones.

Pero esta encarnación plural e imaginaria de un «yo» autobiográfico, que apela a una vida personal irreductible, propia, privada, desconcierta por más de un motivo. En sus obras iniciales aparece en algunos poemas y de manera refractaria: una voz impersonal e impropia es la que describe los hechos en la mayoría de los textos, mientras que el pronombre personal se ve relegado a algunos trabajos y a temas de otras latitudes. Posteriormente, empieza a imponerse como un sello particular de su escritura, como una marca de impropiedad. El tono lo veremos muy bien marcado en uno sus textos más famosos, escrito tempranamente. En «La vida del Maldito», para contrarrestar el embelesamiento moralista de algunos discursos heroicos, se parte de la siguiente sentencia: «Yo adolezco de una degeneración ilustre, amo el dolor, la belleza, la crueldad». En otro momento del mismo texto llega incluso a exclamar: «yo quiero escapar de los hombres hasta después de muerto» (2001: 146).

Ese «yo» encarna un testigo alucinado de la historia, que en muchos casos no recurre a ninguna autoafirmación egolátrica o vital, sino por el contrario a una completa y absoluta negación. Este culto a la degradación moral y física, por otra parte, tiene un fin específico: poner en escena la decadencia de la voz letrada de la era republicana. No en balde algunos de sus primeros poemas más representativos encarnan la «voz» de héroes de la independencia. Esta retórica confesional nos retrotrae al inicio de *Triunfo de la libertad sobre el Despotismo* (1817) de Juan Germán Roscio, y a la múltiple teatralización del yo que tuvo Simón Bolívar. Recordemos que la fórmula retórica de la confesión, siguiendo el modelo de San Agustín, «cuenta la historia de una vida malgastada que termina en una crisis y una experiencia de conversión, seguido por un renacimiento espiritual dentro de una nueva y más rica existencia», por decirlo en palabras de J.M. Coetzee (2021: 259), tan interesado en estos problemas. Esta narrativa es desechada por completo por los personajes que hablan en los poemas de Ramos Sucre, poniendo en evidencia la imposibilidad de hacer experiencia de esta subjetividad heroica.

Este proceso va en paralelo a otro cambio significativo. En los primeros textos el sujeto lírico se confunde entre textos históricos, mitológicos o literarios. Luego, en *Las formas del fuego* (1929), como bien apunta Alba Rosa Hernández, el mismo sujeto lírico viaja «a las zonas oscuras, reprimidas o inconscientes», y asume más claramente ese «yo» malvado, perverso o en decadencia que hemos advertido antes (2002: 43). En *El cielo de esmalte* (1929) el sujeto maligno, «protagonista del mal», cede a la mirada del testigo o de la víctima de manera más clara (2001: 20). De forma que poco a poco, bien sea por degradación moral o por impedimento físico, la límpida figura heroica y los mecanismos retóricos de enunciación de ese «yo» confesional letrado que se sacrifica al bien público van perdiendo terreno en la figura del lector y escritor que propone; al final es alguien que se funde en la experiencia de lo leído, que no sabe en qué lugar está, si fuera o dentro del texto. Dicho de otro modo, el yo heroico, que se jacta de una vivencia auténtica de lo nacional, se borra o difumina en el yo lector que se une al universo textual como un personaje más. Un gesto muy distinto al del cuento de Cecilio Acosta, que revela todavía la necesidad de reivindicar la reputación de la autoridad del escritor y con ello sus presupuestos ontológicos como persona legible, coherente, transparente, que a su vez posee un aura moral en su vínculo con los héroes de la nación, que se le aparecen en forma de espectros, sin dejar de lado su propio trabajo patriótico como intelectual responsable de pensar y trabajar por el devenir nacional.

Ahora bien —y esto es bueno apuntarlo—, ese yo ramosucreano no deja de seguir viviendo en la obra, ahora como un lector que presencia hechos de la historia y la literatura. Esa misma perversión amoral le sirve, en otras palabras, para adentrarse en los episodios del pasado, en extractos de las artes y la creación en general, para revivir esos momentos y servir de testigo de esa zona libresca que en los tiempos en que vive el poeta se está reconfigurando; como si el hecho mismo de dejar de representar el modelo civilista del letrado, evadiendo las responsabilidades de la virtud del hombre público, ciudadano ideal de las repúblicas latinoamericanas, le diera la posibilidad de poder acercarse a esa zona oracular del archivo occidental, a sus intersticios, a sus espacios liminares e incluso virtuales. Si en el cuento de Cecilio Acosta sirve para reivindicar una reputación mancillada, en los poemas de Ramos Sucre sirve, por el contrario, para desmantelar su posible encarnación o mimetización.

Pensemos cómo un sujeto lírico sin nombre, pasado o procedencia, se entrevista con la misma Celimena, protagonista del drama de Moliére («Dionisiana») como si estuviera viva. O cómo un extranjero desconocido, que al parecer sigue un encargo del gobierno británico, se interna en el Asia, reviviendo atmósferas de la literatura rusa donde logra hasta envenenar a un naturalista, sin saber a ciencia cierta de su misión, de su origen, de lo que le sucederá después («El viaje en trineo»). «Beatriz se viste de un tinte sangriento al aparecer en presencia de Dante», dice el narrador de uno de sus poemas, quien testimonia cómo «se envuelve en el trasunto de una llama vehemente al asistirlo en la escala sideral del Paraíso» en «La Acedia del Claustro» (2001: 48); de nuevo desconocemos quién habla, dónde está ubicado y cuál será su destino; los adverbios de tiempo y lugar son confusos, lo deíticos y ostensivos no anclan lo suficiente al texto dentro de la realidad referencial. No hay marcas, registros o evidencias de identidad o pertenencia; no hay rasgos que permitan una subjetivación desde la nación, la localidad o hasta de la propia lengua, pues su castellano está hecho en base al latín y a construcciones de otros idiomas.

Asistimos solo a un testimonio migrante, que visita distintas regiones de la cultura de forma impersonal. Alguien que aparece y desaparece: una mirada, un punto de focalización, una interfaz narrativa, una escena o situación. Formas fantasmales de no-pertenencia, de impropiedad, que destituyen el lugar de enunciación, la territorialización misma que divide los espacios del saber. Es la venganza de un intruso foráneo, de quien aparece sin ser invitado, de un desterrado que entra en los espacios inasibles de la máquina mitológica occidental. Huérfano simbólico del patrimonio heroico y cultural de la nación, Ramos Sucre labró procedencias ficticias, erradas y errantes, vacías o destituyentes, migrantes o desplazadas. Como buen exiliado del *arkhé* nacional, desterritorializó ascendencias y patrimonios culturales.

Al final, sin embargo, sorprende constatar que en sus cartas personales está trabajando la misma retórica: «Yo poseo el hábito del sufrimiento, pero estoy fatigado de la vida interior del asceta, del enfermo, del anormal» (2001: 109), dice en una carta de 1930 a Luis Yépez, en un momento muy cercano a su muerte. ¿Qué sucede? Propongo una explicación hipotética y muy breve: que la herencia patrimonial de su ascendencia republicana, criolla (era sobrino nieto del Mariscal Sucre), cuyo discurso del «yo» fue problematizando en sus poemas, ahora se había inscrito en su cuerpo y su vida. ¿Signo de culpa? Tal vez. Tocaba muchas cosas en su obra. No en balde entra en crisis en esos tiempos, porque al problema del insomnio se le une el problema de la esterilidad creativa: no puede escribir más.

El sujeto se revela como máscara y esta a su vez termina tomando el rostro del escritor. La escritura del poeta teatraliza esta desposesión, la pone en escena, y diluye así los presupuestos a partir de los cuales pensábamos el yo confesional, autobiográfico, tan marcado por el género epistolar de los grandes héroes, de los grandes letrados de la Nación. No es la única vía, ciertamente. Quedan por ver otros ejemplos. Sigamos ahora con Teresa de la Parra.

☙

El último caso de impersonalización se da ya no en una obra literaria sino en cartas. Se trata de la correspondencia que mantuvo Teresa de la Parra con eminentes críticos e intelectuales, donde pone a prueba la autonomía del sujeto y las barreras entre la ficción y la realidad. Ello corresponde a una convicción: en todo momento el «yo» es mirado con sospecha en su escritura. Se desdobla para criticarse, mirarse, valorarse. A Enrique Bernardo Núñez en un momento le dice: «cuando se trata de escribir yo misma no me reconozco» (1991: 544). En una misiva de diciembre de 1942, dice: «Pero es allí donde está el verdadero reflejo de mí misma, es decir, de mi yo de entonces, en ese exceso de romanticismo en que caemos a menudo en el trópico» (1991: 627); en otra, dirigida a Eduardo Guzmán Esponda en 1926, habla sobre el carácter dual de la conciencia: «No olvide que al igual de María Eugenia Alonso, todos los temperamentos sensibles (mujeres o artistas) llevamos dentro del alma esos yo diversos y contradictorios, tan raras veces de acuerdo» (1991: 596).

Pero no es sino en la célebre respuesta a Lisandro Alvarado, escrita en 1929, donde vemos todo su poder despersonalizador. Allí, para sorpresa de quienes esperan leer una confesión personal, tiene lugar un acto de desdoblamiento sutil e interesante. «He visto que en su nota crítica (¡y esto me satisface mucho!) usted prescinde casi por completo de Teresa de la Parra, pretendida autora de la novela Ifigenia» (1991: 565), dice para sorpresa de los lectores. Más adelante, confiesa: «Muy halagada me tendría el comprobar su predilección por mí», pero aclara que le «duele apagar a una rival», ya que siente «por la pretendida autora» cierta «amistad sincera, donde se mezclan la compasión, el desdén y la simpatía» (1991: 566). De hecho, si bien la acusa de plagio —«cometió es cierto, la horrible indiscreción de hacer editar en París, bajo su nombre, ese diario íntimo que yo había destinado a los ojos de las polillas y a las manos amarillentas del tiempo»—, no deja de perdonarla, porque «tal indiscreción ha sido expiada con creces» (1991: 566). Aprueba así cómo la escritora «retocó con esmero» sus trabajos y su misma representación: «Exageró gentilmente mis defectos con una malevolencia impregnada de cariño y de bondad» (1991: 567). De igual modo, acepta la manera en que mostró la ciudad capital, punto que era el flanco de críticas de Alvarado: «Sé que como yo, Teresa de la Parra aprecia mucho a Caracas, por la gentileza inofensiva de su maledicencia, siempre viva y alerta» (1991: 567).

Pero ¿quién habla en la carta, si no precisamente esta «pretendida» Teresa de la Parra, que aparece en una tercera persona ajena y lejana, que se coloca fuera del texto? ¿Desde dónde escribe la primera persona si su nombre es de otra, si queda fuera de sí misma, en un lugar extraño? Al final aparece una firma que no es la suya sino la de su «ente de ficción»: María Eugenia Alonso. La autora, en efecto, borra su nombre y sobre todo la potestad de autoría sobre su obra, y al asumir la voz de uno de los personajes principales de su reconocida novela difumina las fronteras entre el género confesional, de carácter privado, personal, y la ficción novelesca, que trabaja con la imaginación y la recepción pública.

No hay que olvidar que este gesto de impersonalización es el que trabaja en *Ifigenia*. Como bien sostiene Julieta Fombona, «El yo de Ifigenia es un ella disfrazado, transparente, porque deja ver lo que María Eugenia no ve y, además, sabe más que ella» (1991: XVII). «En ella parece cumplirse la fórmula de Lacan: no soy allí donde pienso, luego soy donde no pienso» (1991: XVII), añade para evidenciar esta dimensión impropia del sujeto, que no se controla, que no se domina, que no se apropia de sí misma. Recordemos también que en cierta medida Teresa de la Parra se vale del robo simbólico en un gesto inaugural de su escritura pública: la autora toma del diario de viajes de su hermana buena parte del primer texto que da a conocer, *El Diario de una Caraqueña (Por el Lejano Oriente)*, gracias a lo cual logra precisamente esta porosidad entre registros ficcionales y personales[37]. Nada en efecto más puro e íntimo que la carta de un familiar, sobre todo en la Venezuela decimonónica, tan sensible a la confesión, al género epistolar, a su secreto, sobre todo dentro de un régimen dictatorial que controla los espacios públicos. Se gesta así una primera traición, la filiación familiar y sus vínculos de sangre y apellido, que abonará el terreno para otras traiciones propias de la literatura: la de la autoridad masculina y su pedagogía, la del sujeto cognoscente, autónomo, y su pretendida objetividad.

Pero hay otros desdoblamientos en Teresa de la Parra que no he mencionado. El primero es identitario, y acaso algo insignifi-

---

[37] Sigo aquí a Velia Bosch: «En 1920, en la revista *Actualidades*, dirigida por Rómulo Gallegos, publica *El diario de una Caraqueña (Por el Lejano Oriente)*, que fue en verdad el producto de la refundición de las cartas enviadas por su hermana María durante su viaje por el Japón, China y Manchuria» (1991: XXXV).

cante: la autora, nacida en París el 5 de octubre de 1889, afirma que nació en Venezuela, es decir, se despoja del estatuto legal de su nacionalidad, y a su vez durante su vida no quiere instalarse en Caracas ni desarraigarse por completo, es decir: le interesa estar y no estar, vivir en una zona liminar. El segundo elemento es nominativo: a partir de 1922, como hace notar María Fernanda Palacios, Ana Teresa del Rosario Parra Sanojo, que usaba el pseudónimo de Fru-fru, se da en llamar Teresa de la Parra. «Decidí divorciar mi nombre del Ana (junta que nunca fue de mi agrado) y uniéndolo al apellido antiguo me hice un pseudónimo, antifaz, bajo el cual solo me disimulo muy a medias», explica (2005: 57). Pero la razón también tiene otros propósitos: además de vincularla con cierta tradición literaria, «cierta sonoridad del siglo de Oro» le permite desdoblarse: «de otra manera no iba a poder mantener mi personalidad social independiente de la otra, de la literaria» (Palacios 2005: 57). Se convirtió así en dos: en «Ana Teresa Parra Sanojo, que se aburre a veces de escribir, y que no tiene entonces nada que ver con Teresa de La Parra... que hasta escribe novelas» (Palacios 2005: 57). Por eso, como confiesa en una de sus conferencias: «Fuera del nombre, que ha quedado como distracción en las portadas impresas, no reconozco ya nada de mí en mis novelas» (Fombona 1991: XXIV).

Tampoco habría que pasar por alto que en este cuestionamiento del «yo» se debate también el lugar de la primera persona mujer dentro de la «república de las letras» y el espacio público venezolanos. Ya desde finales del siglo XIX, como muestran varios trabajos de Mirla Alcides o Paulette Silva, viene dándose una pugna silenciosa del mal llamado «sexo débil» por ocupar un lugar de representación menos doméstico y marginal[38]. No hay

---

[38] Según se puede deducir de estos trabajos, en 1885 se publicó la primera novela escrita por una mujer, *El medallón*, y la primera pieza teatral impresa:

que olvidar que si bien la literatura novelesca empezó a ser visto como algo propio de la interioridad femenil, ajena a las demandas racionalizadoras y productivas de la burocracia estatal, al heroísmo militar o a la diatriba política, ello significó recluir al sujeto femenino en una idealización doméstica, maternal, viendo algunos de sus intereses como frívolos e insignificantes. Para el letrado masculino resultaba peligroso el uso de la fantasía y el deseo que proveía la literatura, y por eso buscó controlarlo con proyectos pedagógicos o discursos moralizadores. Para las primeras décadas del gomecismo este espacio, si bien en constante tensión y reconfiguración, todavía era visto con algo de desdén por parte de cierto orden letrado patrimonial. Basta con ver por ejemplo en el *Cojo ilustrado* las configuraciones de su figura, muchas de las cuales seguían idealizando a la mujer y desdeñando algunas de sus iniciativas de autonomía e independencia. Claro, también en esas revistas se abría un espacio que iba liberándolas cada vez más, pero no lo suficiente para adquirir la relevancia que seguía teniendo el sujeto hombre; no hay que obviar el hecho de que la carta de Teresa de la Parra que he citado antes es en respuesta a otra de Lisandro Alvarado, digno representante hombre del positivismo, donde al parecer le recriminaba a la protagonista de su novela algunas de sus ideas «revolucionarias», entre otras cosas más. Alvarado se concentra efectivamente en María Eugenia, cuyas ideas y reproches le parecen a Teresa de la Parra afines a las de Tía Clara y la Abuelita, de modo que la escenificación que lleva a cabo la escritora es claramente para desarmar la autoridad patriarcal y sus ánimos disciplinadores[39].

María o el despotismo. Las dos fueron escritas por Lina López de Aramburu y publicadas bajo el pseudónimo de Zulima.

[39] «Entre 1925 y 1926, alrededor de *Ifigenia* se ha suscitado una suerte de polémica. Pero las objeciones no son literarias; la mayoría son voces con-

Este «otro yo», distinto al autor, es precisamente el «yo» de la ficción que rompe el contrato que distribuye los órdenes entre lo histórico y lo ficticio para introducir un cuestionamiento de algunos de sus principios.

Queda por último comentar otro gesto que critica ahora la tradición propia de la teatralización sacrificial del sujeto autoral. Por más que encuentra una posición ambivalente por parte de la escritora a esta tradición, siento que hay algunas señas de descolocación de la misma que vale la pena comentar. En un momento de su cautivadora novela *Ifigenia*, escrita solo algunos años antes de la última obra de Ramos Sucre, el futuro marido de la protagonista, César Leal, lee un extracto de un discurso que va a exponer ante el congreso. El tono de sus palabras —esa retórica que mezcla el positivismo con el republicanismo, sin rehuir la ampulosidad— resulta familiar a estas alturas:

> Las diversas agrupaciones incipientes de entidades heterogéneas, que fundidas en un mismo credo heroico, comulgaron ubérrimas, e inmarcesibles, en las palpitaciones étnicas y sociológicas de nuestra gesta magna, cuyos faustos gloriosos se evidencia en las colectividades generadoras de la epopeya, que ascendiendo a las cimas ígnias [sic] de los Andes tal cual una Epifanía de cóndores, concibiera el concepto venerando de individualismo patriótico. (1982: 226)

Esta manera de hablar exhibe, junto a la tesis que esgrimiera Laureano Vallenilla Lanz sobre el ideario integrador del Libertador, la retórica heroica y ampulosa tan vinculada a las tradi-

---

servadoras, más o menos radicales, indignadas por la filosofía emancipada de la protagonista, o por lo que consideran una burla a los fundamentos sagrados de la sociedad» , señala María Fernanda Palacios (2005: 71-72) en su biografía de la autora.

ciones del sujeto autoral letrado. No deja de ser una ironía que lo use el personaje más gris de la novela, como si fuese una secreta venganza de la novelista contra esta tendencia. Sin embargo, es bueno notar que este mismo lenguaje es el que en apariencia va a atrapar a la misma María Eugenia, quien, al no poder decidirse sobre lo que debería hacer en su vida, termina entregándose a su estilo, mimetizándose con su esposo. Como han advertido varios críticos, su manera de hablar cambia y se torna afectada en el último capítulo de la novela; por eso también se entrega a ese pusilánime Leal, quien es por cierto la perfecta encarnación del Estado: doctor en leyes, senador de la república, director del Ministerio de Fomento y fiel seguidor, por lo visto, del discurso del archivo historicista. Es así cómo aparece la teatralización sacrificial en la obra, con esos usos verbales que la misma Teresa de la Parra una vez tildó de «exceso de romanticismo» propio del trópico (1982: 627) y al que, por otro lado, se había referido María Fernanda Palacios como «pequeño tratado de retórica virginal» (2001: 463):

> ¡No es al culto sanguinario del dios ancestral de siete cabezas a quien me ofrezco dócilmente para el holocausto, no, ¡no...! Es a otra deidad mucho más alta que siento vivir en mí; es a esta ansiedad inmensa que al agitarse en mi cuerpo mil veces más poderosa que el amor, me rige, me gobierna y me conduce hacia unos altos designios misteriosos que acato sin llegar a comprender! Sí: Espíritu del Sacrificio, Padre e Hijo Divino de la maternidad, único Amante mío; Esposo más cumplido que el amor, eres tú y solo tú el Dios de mi holocausto, y la ansiedad inmensa que me rige y me gobierna por la vida. (Parra 1982: 310)

Esa retórica la absorbe, la toma, la «posee»: la entrega es sin duda radical, y pone de manifiesto una suerte de rapto extático y sublime al «Espíritu» mismo del «Sacrificio». «Y dócil y blanca y bella como Ifigenia, ¡aquí estoy ya dispuesta para el martirio!», dice (1982: 310).

No hay que olvidar que la obra misma se basa en el mito de Ifigenia, la hija de Agamenón que al final decide morir por el bien de la expedición de los aqueos a Troya en una de las versiones de Eurípides y que, siguiendo la promesa de su padre, entrega su vida por la hazaña heroica. Sus conexiones con el imaginario republicano son incuestionables, por más que el mito aparezca de distintas formas; fue de hecho usado por Cicerón en su libro *De los oficios* como ejemplo del peligro que representaban para la República ciertas promesas demagógicas, y el gran pintor inglés de motivos neoclásicos y republicanos Benjamin West lo abordó en su cuadro *Cymón e Ifigenia*. Por otro lado, Sören Kierkergard en *Temor y temblor* detecta muy bien su implicación pública cuando compara el sacrificio que hace Agamenón con el que hace Brutus con César por el bien de la comunidad: sus gestos son «para salvar un pueblo» o para «defender la idea del Estado» o para «apaciguar los dioses irritados» (1958: 123). Claro, hay que considerar que la protagonista de la novela de Teresa de la Parra lo encarna de forma deliberadamente exagerada y ampulosa. Lo asume no tanto como una exterioridad objetiva, que impone un mandato imposible de negar, sino sobre todo como un lenguaje apropiado consciente o inconscientemente y que, siguiendo a Wittgenstein, escenifica una «forma de vida» (1998: 31). Así el espesor literario de sus palabras —su ironía mordaz, su dulce ambigüedad, su desafiante intimidad— es finalmente «sacrificado» por el lenguaje ampuloso, épico, del discurso grandilocuente, señorial, cuya similitud con el tono y el estilo de Leal pone de relieve que ya ha sido tomada por el esposo que no quiere, entregada por la presión social de la Venezuela de la que tanto huye y critica. Se mimetiza así, por decirlo de alguna manera, con la lengua del amo. Asume la elocuencia, el tono y el desgarro del autor patrimonial, propio del archivo de la máquina soberana nacional, y le añade una profusión, una exuberancia característica de su don para la actuación, que hasta cierto punto lo diluye pero que también lo hace más visible, sobre todo como dispositivo de enunciación.

La retórica del sacrificio de la máquina nacional soberana como pose deliberada funde dos líneas tropológicas. Por una parte, el lenguaje cristiano y religioso de la entrega; por la otra, el lenguaje del heroísmo romántico. «El sacrificio de Ifigenia está asociado al atropello de lo femenino; un atropello "histórico" que entra en la cultura occidental a través del complejo heroico», sostiene María Fernanda Palacios (2001: 449). Lo interesante es que se trata de una simulación que cobra realidad. «Despojado de dolor individual, este sufrimiento idealizado se ha convertido en una especie de "causa" justificadora y salvadora, con un ligero toque de fanatismo e intolerancia», añade (2001: 450).

Quien haya seguido estas páginas seguramente notará un vínculo bien claro con la retórica del culto bolivariano y su teatralización del yo, que precisamente ha fundido esas dos líneas metafóricas o cadenas significantes: la religiosidad cristiana con el culto al mártir, el profeta y el mesías, y el republicanismo clásico con su culto a la entrega soberana y la virtud heroica[40]. Se trata,

---

[40] No hay que olvidar que luego, en la nueva configuración estatal moderna, los textos republicanos guardaron ciertos modelos propios de los textos cristianos. Si bien Fermín Toro fue el primero en «martirizar» la figura bolivariana, estableciendo una analogía entre la crucifixión de Cristo y la muerte abandonada de Bolívar, no es sino con la biografía de Felipe Larrazábal, al decir de Christopher B. Comway, que se brinda una visión mesiánica del Libertador que evidencia esta mixtura: «As in the Bible with the "word of God" Bolivar's words embody the heroe's being —his words reflect his essential being— and operates as sublime charges that enable humanity to catch glimpses of the celestial realm» (2003: 41). Mirla Alcibíades ha mostrado cómo durante finales del siglo XIX se buscó de forma deliberada fundir el credo republicano con el cristiano. Guillermo Michelena, en el prefacio a

en efecto, de cadenas de sentido importantes para entender el archivo republicano que se forma a finales del siglo XIX y comienzos del XX. «En ese momento María Eugenia abandona su autoría y pasa de personaje de novela a personaje de tragedia», concluye Palacios (2001: 451). Destaco ese punto: abandonar la autoría para convertirse en un personaje literario más, lo que nos recuerda las operaciones textuales de Ramos Sucre.

Por eso hay que ser un poco más precavidos, y atender a esa dimensión impersonal de algunos elementos de la literatura moderna. En ese sentido, insisto en que no hay que creerle mucho en ese instante a María Eugenia, quien sabe aplicar muy bien su ingenio quijotesco para engañar a más de uno. Por eso destacaba cómo su estilo exageradamente ampuloso desdice mucho de la seriedad de esa entrega sacrificial, que más bien suena hueca, vacía. En su teatralización martiriológica hay al final un guiño deliberado, una forma secreta para desarmar el dispositivo de enunciación de ese sujeto, de esa tradición. Es verdad que no le queda otra salida, pues no tiene la suficiente fuerza personal para aventurarse a irse a vivir a otro lugar por miedo a tener que autonomizarse económicamente, pero ello no significa que tengamos que creerle por completo; por el contrario, lo que queda en evidencia es su capacidad literaria para convertirse en varios personajes, entre ellos el que quiere la sociedad caraqueña, y asumir la retórica característica del sujeto letrado masculino.

Desde luego que nos movemos en aguas turbias. Al igual que sucede con Ramos Sucre, esa teatralización del yo, por más que evidencie una distancia al emularla de forma irónica, no deja de tener una fuerza interpeladora profunda. Abre y cierra, pene-

---

su *Catecismo del verdadero republicano o del hombre emancipado*, sostiene en ese sentido la importancia de «reconciliar la religión con la razón y con la virtud« (Alcibíades 2004: 70).

trando en zonas que involucran hasta la vida misma de la escritora. Es por eso que vemos cómo la secuencia sacrificial se repite y reverbera, irradia y contamina, se expande y disemina. Cruza varias dimensiones y niveles, varios estratos y espacios, varios lugares y barreras. Sacrificio de María Eugenia, quien decide entregarse a César Leal; sacrificio de la novela, que cambia de tono literario (antes lúdico y ambiguo, ahora grandilocuente y melodramático); y sacrificio también de la misma Teresa de la Parra (¿por qué no?), quien decide suspender en ese momento su estilo fantasioso e inventivo para ceder a esa otra forma ampulosa de retórica, a esa seriedad solemne y acaso cercana al cuerpo de la nación. Unos actos de entrega deliberados, que desarman el dispositivo autoral heroico, otros actos más bien inconscientes, que evidencian la fuerza de este archivo de la máquina soberana. Quizás por eso la próxima novela de Teresa de la Parra pasó a otro tema más cercano a sus orígenes, donde de alguna manera se colaban las demandas nacionalistas; a esa novela siguió —entre largos periplos de silencio y soledad— una conferencia sobre el papel de la mujer en Latinoamérica. Finalmente se embarcó en un proyecto que no pudo concluir del todo sobre la vida nada más y nada menos que del mismísimo Simón Bolívar, a quien vio como un mesías.

Cierre final

Hasta aquí mi exploración sobre estos tres casos de impersonalización: gestos, escenas y situaciones que desactivan los dispositivos de representación autobiográfica, los mecanismos de configuración discursiva del autor y los presupuestos de la propiedad espiritual, simbólica, del escritor patrimonial y pedagógico, propios de la máquina nacional soberana, sobre la circulación de textos e interpretaciones. Momentos disruptivos dentro del proyecto creador de cada uno de ellos, que desarman las herramientas autorales y el poder arbóreo de las firmas sobre sus escritos, resabios de la República de las Bellas Letras que todavía sobrevivían en esos tiempos de temprana industrialización. Si en Bolívar Coronado la impersonalización es predominantemente nominativa, atacando el poder de la firma consagrada que consigna la propiedad de todo escrito válido o legítimo, en Ramos Sucre es confesional, cuestionando la retórica autobiográfica y su apelación a la verdad del sujeto viviente; en Teresa de la Parra, en cambio, pareciera más bien desarrollarse dentro de lo confidencial, difuminando las fronteras entre el documento ficcional y el documento personal, entre la vida privada y la vida imaginada, para, en su caso, desinflar ciertos mecanismos que buscaban recluir la voz femenina a ciertos lugares de enunciación. Hay una conciencia más lúcida de un nuevo orden discursivo donde el legado de la figura autoral patrimonial, masculina, pedagógica, del sujeto criollo republicano, entra en crisis, abriendo la escritura literaria a nuevas subjetividades y a nuevas formas de representación.

Termino este capítulo con una anécdota curiosa. En un breve texto de *El Cojo ilustrado*, aparecido el 15 de agosto de 1897 bajo el pseudónimo de Jabino en la sección de «Autobiografías», se cuenta la tendencia de un personaje llamado Don Marcial por hablar siempre de sí mismo. «Hay personas que no abren la boca sino para historiarse a sí mismos», dice el autor desconocido, sin nombre. Se trataba por lo visto de una especie de crónica burlesca, costumbrista, que trataba de dar cuenta de un hábito cultural, de una práctica social extendida ya entre todos los venezolanos, incluso entre los más humildes. El narrador se queja de la recurrencia con la que este individuo se ficcionalizaba como testigo y protagonista de la historia nacional. Para él, este tipo de carácter solo ve «las peripecias, mil veces referidas, de sus propias vidas»

(1897: 621); es decir, que —recurriendo a un término de Rafael Sánchez— se «monumentaliza». Algo que resulta revelador aquí: el historicismo bolivariano del archivo soberano, propio del autor patrimonial, invadía no solo la subjetividad autoral de ese personaje, sino el lugar mismo del sujeto autobiográfico.

Algunas apuestas literarias de las décadas posteriores tratarán de desarmar este dispositivo enunciativo. Otras, más bien y como es de esperar, la perpetuarán bajo nuevos soportes y modalidades, independientemente de su clase social o cultural, de sus condiciones de sexo o raza. En cualquier caso, queda mucha tela por donde cortar sobre este punto. Al final, como sugiere Jabino en esa crónica del *Cojo Ilustrado*, ser autor de sí mismo, fundiendo historia nacional con vida personal, es tristemente una de las obsesiones más recurrentes del discurso público venezolano.

El virus tóxico

Las lugares de la ficción

> en la «modernidad» se supone siempre alguna afinidad entre, por un lado, la experiencia de la ficción [...] y, por otro, el mundo de la toxicomanía.
>
> Jacques Derrida
>
> La droga produce una fórmula básica de virus «maligno».
>
> W.S. Burroughs

La adicción imaginaria

No se pueden entender del todo las débiles, pero lúcidas, manifestaciones impersonales que hubo durante estas décadas —los casos de Teresa de la Parra, José Antonio Ramos Sucre o Bolívar Coronado fueron, como hemos visto, significativos— si no se piensa mejor el difícil lugar que intentó ocupar la ficción moderna en el período. Al igual que sucedió con la supervivencia autoral de la firma republicana, las delimitaciones entre lo verdadero y lo falso, recurrentes a finales del siglo XIX, se mantuvieron en varios campos disciplinarios como mecanismos de poder para validar o invalidar ciertos discursos, sirviendo de coartada secreta para atacar la autonomía ficcional de nuevas apuestas literarias, incluso artísticas, y así coaccionar, prescribir, marginar sus formas de imaginar otras maneras de construir sujetos o mundos. Por suerte, este problema no amilanó a muchos creadores. De hecho, de manera astuta e ingeniosa se valieron de la escenificación de este conflicto, y trabajaron los prejuicios que enarbolaba para abrir otros espacios, otras alternativas. Jugaron así con lo que llamaré la *enfermedad literaria*, un tópico que atraviesa varias líneas, y que sirve precisamente para evidenciar algunas intervenciones creativas que buscaban, de paso, impugnar los territorios de lo verdadero, de lo racional, de lo propio, de lo justo o virtuoso, enarbolados por los intelectuales profesionales del momento y su máquina soberana nacional.

La adicción a la literatura que tiene María Eugenia Alonso en la novela *Ifigenia* (1924) de Teresa de la Parra —un problema para abuelita y tía Clara, quienes además la acusan de tener «un maremágnum» de lecturas metido en su cabeza— es un buen ejemplo de lo anterior (1991: 136). La imputación recuerda por cierto las mismas objeciones que tuvieron el cura y el barbero contra las novelas de caballería que leía el Quijote, una referencia a la que apela más de una vez la curiosa narradora para verse a sí misma, y podríamos asumir que las comparten en algún grado el no menos conservador tío Eduardo y el positivista, cercano al gobierno, César Leal. En cualquier caso, detrás de esa injusta y obsesiva recriminación se esconde un claro prejuicio sobre el poder encantador, narcótico, que se le adjudicó por un tiempo a la ficción literaria moderna, a su lenguaje metafórico, y que tiene a su vez varios ejemplos dentro del país a finales del siglo XIX y comienzos del XX. En una escena de *Cantaclaro* (1934), acaso la obra más desbordada y poética de Rómulo Gallegos, vemos un problema similar: los textos *Venezuela Heroica* (1881) de Eduardo Blanco y la *Ilíada* de Homero del malogrado conservador Juan Gerónimo Payara parecieran llevar a Juan Parao a seguir una revolución caudillista; recordemos cómo poco antes había sucumbido a la figura de un falso profeta que casualmente lograba que sus seguidores abandonaran los hatos donde trabajaban por «novelería» y «por inclinación a lo fantástico» (2007: 119).

El problema reside en una concepción de la imaginación vinculada a un tipo de despliegue discontinuo, diseminante, de la palabra, muy cercana a lo que alguna vez el crítico Jacques Rancière llamó como «democracia de la letra», donde tiene lugar una «ausencia de toda frontera entre el lenguaje del arte y el de la vida cualquiera», como le sucede al mulato Parao, quien decide unirse a una empresa caudillesca a partir del modelo de las obras heroicas que le legó su viejo amo. Para Rancière se trataría en efecto de una igualdad «de temas y de formas de expresión» que puede representar libremente a quien sea, independiente de su procedencia o condición social, y que corre el peligro de absolutizar lo literario al llevarlo al exceso y convertirlo todo en literatura (2008: 30). Desde luego ello implica otra amenaza que vale mencionar: la del daño que supone leer mal, hacerlo de una manera que iguale los espacios de la ficción con los de la verdad. Como diría Ricardo Piglia, se trata de una tendencia llevada a cabo por «lectores puros», para quienes «la lectura no es solo una práctica, sino una forma de vida» (2005: 24). ¿Y no es ese el mismo mal que despierta la querida María Eugenia, tan proclive a verse como heroína de las obras que lee, y que en cierta manera gente como Laureano Vallenilla Lanz, José Gil Fortoul o Vicente Lecuna, entre tantos otros, van a censurar en sus trabajos?

Interesa entonces pensar mejor el lugar que algunas obras de ficción venezolana (desde distintos estilos y lugares de enunciación) le asignan a este particular desbordamiento ficcional, a esta adicción imaginaria, y su conflictiva relación con algunos discursos históricos del momento que tanto definieron la máquina soberana. A mi juicio, se revela aquí una zona de incertidumbre, reprimida por los lenguajes positivistas oficiales, que se remonta a mediados del siglo XIX, con las discusiones generadas por ciertas derivas de la literatura moderna en un país poscolonial, y que cuestiona las divisiones en las que se ha ido demarcando los territorios propios de la imaginación frente a los de trabajos más científicos e históricos, tan importantes luego para la lectura que privilegió la *intelligentsia* amparada bajo la hegemonía andina. No se trata por supuesto de esencializar un despliegue metafórico de imágenes, ni mucho menos de textualizar bajo un nuevo formalismo verbal, autonómico, genérico o disciplinario los movimientos de un caos verbal sin historiarlos o materializarlos. Se trata, por el contrario, de ver cómo aparece sobre tramas verbales bien concretas la reacción de algunos efectos que generó el nuevo régimen estético de la literatura moderna sobre el campo venezolano. La angustia que depositan tía Clara y la abuelita en María Eugenia y Gallegos en Juan Parao parten ciertamente de una preocupación legítima por las vidas de cada personaje (que la primera se case y se adapte a la vista caraqueña, o que el segundo no se deje arrastrar por la violencia mesiánica del heroísmo caudillesco). Pero ello en el fondo entraña una sospecha algo fóbica por ciertos usos de lo ficcional, localizados en ciertos trabajos creativos que para algunos desordenan, anarquizan y traen problemas. Que se use entonces la metáfora del virus para identificar este mal ficcional que quebranta, desvía y contamina no es fortuito, considerando que los intelectuales del momento recurrían al lenguaje científico y médico para curar el cuerpo nacional. Se trataría, en esa lógica, de un agente infeccioso que genera distintas reacciones sobre quienes lo padecen, aunque bien puede situarse en dos polos o extremos: por un lado, los que, al reconocerlo y trabajarlo, lo inoculan creativamente en su propio organismo textual para producir cierta inmunidad; por otro, los que lo metabolizan, pretendiendo más bien des-identificarse con él al verlo como una exterioridad peligrosa y ajena, reproduciendo y estimulando (sin saberlo) su circulación infecciosa, su fuerza de afección.

Más allá de las diferencias de cada caso, más allá de circunscribirlos también a un problema cultural de esa Venezuela que aspiró a ser moderna a comienzos del siglo XX —y percibió como amenaza tanto ciertas tradiciones heroicas sectarias como un esnobismo neocolonial mal llevado—, más allá de los mismos prejuicios sociales o culturales frente a lo nuevo o lo raro, tan característicos en nuestras sociedades, y más allá de otros factores que seguramente podríamos considerar de tener más tiempo para pensar este asunto con cuidado, no deja de ser revelador que ese diagnóstico clínico contra la literatura sea parte de una concepción positivista, propia del momento histórico, que busca con ansias el control sobre los órdenes discursivos, en un trabajo por delimitar eso que trabajó Jacques Derrida (2007) como el mal de la escritura, es decir, como *farmakón*, y que identifican en cierto regímenes de la práctica literaria.

Conviene entonces pensar mejor este particular desbordamiento ficcional y su conflictiva relación con algunos discursos del momento, pues revela una situación mucho más compleja que cuestiona las divisiones con las que se han ido demarcando no solo los territorios de la ficción escrita, en contraste con los de trabajos más científicos, sino también las cartografías genéricas y disciplinarias —sin dejar de lado las fronteras que se han querido distinguir entre la tradición romántica y épica (supuestamente en vías de superación para muchos)— que justifican la nueva tradición positivista, racional y objetiva, tan importante de definir en el momento. Tras ello está nuestra máquina nacional soberana, que no solo escinde y delimita los lugares de lo racional y lo animal, lo trascendental y lo mundano, sino también lo real y lo posible de lo imposible, lo imaginario, lo ficticio y, por supuesto, lo virtual.

Inspeccionar el mal

Para entender mejor esta trama habrá que volver al siglo XIX. Nada más revelador, a mi juicio, que el cuento de Fermín Toro «Un romántico», publicado en 1842, donde presenta a un joven que habla todo el tiempo en verso. El muchacho del relato delira y habla desvirtuando su realidad familiar y existencial, desconociendo hasta al interlocutor que lo interpela. Para Paulette Silva Beauregard (2016) es posible que esté escenificando la epidemia lectora, que fue un gran problema en la Europa del siglo XVII[1]. Una «epidemia» representada por ejemplo bajo la figura del joven Werther en la célebre novela de Goethe (1774) y los efectos de la *Werther-fieber* que tantos suicidios inspiró, pero que no hay que desvincularla de cierta obsesión por patologizar y narcotizar la relación con el libro, que encontramos tanto en obras como *Bibliomanie* (1836) de Gustave Flaubert o *Bibliomania or Book of Madness: A Bibliographical Romance* (1840) de Thomas Frognall Dibdin, así como en las caracterizaciones enfermizas de los escritores decadentistas, frágiles víctimas de fantasías librescas[2].

El propio autor del cuento que nos ocupa presenta algunos de los peligros que venimos señalando. En «Ideas y necesidades», publicado en *El Liceo Venezolano* (1842), criticaba la enajenación

---

[1] Silva Beauregard ha hablado de esta epidemia lectora como un mal que se entrevé en varios discursos de finales del siglo XIX en Venezuela. Un caso que cita es «la primera entrega (1855) del periódico *Crónica Eclesiástica de Venezuela*», donde aparece un artículo titulado justamente «Peligros de la lectura de las novelas» (2016: 134).

[2] Desde luego que hay enfermedades de enfermedades: están las de poseer y coleccionar en exceso, las de leer en abundancia, las que producen hongos y virus de las hojas y materiales del texto, las de creerse lo que dicen los textos, o las de dejarse llevar por sus formas de imaginación. Si bien todas son distintas, de alguna manera perpetúan una discursividad que vincula la ficción con la enfermedad.

eurocéntrica que ha dejado «remolcada» nuestra sociedad (véase Silva Beauregard 2012: 139), síntoma que la misma Teresa de la Parra señaló tiempo después al hablar de su novela como «bovarismo hispanoamericano» (1991: 473). Lo curioso es que, pese a esas advertencias, el mismo Toro incurrió en lo que criticaba cuando se convirtió en uno de los pioneros en rendir culto al bolivarianismo con tono muy romántico y afrancesado en su famosa «Descripción de los honores fúnebres consagrados a los restos del libertador» (1842). También es importante destacar otra causa, pues a finales del siglo XIX la literatura fue puesta bajo inspección por el nuevo orden disciplinar del momento[3]. Vinculada a la locura por cierta idea de genio y de extrema sensibilidad de sus escritores, por el poder amenazante de sus mundos alternos o por la extrañeza de su lenguaje desbordado, los discursos científicos empezaban a someterla a escrutinio como si fuese una enfermedad tan peligrosa como las del cuerpo y por supuesto las del espíritu. Cesare Lombroso considera que los degenerados pueden ser artistas e intelectuales en trabajos como *Genio e follia* (1864) o *L'uomo di genio in rapporto alla psichiatria, alla storia ed all'estetica* (1894), algo que seguirán algunos de sus discípulos y autores como Valentin Magnan en su *Leçons cliniques sur les maladies mentales* (1895). Por su parte Max Nordau, dado a conocer por Rufino Blanco Fombona, Gómez Carrillo o Lisandro Alvarado, muestra en *Entartung* (1892) cómo la decadencia se refleja en el arte y la literatura; de hecho, unas investigaciones sobre «personalidades literarias» del mismo Lombroso y el francés Toulouse, enfocadas en Émile Zola, son comentadas con interés en «Crónica científica», un texto

---

[3] Roger Chartier apunta que ello venía sucediendo en el siglo XVIII con las prácticas de lectura, cuando el discurso sobre los libros se «medicaliza» y se construye una «patología del exceso de lectura considerado como una enfermedad individual o una epidemia colectiva» (2016: 29).

de Elías Toro para *El Cojo Ilustrado*, quien termina por referirse a esta obsesión como un verdadero problema a tomar en cuenta (1897: 480)[4]. Esas críticas encuentran eco en *El modernismo* (1906) de Carlos Brandt, que encontrará luego su réplica en *Camino de perfección* (1910), de Manuel Díaz Rodríguez.

Se pueden citar muchos otros casos. El punto es evidenciar cómo ciertas formas de hacer literatura se venían construyendo como anomalía —entre genial y peligrosa— con la excusa de censurar modas o conductas. Las celebres intervenciones en forma de parodia del escritor decadentista venezolano Pedro César Dominici son una muestra de cómo se intentó desarmar esta visión, tematizando mejor su supuestos dilemas o más bien prejuicios. «Acepto el Simbolismo Decadente como una enfermedad digna de figurar en el cuadro patológico de las letras», señalaba en un texto titulado con mofa «El simbolismo decadente» (1894: 66); en otro de sus escritos proponía toda una teoría de la noción contaminante de la «sugestión» literaria, que revelaría cómo la literatura imita todo sin pedir permiso, además de declarar el peligro de los poderes decadentistas con lenguaje biológico y clínico[5].

---

[4] En una de estas crónicas también se comenta otro mal relacionado con la materialidad misma del libro: al parecer, y siguiendo a M. Henry de Panville, existen «gérmenes mortales en las hojas de nuestros libros predilectos» (1897: 480), lo que mostraría que la epidemia no solo se expande en la ficción y el genio, sino también en el espesor corpóreo de páginas y bibliotecas.

[5] Sobre la novela decadentista en Venezuela y las representaciones de la enfermedad véase Berrizbeitia 2007. Si bien se detiene en mostrar los entrecruzamientos híbridos de estas tendencias, Berrizbeitia muestra casos interesantes de la escenificación de este mal. También Álvaro Contreras (2011) ha venido rescatando la obra de los decadentistas venezolanos y las discusiones al respecto. Por otro lado, Isabel Clúa Ginés (2009) trabaja más directamente el tema, concentrándose en la literatura española de finales del siglo XIX.

Quizás sus más acérrimos oponentes fueron, como es de suponerse, los positivistas, siguiendo las demandas que emergían del nuevo *arkhé* nacional. Como se ha dicho antes, la máquina soberana se erigía delimitando no solo lo divino de lo mortal o lo animal de lo humano, sino también, insisto, lo que era real, concreto, fáctico, de lo que era fabuloso, mentiroso, fantasioso. En un artículo publicado en *El Cojo Ilustrado* en 1892, «Armenio y Dorotea», Lisandro Alvarado reflexionaba sobre la relación entre literatura y realidad, previniendo a los lectores de cierto poder que tienen algunos despliegues retóricos e imaginales. Para él, la poesía «abre el campo a engaños», porque los creadores eran exploradores «de la soledad de la enajenación mental»; su lenguaje resulta peligroso, pues «llegan a ser contagiosos» (1892: 19)[6]. Una reseña sobre el libro de F. Tosta García publicada por *El Patriota* en 1903 le sirve a Laureano Vallenilla Lanz para establecer una cartografía binaria entre dos contrincantes imperecederos en el análisis historiográfico de las nuevas décadas y el orden discursivo que se impondría: la historia de hechos frente a la historia épica. La horrible tendencia a la «megalomanía heroica», dice allí, había hecho mucho daño a la manera de entender el pasado venezolano; pide así un frente unido de intelectuales para «emprender una lucha tenaz contra esa literatura de ditirambos» y lograr cierta inmunidad frente a este tipo de mal o padecimiento cultural que enfermaba al pueblo y que «lo enloquece del mismo modo que los libros de caballería le remataron el juicio al pobre Hidalgo de la Mancha» (1903: 1). Desde

---

[6] En su discurso en la Biblioteca Nacional, titulado «Rubén Darío y Venezuela», Luis Beltrán Guerrero no solo muestra signos de rechazo al decadentismo, sino también cómo desde ciertos presupuestos positivistas se condenaba clínicamente la literatura desde Luis López Méndez, pasando por Lisandro Alvarado y Gil Fortoul.

luego que detrás de ello estaba la preocupación, muy propia de la época, por los alzamientos frecuentes de caudillos que se creían pequeños hijos de Bolívar, lo que llevó a Cipriano Castro a decir que el venezolano padecía de una «fiebre revolucionaria» (2013: 201); tampoco hay que olvidar el delirio del mismo Castro por llevar adelante el proyecto de su Gran Colombia, que generó conflicto con las élites conservadoras del país vecino y otros poderes regionales. Pero de ahí, se podría preguntar uno, a responsabilizar a una forma de hacer literatura, de pensar y trabajar la imaginación, había más que un problema de falta de puntería, por decirlo de alguna manera. El dilema más bien residiría en otro factor más complicado, que tendría que ver con la crisis de representación que hubo del imaginario nacional, producto de la caída del proyecto del liberalismo amarillo, que disparó el virus de la imitación contagiante, cuyo modelo político seguía el historicismo monumental del bolivarianismo.

Ya los modernistas se habían percatado de ello y por eso sus obras se podrían leer como formas de dramatización del mismo virus, como escenificación de sus poderes. Si el afectado Eduardo Doria en *La tristeza voluptuosa* de Dominici se dejaba llevar por las sugestiones de París y de Niní, Tulio Ramos en *Sangre patricia* de Manuel Díaz Rodríguez, cuya progenie tiene el germen de la disolución, vivía asediado por la «capacidad del sueño» de su personalidad, que aumentará con la muerte de Belén, su amada. Y si bien Julián, en la obra de José Gil Fortoul, denunciaba la «poesía orgiástica» y «los perfumes de la imagen», su identidad pareciera diluirse con el mundo de la ficción, al punto de que su compañera, Consuelo, se le aparecía como un personaje de Zola. Sin embargo, la fuerza imitativa de este mal impidió que estos personajes valoraran estos brotes desde su dimensión creativa, y terminaran así oscilando entre la clausura y el castigo: Doria se suicida trágicamente en la novela de Dominici, mientras que su contraparte, Carlos Lagrange, formado en la ciencia y el positivismo, muestra más bien una sensatez que sobrevive[7].

Lo mismo sucede con el destino final del protagonista de la obra de Díaz Rodríguez. Y lo que le ocurre a Julián no es peor: muere en un accidente, no sin ser cuestionado por el narrador por su falta de disciplina, seriedad y método para llevar a cabo una creación, aficionado más bien a la pose, el fingimiento y el disimulo[8]. Autoproclamados enfermos de forma auténtica o posada, sucumben a los poderes de la seducción sugestionadora de manera trágica. Así, parecieran incapaces de tolerar mucho su poderío, buscando dirigirlo, encauzarlo, de manera culpable, vergonzosa, hacia la acción productiva, el valor cívico y sobre todo el imaginario épico. Su amenaza bien podía advertirse en la novela *Dyonisio* del mismo Dominici, donde la protagonista representaba la belleza y el protagonista el heroísmo, y terminarán ambos castigados por el propio Dionisio, dios del vino y de las bacanales.

Quizás la necesidad de imponer su autoridad disciplinaria llevó a nuestros positivistas de comienzos del siglo XX a manejar radicalmente este mal, declarándole la guerra. Esa lucha no era ajena a las búsquedas de Vallenilla Lanz, quien la usaría circunscribiendo un espacio textual inmune a esta toxina para dar salida a sus teorías históricas, sociales y culturales desde su peculiar apropiación de la metodología científica, como si su empresa debiese «limpiar» la sociedad venezolana de este virus discursivo peligroso y confuso, infeccioso, siguiendo al primer Auguste Comte cuando hablaba con desprecio de los *littérateurs*. El lenguaje de

---

[7] Sobre las obras modernistas y decadentistas venezolanas, véase Belrose 1999, Silva Beauregard 1992, Berrizbeitia 2007, Contreras 2011, Uzcátegui 2017 (específicamente sobre el proyecto de *Cosmópolis*) y Bouzaglio 2016.

[8] Sobre la novela de Gil Fortoul véase Morales-Pino 2023.

«ditirambo» al que se refiere en el artículo que citaba, sostiene, es dañino: no solo porque distorsiona los hechos, sino porque podía «enfermar» al pueblo, produciendo la locura del Quijote. Era un problema que también diagnostican por igual Lisandro Alvarado y José Gil Fortoul. Y si bien ambos estaban atacando aquella tendencia historiográfica que el historiador Germán Carrera Damas incluirá mucho después bajo el rótulo «historia patria» (Felipe Larrazábal, Juan Vicente González o Francisco González Guinán), no deja de ser relevante que la vinculasen con la literatura, o al menos con una tendencia de ella[9]. De igual modo, hay aquí una preocupación pedagógica por la sanidad del pueblo, que busca erradicar un mal discursivo que nos aleja de la realidad. También es bueno decir —¡faltaría más!— que el otro frente contra el cual buscaban luchar Vallenilla Lanz y la intelectualidad gomecista era el de la dependencia eurocéntrica a constituciones de papel, a modelos exportados que vienen de afuera y que en cierta forma enajenan al ciudadano: y más si es de Francia de donde nos llegan autores decadentistas y enfermos, perpetuando así la vieja condena de Fermín Toro.

Estos son, en suma, los argumentos de los críticos del mal literario, que recuerdan las viejas prohibiciones de la corona española sobre la literatura de imaginación en el nuevo continente (y que en la Capitanía general de Venezuela, con la Inquisición, figuró en edictos que evitaban por entonces la diseminación del libro perverso e impío)[10]. Bajo sus concepciones historicistas, toda relación con el pasado que no pasase por un tipo de configuración del contexto desde el análisis científico de los acontecimientos quedaba censurada o marginada, vista con desdén por falta de seriedad. Los positivistas juzgaban con gran severidad los acer-

---

[9] Véase Carrera Damas 1961.
[10] Al respecto, véase Plaza 2021.

camientos imprecisos o románticos a la historia, y por eso terminaron reprobando no solo la historia propensa a la exageración, carente de rigor, sino también todo tipo de aproximación anacrónica que vinculase el ayer con el hoy y todo acto interpretativo que mezclase de forma desmesurada la vida con la lectura, el pasado con el presente. En el Prefacio a *Críticas de sinceridad y exactitud* (1921) Vallenilla Lanz hablará por ejemplo de los «adelantos de las ciencias históricas», que han permitido «rectificar multitud de hechos» y poner de relieve «hasta anacronismos groseros» (1921: iv). Esto será moneda corriente entre muchos otros intelectuales, entre ellos Gil Fortoul, Alvarado, o Picón Febres.

La respuesta literaria

Frente a esta inmunología, algunos textos de la literatura de comienzos del siglo XX ofrecerán otra terapéutica más atrevida. En vez de huir del enemigo, algunos apostarán de hecho por entrar en sus filas y lograr su inoculación, socavándolo desde dentro. Ya Rómulo Gallegos en el cuento «El patriota», como vimos capítulos atrás, sacaba a relucir las nuevas condiciones del régimen positivista de visibilidad donde el pasado heroico entra en crisis bajos los parámetros de la historiografía impuesta por autores como Laureano Vallenilla Lanz, Gil Fortoul y Pedro Manuel Arcaya. Luego, en la novela *Reinaldo Solar* (1930), aparece la primera escenificación del mal literario en las lecturas que hace el protagonista, al punto de que termina siguiendo la empresa de un caudillo a fin de emular algunos de los textos leídos. Con *Cantaclaro* (1936) todo se desborda. La novela misma sobrepasa sus límites y quiere verse como una encarnación tanto del mito como del canto popular; en ese contexto es que viene a cuento la escena ya comentada de Juan Parao y su mal de lectura. No por gusto en la novela el viejo peón Juan Belén, otro personaje incidental de arraigo popular, cuenta cómo por la alucinación causada por el golpe del «quesero» llegó al cielo y en su regreso a la tierra pudo haber hablado «con los libertadores» (Gallegos 2007: 96); es decir, estuvo en el archivo espectral del soberanismo nacional. Lo curioso es que ahora quien se deja llevar por el encanto novelesco no es un aristócrata o un criollo de buena familia, como vimos en el texto anterior, sino más bien un negro pobre de Barlovento, un personaje secundario pero con gran presencia en esa trama diseminante. En la novela, además, se ponen en escena estas pulsiones correctivas en tensión con otros saberes y prácticas. Si bien al final Florentino no se deja tentar por el mesianismo heroico ni el estudiante que acompañó a Parao sigue con el caudillo, el mal no se ha acabado del todo. La utopía y la fantasía estarán todavía vivas, germinando secretamente: en el segundo, quien seguirá su lucha por un cambio en Caracas, y en el primero con la seducción del canto y la invención de la palabra, que lo llevará incluso a retar al mismo diablo. Así que la enfermedad no es que se neutralice, sino se desvía hacia otros horizontes. Se encauza, canaliza y reparte para trabajos más productivos, beneficiosos desde la pedagogía cautelosa del civilista Gallegos, quien no rehúye el canto.

Teresa de la Parra ofrece otra alternativa menos tímida. El encantamiento literario deja atrás la épica nacional y su culto a hombres aguerridos y revolucionarios, aun cuando en sus días finales decidiera escribir una biografía del Libertador. Si bien vemos materializado el mal en la protagonista femenina de *Las memorias de Mamá Blanca* (1929), que era un «disparate ambulante» gracias a lo que había aprendido como lectora de su madre, donde mejor lo pone en escena es con la perspicaz María Eugenia Alonso de *Ifigenia*[11]. Personaje de su obra y autora de sí

---

[11] La madre de la protagonista de *Las memorias de Mamá Blanca* tenía el «temperamento» de una poeta y «despreciaba la realidad y la sometía sis-

misma, se mueve a lo largo de las páginas bajo su escenificación performativa, que posibilita una selección peculiar de paradigmas literarios: primero con las novelas rosas, luego con la poesía mística o los textos de Shakespeare y el Cantar de los Cantares, para terminar con la tragedia griega. Para ella son modelos de conducta e inspiración constante, que sirven para modelar su propia imaginación, siempre curiosa y revuelta, siempre desbordada y delirante. El problema es la manera en que lee, que resulta profundamente subversiva. Ya al principio le confiesa a su amiga Cristina que siempre ha tenido «bastante afición a las novelas» (1991: 9) y que, si bien siente alguna admiración por los héroes, se interesa más por la forma en que llevan el cabello las heroínas que por sus mismas hazañas (1991: 9). Es una fascinación abiertamente trivial y frívola, que contraviene las jerarquías que impone el orden de la representación de personajes virtuosos por parte de historiadores, artistas y poetas republicanos. Pero igual su admiración va más allá, al democratizar peligrosamente el lugar mismo de esta encarnación heroica, aficionado a privilegiar hombres blancos y criollos: «Somos héroes y heroínas en la propia novela de nuestra vida» (1991: 10). Con semejante declaración abre la posibilidad de robar el sitio que ocupaba aquel sujeto patrio, rebajando su estatuto patriarcal con gran ironía, y además se hace pasar por autora de lo que lee; en varios momentos muestra en efecto cierto exceso en su hábito de lectura. «He descubierto que existe en Caracas una biblioteca circulante, en la cual, mediante un pequeño depósito, pueden tomarse todo género de libros, y mi rabioso afán de lectura tiene en ella libertad y campo abierto donde saciar su hambre», dice, neutralizando el deseo de control de sus familiares (1991: 79). La literatura además

---

temáticamente a unas leyes arbitrarias y amables que de continuo le dictaba su fantasía» (1991: 324), está presente como signo de comparación, como referencia: en una parte confiesa que está leyendo «el Diccionario filosófico de Voltaire» (1991: 79); en otra, durante su encuentro con el poeta bogotano, siente que este la «lanzaba en alas» a sus recuerdos de «aquellas novelas de *La Mode Illustrée*» que había leído cuando joven, rompiendo así los espacios de la ficción y la realidad, como suele hacer casi todo el tiempo durante la obra (1991: 64).

La prohibición literaria que prodigan los familiares de la curiosa y excéntrica protagonista coincide con otro tipo de prohibiciones que tienen que ver con relaciones indebidas, marcadas por el miedo y el prejuicio de clase. Tía Clara le censura que hable con la doméstica Gregoria, cómplice de su «divino contrabando intelectual» (1991: 79), y que se acerque a «libros inmoralísimos» (1991: 98). La Abuelita, por su parte, le recrimina por igual sus amistades y lecturas: «los libros y las malas compañías están acabando contigo» (1991: 101)[12]. El peligro de esta forma de leer se hace palpable con el diagnóstico que le ofrece la Abuelita, cuando le pregunta, en tono de reproche: «¿por qué has de mezclar siempre las cosas santas y las cosas de Dios con tus disparates?» (1991: 109). Su desorden lector mezcla en efecto a Voltaire con Musset, a Bécquer con novelas rosa, a Shakespeare con *El Cantar de los Cantares* —y genera desasosiego en sus familiares y causa una peligrosa indigestión, no apta para doncellas criollas. No solo está entonces el problema de llevar a la vida las lecturas, sino de confundirlas, desordenando saberes y géneros. Lo interesante es que la protagonista no es ingenua y sabe asumir en esta materia muy bien su don actoral. Por eso, en el proceso de superación de su

---

[12] Y con ánimo de provocación, María Eugenia propicia esta bibliofobia con gestos ingeniosos: «Este último pensamiento acerca del desnudo en los griegos no es mío, este sí lo he leído en un libro y te aseguro, Tia Clara, que se quedará grabado en mi memoria» (1991: 107).

desengaño amoroso, dice que gracias al «conjuro de las palabras de María Antonia, Tía Clara y Abuelita», había huido de ella el mal que define como «el espíritu de Don Quijote» (1991: 158); la palabra «conjuro» es reveladora: muestra que está hechizada por este virus.

Pero el conjuro es falso o simulado, pues no hay que creerle mucho a este genial personaje, que sobresale por sus dotes actorales. Bien sabemos cómo le esconde a la abuela y a la tía Clara varias lecturas cuando regresa de la hacienda, así como su hábito de escribir, supuestamente también reformado; si no, véase cómo en sus primeras salidas con César Leal le esconde la pintura de labios y confiesa a los lectores que tiene «grandes disposiciones para fingir» (1991: 222). Quizás ello explique por qué su mejor amiga, Cristina de Iturbe, no le escribe después de la primera parte; conociéndola bien, sabe que no es de mucho fiar a esas alturas. De igual modo, dice mucho la grandilocuencia retórica impostada de sus reflexiones sobre el amor en la hacienda y sobre el sacrificio al final de la novela: no solo lucen poco sinceras, sino que contrastan radicalmente con el ingenio, la lucidez y hasta la ironía de sus reflexiones anteriores. ¿Acaso ella misma no lo declara cuando afirma ser «autor y único público» de sus propias obras, y gozar «de la inmensa satisfacción de admirar» su propio «talento literario»? (1991: 187). ¿No previene a los lectores con ese gesto de que puede estar ficcionalizándose, y acaso engañándonos en muchos aspectos, como lo ha hecho con la Abuelita, César Leal o Tía Clara? Además, si supuestamente después de su viaje al interior del país había perdido el criterio «anárquico, desorientado y caótico «(1991: 198) y ha dejado de leer novelas «cuyas heroínas tengan amantes» (1991: 188), sorprende que cuando recibe las flores de Leal tenga un arrebato bovarista en donde, al colocarlas en los floreros, se dice: «mi cuarto ya no era mi cuarto, sino una estancia novelesca y encantadora» (1991: 202).

Es cierto que aquí el mal literario se sabe mover y ocultar, con una grado de agenciamiento por parte de la protagonista que no vemos en otras obras, a diferencia de lo que hacía El Quijote con su armadura y Madame Bovary con su destino trágico. Pero no está exento de diseminaciones peligrosas que rebasan el marco de los textos. Lo vemos por ejemplo en esa maravillosa respuesta de Teresa de la Parra, autora de la novela, que le escribe como ya vimos al reconocido positivista Lisandro Alvarado por recriminarle en una reseña algunos usos incorrectos del lenguaje y algunas faltas en las convicciones de María Eugenia y lo hace asumiendo la voz de su protagonista, quien a su vez habla de la autora en tercera persona: «Muy halagada me tendría el comprobar su predilección por mí sobre Teresa de la Parra» (1991: 566). La ficción se despliega y contamina tanto al positivista que busca inmunizar su virus como a la creadora, que pretende dominarlo o circunscribir su alcance bajo los artificios de su narradora.

El mal sacrificial

Quizás el escritor que con mayor atención y radicalismo se atrevió a explorar el mal literario, aun a costa de su vida misma, fue el poeta José Antonio Ramos Sucre, insomne perpetuo, adicto al saber y al hidrato de cloral. En cierta manera podemos pensar que radicaliza el programa estético de los decadentistas venezolanos (Pedro César Dominici, Pedro Emilio Coll, Manuel Díaz Rodríguez o Pablo J. Guerrero) al punto de llevarlo a otra dimensión[13]. Si Teresa de la Parra ficcionaliza esta enfermedad en el

---

[13] De hecho, si estos estaban todavía cruzados por demandas republicanas y civilistas, y por un esteticismo muy romántico e impostado, Ramos Sucre asume el mal literario hasta sus últimas consecuencias: primero, rompiendo las fronteras entre las representaciones ficcionales y la vida misma;

personaje de María Eugenia, a quien le toca ponerla en práctica bajo la representación de una joven desadaptada, nuestro poeta lo hace a través de las «máscaras del yo» del sujeto lírico de sus poemas, que entran en el espacio de la lectura misma. Una lo personaliza y encarna bajo el cuerpo concreto de una adolescente en la Caracas de comienzos de siglo; el otro lo recrea en el mismo acto exegético de un testimoniante anónimo que vive la ficción y los hechos librescos como si fueran realidad, en un universo todo se confunde: experiencia y lectura, vida y libro.

Su trabajo sobre la enfermedad desmonta los lugares fijos, claros. La lucidez que demuestra en «La aristocracia de los humanistas» (1921) para hacer evidente las falencias del marco representacional de la estética romántica, tan cara a nuestro archivo tropológico, evidencia su conciencia de la modernidad positivista en la que se encuentra, pero, al situarse de manera ambivalente frente a este cambio de paradigma, revela el lugar intersticial en donde quiere colocarse: entre el pasado y el presente de estas tendencias, coexistiendo en sus umbrales, dentro de otro espacio de fuga. Por eso avala la fusión que había antes entre historia y literatura (1999: 46), en su deseo por desarreglar los órdenes de este nuevo saber objetivo. Tomemos en cuenta una de sus más rotundas afirmaciones sobre este asunto, que busca desmontar el presupuesto de la objetividad histórica y su demarcación de la ficción: «Lo único decente que se puede hacer con la historia es falsificarla» (1999: 523).

No por casualidad en su mismo itinerario creador, encontramos otra manera de criticar la seguridad hermenéutica del positivismo donde entra en escena la enfermedad de la que veni-

---

segundo, diluyendo y cuestionando las demandas republicanas, convirtiéndolas —incluso— en formas imaginales de recreaciones ficcionales anacrónicas.

mos hablando[14]. ¿No es revelador que el poeta se desplace de los trabajos de *El cielo de esmalte*, donde sobresale algún que otro trabajo sobre la historia nacional, a los escenarios medievales y a la literatura de los tiempos antiguos, donde se funden hechos históricos con hechos ficticios? De igual modo, uno se pregunta si su afición por mostrar sujetos decadentes y fracasados no es sino una manera de contagiar con ese mal amoral y ficcional la empresa iluminista del *telos* moral republicano, que tanto reivindican los positivistas desde su programa regeneracionista. Ya antes, cuando señala que la realidad está mediada por el lenguaje, por el «símbolo» como prefiere decir, cuestiona la presunción de lectura transparente del documento textual; eso explicaría que en algunos de sus aforismos de *Granizada* (1929) diga con ironía que por lo visto ahora «La verdad es el hecho» (1999: 522), y luego pase a hacer una apología nada más y nada menos que del equívoco mismo: «La ciencia consta de los hechos y su explicación. Esta última es variable y sujeta al error, pero no debemos preocuparnos, porque el error es el principal agente de la civilización» (1999: 522). He ahí por qué ve en otros textos suyos a la sociología, en alusión a Laureano Vallenilla, Pedro Manuel Arcaya o José Gil Fortoul, como una «interpretación determinista de la vida» (1999: 71). ¿Y es que acaso no presupone esta disciplina en esa época una idea de la realidad que tiende a excluir su dimensión (im)posible y virtual?

Al trabajar el archivo tropológico del heroísmo en cierta manera está cuestionando también el inconsciente heroico que sigue operando dentro de los positivistas, por más que pretendan una aparente inmunidad bajo su retórica cientificista[15]; una infección de ese mal, vale decir, que supuestamente buscaban

---

[14] Me refiero especialmente al texto «Tiempos heroicos».
[15] Sobre este punto, véase Castro 2020.

erradicar y que, por pensar que estaban exentos de ella, limpios de su suciedad contaminante, terminaron por perpetuar y propagarla en formas más intensas.

Por otro lado, quisiera detenerme en dos gestos duchampianos con gran carga contaminante de Ramos Sucre que, por insignificantes que puedan parecernos al obedecer solo a los criterios de selección del autor y no a valoraciones temáticas o textuales de su obra, demuestran su capacidad para romper límites epistemológicos, de abrirse a la mimetización democrática. En *Trizas de Papel*, que luego reescribe para *La Torre de Timón*, encontramos textos de otros géneros: un ensayo sobre Humboldt, un artículo en un periódico («Sobre poesía elocuente»), una reflexión teórica («Filosofía del lenguaje»), un homenaje que diera en una escuela («Plática profana»). Resulta curioso que en un libro de poemas en prosa incluya textos de otra naturaleza discursiva, genérica, con el propósito no solo de desarreglar los lugares disciplinarios, formales y hasta culturales en donde las prácticas del momento inscriben o reparten los textos, sino también de abrir una heterogeneidad en el marco mismo de la organicidad del libro de supuestos poemas. Ya el hecho de valerse de los «poemas en prosa» es un paso para esta confusión, por no mencionar la rara mezcla que hay en estos primeros libros de textos que parecieran a su vez ser como poéticas, si nos detenemos en trabajos como «Sobre poesía elocuente» o en el poema «Filosofía del lenguaje», algunos de los cuales serán descritos por el mismo Ángel Rama como una especie de «summa de poesía y pensamiento» donde se teje la «trama de su conmovisión» (1978: 10).

El segundo gesto duchampiano es la reescritura de Humboldt en un texto publicado en 1923, «Sobre las huellas de Humboldt», uno de sus primeros trabajos poéticos en lo que será un arte peculiar de la glosa. El trabajo fusiona el comentario crítico, irónico, con la reescritura. Tiene una extraña combinación de reseña con ensayo, como bien advierte Guillermo Sucre, quien además destaca su confección metafórica, figural, entreviendo cómo el poeta muestra el imaginario europeo del explorador sobre su observación del continente; me refiero a ese «repertorio cultural del mundo» que notaba por ejemplo Antonio Cornejo Polar en los mismos cronistas de Indias al hablar de América Latina, haciendo que el «Cuzco sea visto como Roma» (2003: 14). Eso mismo percibe Ramos Sucre, con su singular sapiencia, en la mirada del científico alemán, que para él está repleta de experiencias culturales europeas que se inmiscuyen en su análisis, en su forma de valorar lo que ve.

Guillermo Sucre muestra otros elementos relevantes que vale considerar con atención. Dice que Ramos Sucre «adopta el tono del cronista, solo que se trata de una crónica que habla no a partir de lo visto sino de lo leído», con lo cual detecta un elemento clave de su obra: fundir ambas experiencias, con el propósito de hacer precisamente «de esa lectura una mirada más de la realidad». Hace notar cómo emplea «continuamente el presente narrativo, casi siempre eludiendo el sujeto de la oración [...] como si quisiera despersonalizarlo», sin obviar cómo «crea un ritmo de secuencias vertiginoso», secuencias que se acumulan y sintetizan «a un tiempo», desplegando a su vez «los poderes del lenguaje», es decir «arcaísmos [...] con neologismos, vocablos con variadas acepciones que llegan con la etimología y la metáfora, minuciosa recreación lingüística de una época, así como un vasto registro de nombres» (1999: 12). Poco a poco vemos cómo el sujeto lírico se diluye en lo que comenta, abriendo paso a lo que irá haciendo en su obra poética posterior.

Estos dos detalles duchampianos, aunque sean gestos embrionarios, incipientes, de desplazamiento e intervención, de uso y cambio, sirven para entender mejor la apuesta contaminante del poeta de Cumaná. A partir de ellos se crean las condiciones para la germinación de otro elemento fundamental que desarma las barreras entre ficción y objetividad de manera más radical, y sobre el que vale la pena detenerse con mucho cuidado. Se trata del montaje anacrónico que propone su obra y el modo en que desordena, afecta y contagia las condiciones del *nomos* espacio-temporal que fija el discurso nacional de la máquina soberana y sus relaciones con los órdenes de los muertos y los vivos, de lo propio patriótico y lo impropio extranjero, de lo verdadero referencial, realista, y lo ajeno e imaginario. Un ejemplo útil para analizar esto es el texto «La cábala», publicado inicialmente en el periódico *El Universal* en 1927 y luego incluido en *El cielo de esmalte* dos años después. El poema enuncia la presencia del «caballero de rostro famélico», en clara alusión a Don Quijote, que cruza un puente precedido antes por un «jinete de visera fiel», que podemos deducir sea Sancho Panza. El sujeto lírico no solo ve a los personajes ficticios, sino que además sabe lo que hablan, y narra de hecho una de las historias de la célebre novela moderna. El relato se detiene en su ida a Toledo y su exploración de la «ciencia de los rabinos», en referencia a la España de Alfonso X el sabio. El escudero lo previene de la «seducción permanente» y le sugiere «recorrer un mar lejano, en donde suenan los nombres de los almirantes de Italia y las Cícladas, las islas refulgentes de Horacio» que «imitan el coro vocal de las oceánidas». Al final, relata cómo Cervantes mismo le ha contado «del caballero devuelto a la salud», gracias a discernir «en una muchedumbre de paseantes la única doncella morena de Venecia» (2001: 370).

El poema llama la atención, ante todo, por su uso del lenguaje. Un rostro «famélico» o una «visera fiel» son usos infrecuentes del castellano de la época; este es uno de los elementos que según Guillermo Sucre caracterizan su estilo anacrónico: el léxico y el estilo verbal. No en balde declaró a su amigo Fernando Paz Castillo que usaba el español en base al latín (2001: 738), y es que toda su obra se fue construyendo, como dice Salvador Tenreiro, «entre ruinas» y «fragmentos (del mundo y de otros textos)», que a su vez se relacionan con la «presencia ruinosa —ruindosa— de arcaísmos y de modelos perifrásticos guardados en la memoria de la lengua» (2001: 946). Como es un poema en prosa, sabemos que no hay mucho respeto por las secuencias narrativas, pero de igual modo es importante destacar sus irrupciones. Primero, el sujeto lírico se concentra en la presencia del caballero; luego, el punto de focalización se desplaza de improviso a describir la caída del clavel en el arroyo, sin advertir la razón de ello. Después, al hablar de su compañero, que ya estaba antes que él en el lugar descrito, menciona uno de los temas que discutían y ahí tiene lugar una suerte de *flash back* donde se cuentan las vivencias que tuvo en Toledo. Sin transición alguna, el poema pasa a comentarnos el consejo del escudero, quien previene al protagonista de esa seducción, y al final la historia pone en escena al narrador en otro lugar de enunciación.

Los desplazamientos de perspectiva se relacionan también con los lugares confusos de enunciación: el sujeto puede presenciar directamente al personaje de Cervantes, a la vez que escuchar y recrear las historias de su conversación en el tiempo mismo del relato, sin mencionar por supuesto la conversación que tuvo con el autor. En consecuencia, obra y vida se diluyen en un mismo plano de modo similar a como lo hacen el tiempo de la lectura y el tiempo de la percepción, como si se quisiera visualizar (o materializar sensorialmente) la experiencia lectora[16].

---

[16] La dispersión cronológica y espacial es un elemento característico de gran parte de la poesía de Ramos Sucre. Podría suponer una técnica, sugiere Victor Azuaje (2008), parecida a la del *remake*, pues entraña una correspondencia con el tipo de apropiaciones que se dan en el cine, que a su vez está vinculado a las experimentaciones y búsquedas vanguardistas. Salvador Tenreiro lo ve más bien vinculado con el desarrollo del «monólogo interior»

Sea algo propio de la tradición o del poemas en sí, lo importante por supuesto es la especificidad de este proceder en el venezolano Ramos Sucre, quien trabaja dentro de un contexto bien particular, buscando continuamente obliterar las distinciones que demarcan los diversos escenarios de la representación, sus delimitaciones, sus aduanas simbólicas, sus fronteras. En el plano de las referencias vemos un uso radical de la dispersión, desarreglando la biblioteca universal de la alta cultura europea y sus soportes históricos. Es importante considerar los cambios de lugares y épocas en este sentido: de la España de Felipe II, donde pareciera colocarse al divisar en tiempo real al Quijote, pasa luego a la España de Alfonso el Sabio, inventando una vivencia cronológicamente imposible. De ahí se traslada a los referentes latinos y griegos de las Cícladas y las Océnidas, para luego cambiar al lugar de enunciación donde Cervantes habla con el autor y le comenta otra falsa vivencia de su personaje, ahora en la Venecia de Shakespeare; aquí de nuevo «inventa» otro desplazamiento temporal y lo ubica en la obra del autor del Mercader de Venecia, aludiendo a Jessica, la hija morena de Shylock, sin obviar el guiño al poema «A una transeúnte» de Baudelaire, donde se refiere un encuentro parecido en la calle con una mujer en medio de la muchedumbre[17].

---

moderno, en tanto pone de «relieve la simultaneidad de los acontecimientos y de la expresión que da cuenta de ellos» (2008: 950), algo que nota más claramente en el poema «La tribulación del novicio». Sin embargo, como trato de mostrar más adelante, me parece interesante repensar una forma más abierta de montaje, que califico como cultural y textual, para entender esta apuesta; no hay que olvidar que el monólogo interior funciona sobre ciertos presupuestos que no encontramos en los poemas de Ramos Sucre: la identidad de conciencia de quien discurre, cierto ritmo o cadencia que vincula y armoniza muchas veces las conexiones arbitrarias, la escenificación psíquica de una autoconciencia reflexiva, de un espacio de pensamiento interior.

[17] Pude desarrollar mejor estas ideas gracias a la invitación a una charla

Si revisamos la trama del poema, hay sin duda un eros literario encarnado en el ideal femenino del Quijote, que lo lleva a cruzar distintos escenarios —Toledo, Grecia, Venecia—; un ideal que pareciera tener hasta una dimensión más corporal, sensual (habla de una «beldad judía» como «amante»), que en la obra original. Fuerza sensual que a su vez no deja de poseer un componente gnóstico; escenifica el saber no como mera epistemología sino como fuente órfica, donde conocer se alía con lo oscuro y lo místico a la manera de los saberes cabalísticos, contraponiéndose al orden de los saberes positivistas y de toda la tradición iluminista republicana que imperaba en su momento histórico[18]. El mismo procedimiento pareciera repetirse en otros poemas con la figura de Helena («El mito Versiforme») o La Gioconda («La redención de Fausto»), por solo hablar de algunos casos.

Esta erótica del saber oculto y los recorridos que genera funda un espacio atópico donde el «aquí» del texto y el contexto se pierden, se difuminan; no es una utopía en sentido estricto, porque no se encuadra en un territorio temporal fijo, pero tampoco necesariamente una utopía literaria como han considerado algunos pensando en Gérard Genette, porque no se enmarca tampoco en un único espacio-tiempo literario ubicuo y múltiple que reúna todas las obras bajo analogías o paralelismos armoniosos y con un solo centro. Por el contrario, en estos encuentros el descentramiento es continuo; prima la tendencia a los ires y venires, a la errancia y la deslocalización. Es verdad que hay otros poemas menos radicales en este sentido; pensemos por ejemplo en «La

---

de la profesora Carolina Sancholuz Bisogni y el profesor Simón Henao en la Universidad Nacional de la Plata.

[18] Tal como sostiene Duchesne Winter sobre la obra de Lezama, podría decirse de Ramos Sucre que lo «conocido convive con lo desconocido en una gnosis participativa, distinta a la epistemología como operación técnica de liquidación de lo desconocido y apropiación de la verdad» (2008: 19).

vida del maldito» o en «Discurso del contemplativo», donde las marcas referenciales son estables y los signos de la enunciación claros. Sin embargo, podemos decir que esta apuesta refractaria se afianza con *La torre de Timón* y termina luego de consolidarse en *Las formas del fuego*, y que hace de su estilo algo único, particular.

Esta especie de montaje anacrónico parte de una valoración particular del poder de la imagen, de eso que Lezama Lima define también como «imago», materia de nuestro virus contaminante. Quien revise los textos de Ramos Sucre se sorprenderá al encontrar que tras ese lenguaje entre preciso y nebuloso relucen escenarios de la literatura y la historia de otros tiempos fundidos, mezclados. En «El espejo de las hadas», por mencionar un caso, una virgen usa por un momento la «corona de ortigas» del Rey Lear, y la muerte de su pretendiente termina siendo narrada por el mismo Ovidio, el «fabulista de los gentiles» (2001: 33). El texto fusiona momentos distintos, referencias culturales de contextos diferentes, rompiendo todo principio cronológico para la organización narrativa. En «La redención de Fausto» se cuenta el destino del cuadro de la Gioconda que Leonardo da Vinci habría legado nada menos que a Alberto Durero y que termina por «iluminar» la «estancia de Fausto» (2001: 389). Aquí inventa lazos secretos entre artistas que nunca se conocieron en vida y entre creaciones de fechas distintas. Concibe una relación que rompe con los órdenes causales en lo que puede ser una especie de legado o supervivencia de la imagen misma, que él concebía como una «estela» que deja «cierta vaguedad y santidad» (2001: 889). Una estela, huelga decir, que puede entenderse como algo que rehúye de lo visible, de lo tangible, que se retira de la presencia y se queda en estado de latencia o suspenso como impensable, pero que a la vez —y quizá pese a ello— genera un efecto de irradiación energética, afectiva. Por eso para él es «un medio de expresión concreta y simpática, apta para poner de relieve las ideas sublimes e independientes de la metafísica y las nociones contingentes de la experiencia, y comunica instantáneamente los afectos» (2001: 88).

Esta noción de la imagen, podemos decir, ocupa un lugar ambivalente de fuerzas e impactos yuxtapuestos, pues sirve como «medio que puede enunciar la filosofía más ardua» a la vez que comunica «eléctricamente la emoción». Además es una «manera concreta y gráfica de expresarse», que «emana de la aguda organización de los sentidos corporales». Hay así una ilegibilidad, una imposibilidad hermenéutica o interpretativa, que viene dada por estas presencias disímiles y aporéticas, y que se consolida todavía más al verla el autor también «cerca del símbolo» (2001: 88). Ni es una expresión metafísica o trascendental, ni tampoco es meramente contingente o referencial. Al mismo tiempo, se sitúa en una especie de umbral que vincula las mismas ideas sublimes con manifestaciones bien concretas (gestuales, emotivas y corpóreas), sin que haya al parecer un *telos* que unifique o armonice estas corrientes. Por otro lado, destaca el valor de la «simpatía» —en el sentido de comunidad de los sentimientos— y su poder de comunicar «afectos». Ahora bien, Ramos Sucre no se deja seducir por el subjetivismo psíquico y emocional de cierta propiedad del individuo que ata a algunas de estas nociones, y evade una reflexión sobre la forma que lleve a pensar en estilos atemporales o preestablecidos. Al final, como sucede con la figura de La Gioconda en «La Redención de Fausto», la imagen sale de sus marcos y se mueve a lo largo de distintas obras.

En todas estas operaciones hay una crítica a los presupuestos mismos del saber histórico profesional que se quiso imponer en la época, que delimitaba los espacios epistemológicos, racionalizaba los saberes y discriminaba los espacios de la fábula sobre los de la construcción histórica y real. El poema «El Lapidario» es buen ejemplo de la crítica del poeta a la confianza en recuperar el pasado desde ese marco. El sujeto lírico percibe la llegada de los restos de una importante mujer, «desterrada en vida», a la ciudad. Sus cenizas, que parecieran ser de la misma Beatriz por la referencia a Dante, regresan con gran pompa de un «país secular». Lo curioso es que el protagonista, mero observador lejano de los hechos, decide de pronto cincelar en una piedra un «signo secreto» en el que aparece su nombre junto al de la muerta, esculpido además «con la exquisitez de una letra historiada». El término remite tanto a las capitulares de los códices y manuscritos medievales como al trabajo propio de la documentación histórica, que consiste en registrar, archivar, inscribir los acontecimientos o sucesos importantes de una colectividad para que sean luego leídos, interpretados, reconstruidos.

El propósito de dicho gesto guarda una intención lúdica, burlesca. Busca «despertar en los venideros, porfiados en calar el sentido, un ansia inefable y un descontento sin remedio» (2001: 40). Nada más subversivo e irónico: el acto del protagonista de grabar sobre la piedra una unión inverosímil para suscitar en la posteridad una confusión, un descontento, entraña una conciencia muy lúcida de la fragilidad de toda reconstrucción del ayer, que debe siempre pasar por la mediación del documento, arma metodológica por excelencia de los positivistas, y que no obstante puede ser manipulado, cambiado, desvirtuado. El poema da cuenta entonces de una limitación del arte de historiar: el deseo del sujeto lírico del poema que busca colocarse junto con el nombre de la dama busca perpetuar una versión de los hechos distorsionada, legarla a la posteridad. La reconstrucción del pasado es una actividad siempre frágil para el poeta, porque es dependiente no solo de las versiones de sus testigos sino también del medio de inscripción con que se registra y del estilo narrativo, ficcional, con el que se construye. Gracias a esta convicción, tan pensada y trabajada en la historiografía contemporánea (pienso por ejemplo en los trabajos de Hayden White), es que podemos entender mejor cómo la lógica de lo que he dado en llamar «montaje en retaguardia», valiéndome del término en su sentido más general, busca repensar nuevos horizontes con la memoria cultural del imaginario europeo, imponiendo un acto canibalístico al que no le interesa deglutir al «otro» para refundar una tradición nacional o latinoamericana, sino para abrir un horizonte relacional al estilo de lo que una vez pensó el poeta Édouard Glissant con su «poética de la Relación», es decir, una «totalidad» integradora sin *telos* ni centro, sin organicidad (2017: 34). Una totalidad, insisto, asincrónica y anacrónica, que en este caso privilegia la mirada al pasado desde lo actual como espacio virtual, fantasmal, sin dejar de lado sus particulares operaciones de lectura y combinación gracias a la mirada retrospectiva.

Como si no fuese suficiente, el virus literario sale de la lectura y la escritura de su obra, y así el «yo» poético incursiona sobre la vida de su «yo» real. Al igual que con las cartas de Teresa de la Parra a Lisandro Alvarado, aquí vemos un desborde peligroso, con acento ya más trágico. Las cartas que escribe Ramos Sucre resultan elocuentes al respecto. En los momentos en que habla de su insomnio se vale de un uso de la primera persona muy parecido al de sus poemas: «Yo sufro infinitamente y los insomnios anulan mis facultades mentales», dice en una carta de 1930. En otra del mismo año, exclama: «Yo no sé cómo me alcanza el cerebro para escribir una carta» (1999: 471). Por la misma fecha, un mes después, escribe de nuevo al Cónsul de Venezuela y dice: «Yo me siento herido de muerte» (1999: 474). En otro momento llega a hacer una confesión memorable: «Yo poseo el hábito del sufrimiento, pero estoy fatigado de la vida interior del asceta, del enfermo, del anormal» (1999: 476). A medida que se ve aquejado más y más por el insomnio, la retórica para definir sus padecimientos se vuelve la misma que ha venido usando en su poesía. Por último, solo en el momento en que se afecta su escritura es que decide suicidarse. Todo esto refleja su radical terapia inmunológica sobre un cuerpo enfermo y deprimido, un cuerpo que fue tan adicto al hidrato de cloral y el Veronal como a la literatura[19]. Pareciera ser entonces que su obra estuviera no solo internándose en su vida, sino incluso dándole sentido a su propio destino: el hombre Ramos Sucre ya no está en el tiempo de su realidad inmediata, sino en el de la escritura y la imaginación literaria. Resulta tentador ver este proceso como una especie de identificación gradual con su discurso, en una fatiga cada vez mayor «de la vida interior del asceta, del enfermo, del anormal». Este mal, que él y algunos médicos consultados tratan de explicar como «enfermedad parasitaria» (1999: 465), puede ser más bien un virus retórico, un «juego del lenguaje» —que es para Wittgenstein una «forma de vida»— y operar como tal sobre ciertas zonas de su personalidad que no han podido deslastrarse de su carga y peso existencial (Wittgenstein 1998: 31). El virus se inocula, asumiéndolo en el cuerpo mismo para desplegarse después en la obra.

Otros casos de «literomanía»

Enrique Bernardo Núñez, con *Cubagua* (1931), es por excelencia otro representante de la escenificación de la enfermedad literaria, en su caso llevándola a otros espacios menos culturales que históricos. No le interesan los caballeros medievales ni los héroes de la *Eneida* o la *Odisea* ni los personajes oraculares, y menos aún las novelas de romances o el *Cantar de los Cantares* que leía María Eugenia con tanta devoción. Por primera vez nos colocamos frente al inconsciente de la historia nacional, en ese

---

[19] Sobre la relación de Ramos Sucre con la adicción véase Fraile 2013.

lugar que ocupó la conquista y que se representó bajo las escrituras de los cronistas de Indias. Bajo la figura de Tiberio Mendoza, historiador oficial que sigue los presupuestos positivistas de la verdad comprobable, de la veridicción científica y el dato empírico, pone en evidencia esta lucha de poderes entre la verdad científica y el hecho imaginario o figural. Lo que hace el personaje es mostrar que tras estas tendencias disímiles se esconde una oscura complicidad; y es que Tiberio Mendoza termina por robarle a Leizaga, protagonista de la novela, no solo las perlas sino también sus historias y manuscritos para hacer con ellos un *paper* histórico. Resuenan aquí las afirmaciones de Ramos Sucre sobre la relación estrecha que hay entre historia y falsedad, al tiempo que se pone en cuestión la fe en el «hecho verdadero» del cronista oficial, cuya verdad es en el fondo la del Estado.

Ese mal lector que venimos analizando tiene en la novela correspondencias con los momentos de ruptura temporal, en un caso antecedido por el *Viaje a la parte oriental de Tierra Firme en la América Meridional* de Francisco Depons, que según el mismo Andrés Bello nunca fue a los lugares que describió en Venezuela, y en otro más bien recreando un manuscrito hallado en una biblioteca del convento, que a su vez revive las crónicas de Humboldt y de Gilij; por ello el viaje es menos físico que textual, porque actualiza no las vidas «reales» de las personas de su presente inmediato, sino las crónicas y escritos de Humboldt, Fray Pedro Aguado, Arístides Rojas y Gerolamo Benzoni — este último con su polémico *La historia del nuevo mundo* (1565), donde refiere la historia de Lampugnano, unas de las máscaras que asume Leizaga. Podemos hablar entonces de una literatura en segundo grado, una escritura que es a su vez y sobre todo una reescritura, presentación del texto como lectura de otro, donde el mal literario en su acepción lectora no aparece solo de forma alegórica en el propio Leizaga sino también en el narrador, un gran lector que lee de forma anacrónica, recreando lo leído, haciéndolo vida[20].

Además de *Cubagua* habría otros ejemplos por estas mismas décadas, como los juegos ficcionales de Julio Garmendia. En «El cuento ficticio» el narrador, al presentarse como un personaje de ficción, difumina ya de antemano el pacto referencial —más, si cabe, cuando en su confesión se queja precisamente de haber perdido la cualidad de «inverosímil». De igual modo «El librero», que al parecer llamó después y de forma muy reveladora «Entre héroes», prosigue con este proyecto de quiebre de las fronteras entre realidad y ficción. Uno de los protagonistas, un librero fantasmal y anónimo, confiesa que no sabe distinguir entre la realidad del mundo y la de los libros; de hecho la librería donde está busca difuminar las referencias espacio-temporales. Habla de un «tiempo inmemorial», donde no se sabía bien si «los estantes y los muros habían acabado por cobrar aspecto de antañones muros, o si los muros habrían tomado algo de los gastados y releídos libros» (1995: 46), pues pareciera encarnar a su modo la misma literatura, como si fuera una alegoría del lector literario, una figuración del universo ficcional mismo. Quizás por eso al final se esfuma dentro de algunos de los tomos, no sin confesar antes sus preferencias

---

[20] Sin excluir los pasados arcaicos que tantos críticos de la obra han priorizado para cuestionar la historiografía eurocéntrica, el neocolonialismo y la explotación, la novela también escenifica otra forma de mal de lectura donde se mezclan vida y texto leído —un mal muy propio de la literatura moderna, que abre su potencial imaginario y tropológico: por eso lo censuran la Abuelita y Tía Clara en María Eugenia cuando leía de forma desordenada y vehemente, Gallegos lo ve con peligro en Reinaldo Solar o Juan Parao, y Ramos Sucre lo encarna en sus propios poemas, cuyos sujetos testimonian las aventuras del Quijote o ven pasar a los hijos de Eneas o a las amazonas a su lado. Este mal penetra en las vidas de algunos de los autores y hace que uno se suicide, otro se entregue al aislamiento y a la devoción mesiánica de Bolívar, y otro intente destruir algunas de sus obras, descreyendo de sus facultades.

literarias —en las que revela por cierto un criterio, una poética donde se desmarca abiertamente del archivo fantasmal de la mitología nacional: se interesa, dice, no por los seres transcendentales del heroísmo sino por personajes insignificantes de algunas obras secundarias o marginales.

En este muestrario podríamos también incluir los robos de firmas e identidades del gran Rafael Bolívar Coronado, maestro de máscaras y falseamientos, ya comentados en el capítulo anterior; incluso me pregunto si desde la pintura del período blanco de Reverón, donde no solo se diluyen las figuras del paisaje sino que se evidencia la materialidad misma del cuadro, no estaríamos presenciando un correlato de esta enfermedad ficcional dentro del lenguaje pictórico. En cualquier caso, quisiera finalizar este recorrido comentando otro ejemplo maravilloso. Se trata del «Fragmento de una carta de Caracas, escrita en el año de mil novecientos setenta y cinco», del injustamente olvidado Blas Millán. Se trata de un cuento de ciencia ficción que, si bien fue escrito fuera del país, no deja de estar inserto en las discusiones del campo literario y del contexto nacional; el texto aborda con gran lucidez la fantasía utópica y paranoica del momento que se presenta detrás de esta enfermedad. De hecho, cierra magistralmente el ciclo de estas representaciones sobre el mal literario, jugando con un género que muy pocos en Venezuela se atrevían a usar[21]. En él un amigo del personaje Don Felipe Blasco, quien se encuentra para ese entonces en París, cuenta la situación en

---

[21] Pocos años después, en 1933, Pepe Alemán publica la novela de ciencia ficción *El regreso de Eva*, donde también se inventaba una enfermedad (la «pannegolitis»), si bien no de carácter literario. En el mundo del futuro en el que despierta el protagonista las mujeres tienen un rol protagónico, al igual que en el cuento de Millán, y si bien lo literario no es tan prominente, no deja de ocupar un rol relevante como mal peligroso. Por eso en este mundo del futuro se ha extinguido deliberadamente la literatura morbosa y se testean los

una Venezuela del futuro donde los literatos son perseguidos por el Gobierno, producto de la enfermedad de la «literomanía». En un país donde las mujeres ocupan los puestos de trabajo más importantes, donde lectores y creadores abundan (leyendo en actos públicos y publicando libros como nunca), el Estado desarrolla una especial biopolítica de control poblacional contra las ficciones para atacar «las degenerativas consecuencias de la literatura» (1999: 33). El mal se adquiere a veces de manera simple: «un poeta o prosista que lee sus engendros al mocito incauto y le inocula el virus de la literomanía» (1924: 36). En los estudios científicos que se vienen haciendo, y aquí es claro el uso paródico del lenguaje clínico y criminalístico, se ve cómo el cerebro de un literómano solo poseía «dos compartimentos enormes: uno atestado, anegado el otro con una mezcla de Bilis y Alcohol» (1924: 37). Al final, los infecciosos son perseguidos como nunca por el Estado —un Estado desarrollado al más puro estilo positivista—, incluso por sociedades secretas como escuadrones de la muerte que persiguen a los creadores en momentos inesperados. Pero el mal ya está hecho. El virus arreciaba por todas partes. Nadie está a salvo de la incestuosa pandemia.

Lamentablemente poco más se supo del autor después de este relato, desaparecido en la memoria del campo literario venezolano como si fuese él mismo un personaje de ficción, una criatura de sus relatos y libros. Pero lo cierto es que, si somos justo con su ingeniosa apuesta, habría que reconocer que el modo en que escenifica el mal del desborde ficcional no solo podría estar parodiando la mediocridad de la cultura gomecista, sino mostrando algo mucho mayor: el control disciplinario de la época sobre las

---

libros de consulta a fin de eliminar «todo cuanto no se ajuste a los modernos usos y costumbres» (1933: 57).

pulsiones utópicas que genera la imaginación literaria, que solo pareciera validarse en el culto al Libertador.

¿Qué querrán decirnos estas dramatizaciones del mal infeccioso, más allá de parodiar el orden discursivo que se quería imponer? Sospecho que lo que dice tiene que ver con nuestra máquina nacional soberana, que está por encima del deseo positivista de regulación discursiva y evidencia con ello una incongruencia en su proyecto epistemológico y disciplinario, en su visión biopolítica de la sociedad. Laureano Vallenilla Lanz, crítico como sabemos de la historia romántica y resistente a su lenguaje entusiasta, no deja de ser presa de sus encantos cuando en su obituario a Eduardo Blanco, personaje quien por cierto ayudó a Tito Salas en su formación y fue una figura entronizada en las celebraciones del Centenario, tilda su texto de «evangelio de la Patria» y «obra de Redención» (Plaza 1985: 177). Confiesa además que Blanco dejó en él una huella tan prominente «que no han bastado borrarla por completo», y que lo llevó a estudiar «las fuentes de nuestra nacionalidad»; la razón de esa fascinación, según declara el texto, es que junto a la emoción que produce el descubrimiento de la verdad histórica «hay otra emoción profunda, la que habla a nuestra fantasía» (Plaza 1985: 177). También, en un famoso discurso pronunciado en la Academia Nacional de la Historia con motivo de la conmemoración de la Batalla de Boyacá, ve al Libertador como alguien que va a «presidir ahora la integración de todos los elementos que la caída del imperio español en América habría disgregado», y ahí introduce la recurrente tropología heroica de nuestro archivo mítico: «Como César, como Alejandro, como Napoleón, él va a concentrar también peso a la sombra de las banderas de la independencia» (1919: 155).

Por otro lado, Gonzalo Picón Febres, quien terminó siendo crítico del gomecismo, en un acto público que apareciera en *Cultura Venezolana* bajó el título «La patria» tildaba a Bolívar de «poeta y caudillo»; contaminado también del despliegue metafórico, incluía en su discurso no solo figuras grecorromanas, sino también autores y personajes literarios: «La patria, señores, es Homero, que crea y se hace amado de los hombres, con solemne sinfonía de sus hexámetros de oro, el espíritu de independencia en las ciudades helénicas, al consagrar el culto de los héroes que figuran en su inmortal poema» (1919: 14). Pedro Manuel Arcaya, en su *Estudio sobre personajes y hechos de la historia venezolana* (1911), habla en términos parecidos sobre El Libertador y advierte la impronta inconsciente de figuras literarias que marcarán su conducta enfermiza y genial, como «el Don Juan derrochador y espléndido de los primeros años de su juventud» o el Cid Campeador en su etapa de guerrero (1911: 28).

Hay muchos otros ejemplos entre los críticos del virus. La propagación, como sucede en estas pandemias, es radical, pues no distingue entre actores y bandos. Si tuviéramos que analizar cómo ataca a este grupo de intelectuales, la veríamos desplegarse en dos planos que están relacionados. Por un lado, en las incongruencias de nuestros intelectuales positivistas, que violan sus propias reglas y así, sin querer, terminan propagando el mismo germen que critican; por otro lado, en la excepcionalidad que guarda el ideario bolivariano, y que trabaja en una zona de indistinción: primero, Bolívar es visto como creador literario, redactor de constituciones y hombre de armas; y segundo, su personalidad es valorada vinculándola a la locura, a la embriaguez, a la alucinación, a lo deforme: si Gil Fortoul lo veía mezclando «positivismo filosófico y alucinación poética» (1930: 278), Vallenilla Lanz lo describe poetizándolo todo (1991: 96). Estas apreciaciones se corresponden a su vez con los estudios de Lisandro Alvarado, Diego Carbonell o Pedro Manuel Arcaya, que veían al héroe con trastornos psíquicos o patológicos que, sin embargo, no deslucían su ideario; por el contrario, lo realzaban más.

No hay que olvidar lo que decía Jacques Derrida sobre la soberanía, porque resulta clave para entender estos despliegues contradictorios. En su último seminario, publicado antes de morir, la considera como ese «exceso insaciable de desbordar cualquier límite determinable» (2010: 306).

☙

Lo importante es quedarnos con los gestos de fuga de estas ficciones modernas frente a los discursos de la máquina que busca delimitarlas. Si Gallegos escenifica los peligros de cierta lectura heroica para criticar la tendencia caudillesca y revolucionaria del venezolano, Teresa de la Parra los encuentra en los disparates de una chica de la nueva burguesía caraqueña —una manera de mostrar su bovarismo y su incapacidad de adaptarse a un medio todavía controlado por hombres—, mientras que Ramos Sucre los presenta en un acto casi necrófilo y anacrónico para hacerlo destino, desarmando a su vez los dispositivos de ese imaginario heroico republicano que infectó, como dije, a algunos de los personajes del mismo Gallegos, que terminan revividos de forma paródica y desgastada en los discursos de algunos pusilánimes personajes masculinos de Teresa de la Parra, como César Leal o su tío Eduardo. Bernardo Núñez presenta este mal en dos dimensiones: bajo la figura del rapto casi mítico de Leizaga como inconsciente de un pasado negado que nos asalta espectralmente a través de sus residuos coloniales en una era de explotación petrolera y modernización tecnológica, y bajo la reescritura del narrador que difumina creación e historia, mito y realidad, pasado y presente, en un texto anacrónico y diseminante. Mal que cura y enferma a la vez, que confunde a los sujetos y sus saberes, que revela pasados peligrosos y desordena la realidad de un presente convencional, desde los cuales paradójicamente podrían pensarse otras formas de construir mundos.

3.
El territorio del pueblo

La intervención caribeña
Otras geografías imaginarias

> Venezuela es la síntesis de todos los grandes rasgos geográficos del continente. Mar, montaña, llanura y selva no se combinan de igual manera en ningún otro país americano.
>
> Pedro Cunill Grau

Distribuciones del paisaje

José Ignacio Cabrujas, célebre articulista y escritor venezolano, se quejaba del carácter provisional de Venezuela. Definió al país como «un campamento» (2002: 12), apenas un sitio de paso para llegar a otros sitios más valiosos, como los Virreinatos del Sur. Vinculaba además ese rasgo con el carácter errante de los indígenas caribes, sin dejar de mencionar por supuesto a los bucaneros deseosos de aventuras extremas y riquezas fáciles. Ese lúcido reproche también puede interpretarse, más allá del discurso de la frustración republicana que pareciera seguir o alentar (desde donde pudiera evidenciarse una nostalgia por la máquina soberana), como producto de una peculiar ansiedad cultural que ha generado la complicada situación intersticial e itinerante de una región continental abierta en gran medida al espacio marítimo y dotada de grandes riquezas. Y es que una nación que se sitúa como en una especie de entre-lugar no deja de sufrir la presión de los embates de las fuerzas que se dan entre lo acuático (del Orinoco, del Caribe) y lo telúrico (de los picos andinos, las mesetas llaneras o la selva amazónica); entre lo isleño, como supuesto imaginario flexible, y lo continental, como aparente territorio seguro, firme, por no hablar de las tensiones que generan lo arenoso, vaporoso, de la superficie y lo oscuro, volcánico, del subsuelo en la era petrolera. Salvador Garmendia, a decir de Sergio Chejfec, señalaba que la misma Caracas, su capital, era consecuencia de una curiosa mezcla entre el frío atemperado de los Andes y el calor vibrante caribeño; una relación que muchas veces suprimía uno de sus componentes por la presencia del Ávila, erguido como fortaleza apaciguadora o muro protector, que pareciera prohibir las embestidas del mar (Chejfec 2011: 206). De ahí que la pintura de las primeras décadas del siglo XX sostuviera una curiosa dialéctica en la que los artistas del círculo de Bellas Artes situaban sus cuadros evitando «el riesgo solar de la costa», mientras el siempre osado y extravagante Reverón se exponía a su encuentro al «borde del mar» (Cabrujas 1998: 154) desde una «experiencia absoluta de la luz» que «engendra la desaparición de lo visible» (1998: 169).

Es verdad que el venezolano tiene una relación íntima con lo caribeño en su vida cotidiana, aunque cueste verlo tematizado con la regularidad que desearíamos en los discursos nacionales, en su *arkhé* identitario, sobre todo en algunos períodos históricos. Con todo podemos encontrar que existe una región en sus representaciones que pareciera albergar cierta incomodidad, cierta violencia contenida o latente, relacionada con estas tensiones que vengo comentando en la que se arrastran, de forma inconsciente, traumas históricos difíciles de develar de buenas a primeras. Pienso no solo en ese período blanco de Reverón, sino en la fuerza lumínica y estéril del hermoso documental *Araya* (1959) de Margot Benacerraf, en el desgaste y abandono de los personajes del cuento «La mano junto al muro» (1951) de Guillermo Meneses, o en el dolor de un Bolívar solitario, exánime, frente a un mar inclemente en una de las escenas de la película *Bolívar, sinfonía tropical* (1980), de Diego Rísquez. En todos ellos vemos, independientemente de sus tiempos y lugares de enunciación, un residuo inhabitable que se resiste a la simple adscripción paisajística, a la armoniosa apropiación territorial. Se trataría de un gesto de retraimiento o incomodidad que rehúye la geometría de la percepción totalizadora de la geografía nacional.

Quisiera concentrarme en explorar ahora otro terreno desde el cual la máquina soberana abre y cierra sus pasos —sus dominios no se limitan a deslindar lo ficcional de lo referencial, por no hablar de sus posesiones sobre el pasado y la figura autoral—: también se expande sobre las representaciones territoriales, sobre los imaginarios telúricos, y por eso quisiera entrever ese lugar ambivalente, corrosivo, que ocupa esta construcción ficcional en Venezuela, especialmente en su literatura y otros artefactos culturales del momento. En este período nuestro archivo discursivo generó un peculiar reparto de las simbolizaciones geográficas, una reorganización de los lenguajes de lo natural, por decirlo de alguna manera, con el fin de consolidar el discurso nacional moderno que conocemos. Fue vital durante la hegemonía de los andinos estabilizar una noción de paisaje que aplacara los alzamientos y naturalizara al gendarme necesario como «pacificador» y agente de modernización. Para ver algunos de sus puntos de fuga, propongo (re)pensar el sitio del Caribe en algunas ficciones literarias y artísticas a partir de su rol como escenario, a partir de la función que cumple en ellas y lo que eso nos muestra y demuestra como imaginario territorial. A mi juicio, solo rastreando los elementos más destacados de su materialidad sensual (el mar, las islas, el sol, sin obviar las mediaciones de los discursos de la geografía), es que se podrá entender mejor las condiciones de sus lugares de enunciación o aparición y las políticas de representación dentro de las simbolizaciones estatales.

Recordemos lo que una vez José Lezama Lima en *La expresión americana* definió como «naturaleza amigada con el hombre» (1993: 167) a propósito del paisaje, que entraña una relación con la cultura y la imagen pero también un proceso de experiencia e individuación. Dicho de otro modo, quiero asumir el uso de lo caribeño como acontecimiento o intervención de un tipo de ambiente material y metafórico sobre las texturas de la nación venezolana, que se aparece menos como una construcción fija desde algunos dispositivos de identificación retórica o cultural (lo abierto, lo isleño, lo rítmico) que como un *sensorium* atravesado por ciertas vivencias del espacio físico, como propone Juan Carlos Quintero Herencia en *La hoja de mar* (2019) al hablar de un efecto archipelágico dado en la «disposición de un imaginario desde el acontecer material» de las realidades antillanas, como una «relación impostergable de algunas imágenes entre sus tierras y ante sus aguas» (2019: 116)[22].

Lo interesante en nuestro caso es aceptar que dicha experiencia no necesariamente tiene que ser armoniosa, orgánica o vitalista, sino todo lo contrario: puede albergar más bien inesperados desarreglos, dispersiones, cambios difíciles de aceptar para nuestra máquina estatal[23]. De ahí que esta intervención literaria del ambiente caribeño dentro de una Venezuela atravesada por otras geografías, y en un momento histórico que va a cambiar sus usos y modulaciones, puede aparecer como un *shock,* en el

---

[22] Las polémicas para repensar lo caribeño hispánico no dejan de ser relevantes, considerando cómo se ha impuesto la dicotomía isla contra continente, privilegiando por supuesto al primero, como ya lo han hecho ver varios críticos.

[23] Aunque me concentro solo en el Caribe, parto de algunos presupuestos de Jens Andermann cuando habla de la «naturaleza insurgente» (2006: 176) como esa instancia de lo natural que se rebela contra la domesticación cultural del paisaje.

sentido benjaminiano, donde se desordenan las distribuciones y subjetivizaciones del paisaje mismo, de lo que se viene construyendo como tal[24]. Por eso la materialidad sensual se abre a otras materialidades desde el «trance», siguiendo lo que Jens Andermann (2018) define como modos en los que las coordenadas espacio-temporales modernas se suspenden, generando diversos agenciamientos entre materias humanas y no humanas —algo que ha venido trabajando en la literatura venezolana Gianfranco Selgas como «ensamblaje regionalista» (2022). Pero antes de llegar ahí cabe un primer ejercicio: dar muestras del marco mismo frente al cual irrumpen estos efectos en el tránsito entre el siglo XIX y el XX, con la nueva modulación que se hace del motor soberano.

Las figuras del territorio

El Caribe como espacio geográfico, si bien no tan abundante como se podría esperar en un país eminentemente costero como Venezuela, se disemina en varias narrativas venezolanas de las primeras décadas del siglo XX. Lo vemos como telón de fondo en algunos cuentos y novelas de Rómulo Gallegos, Arturo Uslar Pietri o Enrique Bernardo Núñez, y como sustancia poetizable en varios trabajos de Ismael Urdaneta o José Tadeo Arreaza Calatrava. Para entender la peculiaridad de su aparición se hace necesario revisar la función que tuvo antes dentro de los discursos de la tierra, sin obviar su cambios posteriores. Quizás a este respecto sea 1841 el momento más representativo para la configuración del territorio nacional, cuando se publican —paradójicamente, en

---

[24] Parto de la noción que Walter Benjamin desarrolla en su *Libro de los Pasajes* al hablar de la obra de Baudelaire y de la ciudad moderna, pero también de la crisis de la noción de experiencia de su texto «Experiencia y pobreza». En este caso, lo estaría aplicando ya no a la urbe misma, sino a la visión de la geografía nacional.

París— algunas obras fundacionales como *Resumen de la geografía de Venezuela* y el *Atlas físico y político de la República de Venezuela*, de Agustín Codazzi, y por supuesto *Resumen de la Historia de Venezuela*, de los historiadores Rafael María Baralt y Ramón Díaz. El científico y geógrafo va a repartir en tres el territorio, siguiendo lo que ya había propuesto Humboldt en su libro *Cosmos* (1845): zonas de las tierras cultivadas, zonas de los pastos en la que sobresalen los llanos, y zonas de los bosques y selvas. A su vez, estas partes se correspondían, según ellos, a tres estados de la sociedad, es decir, a tres tipologías evolucionistas[25]: «la vida del salvaje que vive en las selvas del Orinoco, la del pastor que habita las sabanas y la de los pueblos agricultores que residen los valles altos y al pie de las montañas de la costa» (Codazzi 1960: 52).

Por otro lado, no hay que desdeñar su fascinación épica por los llanos, donde el llanero tendrá un rango histórico relevante al liderar las luchas de emancipación. También, y a diferencia de su maestro alemán, no prestará tanta atención a la esterilidad y los problemas de las regiones salvajes, sino que por el contrario resaltará la tierra como espacio posible a ser explotado, cultivado y por supuesto deforestado[26]. En su distribución del territorio nacional lo que conocemos como caribeño, costeño o antillano no tendrá

---

[25] Sobre el imaginario de esta repartición geográfica sobre el discurso nacional, véase Rojas López 2007a y 2007b y Appelbaum 2016. Como apunta Appelbaum, «Some geographers divided national spaces according to physical, economic, and racial criteria» (2016: 213).

[26] Sobre la diferencia con Humboldt, sigo la observación que desarrolla Rafael Castillo Zapata (2000: 286). Por otro lado, al describir la zona montañosa y selvática, Codazzi destaca el estado salvaje y violento de la naturaleza y los deseos utópicos del imaginario conquistador, centrado en civilizaciones remotas y riquezas. Como con las otras regiones, su ánimo nacional se proyecta al futuro posible que ofrece el territorio, aflorando con mayor intensidad su imaginario deforestador: «Cuando las inmigraciones y las generaciones futuras empiecen a rozar las grandes selvas y el interés mercantil llame cada

tanto relieve, salvo el de estar inserto dentro de las otras zonas anteriormente mencionadas, sobre todo las llamadas «cultivadas»; es decir, se diluirá dentro de regiones más continentales o montañosas, sin desatender el borramiento que ello implica sobre algunos de sus pobladores más característicos, como el sujeto negro o mulato que arribará al país precisamente desde las costas. Al mismo tiempo, cobrará especial relieve el predominio del imaginario agrícola: si bien deforestador en muchos aspectos, sostendrá un modelo de matriz republicana clásica, siguiendo a Andrés Bello y a Fermín Toro, quien en su novela *Los Mártires* (1842), ambientada en Inglaterra, hacía una crítica feroz de la industrialización moderna. Por último, establecerá una curiosa relación entre historia y geografía donde se considerará al paisaje desde una dimensión proléptica e historicista, en tanto futuro de prosperidad económica de la comunidad imaginaria nacional.

Rafael María Baralt y Ramón Díaz, en sintonía con el estudio de Codazzi, publican *Resumen de la historia de Venezuela*, de hecho la primera historiografía oficial de la nación. En uno de sus capítulos establecerán una distinción de los grupos humanos que habitan el territorio nacional, siguiendo las zonas de Humboldt y Codazzi. Así, quienes habitan el bosque y el litoral mostrarán desapego e indiferencia a la cosa pública, producto de «la indolencia, falta de energía y bondad de corazón (2005: 195), y quienes se encuentran en los llanos serán más bien astutos, buenos músicos, con los defectos y virtudes propios de su estado natural. Si bien ambos autores concuerdan con Humboldt en ver algunos problemas de infertilidad en estas regiones, no dejarán de valorar sus posibilidades de explotación agrícola, gracias a la cercanía a los ríos. Hasta cierto punto seguirán una visión ambi-

---

día nuevos colonos, entonces será cuando cambiarán de aspecto estas solitarias regiones (1960: 79).

valente con respecto al anarquismo llanero, tan frecuente desde los tiempos de los cronistas, pero no dejarán de ver este lugar con cierta fascinación, lo que acentuará aún más la diferencia frente al imaginario regional de los trabajos posteriores de Codazzi en Colombia.

En cualquier caso, ninguno de estos estudios pioneros del territorio nacional puede verse fuera de las formas de producción económica entonces dominantes, esto es, la explotación del café y el cacao, precisamente en algunas de las zonas que describe Codazzi. De hecho, en los textos literarios más importantes de la época será común el valor que se le da al campo, a los llanos y a las regiones montañosas[27]. Pienso en *Peonía* (1890), de Manuel Vicente Romero García, donde el viaje del protagonista hacia el valle donde vive su tío Nicolás es un viaje hacia lo auténticamente nacional. También en *Zárate* (1882) de Eduardo Blanco los acontecimientos se desarrollarán en los valles de Aragua, cercanos a los llanos y a las zonas montañosas, por no hablar de su *Venezuela Heroica* (1883), donde, si bien hablará de las batallas de Cumaná y Margarita, lo que prevalecerá serán las regiones de la llanura de Carabobo, precisamente por su valor épico. Lo mismo puede decirse sobre la pintura oficial de Antonio Herrera Toro, Martín Tovar y Tovar, Cristóbal Rojas o Arturo Michelena, por más que ensayaran representar en otros trabajos algunos sitios caribeños.

Cito esos casos específicos para mostrar cómo la comunidad imaginada que se desprendía de la literatura y las artes de la época parecía entonces comulgar con esta visión republicana del territorio, con ese reparto donde las zonas montañosas y las llanuras

---

[27] Las regiones de la costa caribeña aparecen por supuesto en muchas obras de la época, pero el punto a considerar es que en las obras canónicas, reificadas por el campo literario y cultural, se van a privilegiar las zonas del interior, siguiendo este discurso histórico y geográfico.

cobraban espesor épico y/o agrícola mientras que las zonas selváticas resaltaban solo por su salvajismo y su potencial industrial de explotación. Si esto lo relacionamos con dos tradiciones de representación del paisaje por parte de la máquina soberana —el modelo estático, continental y agricultor de carácter virgiliano de Andrés Bello, y el modelo sublime de Humboldt—, encontramos cómo se privilegia sobre todo a la tierra. El Caribe, desde este economía de la representación territorial, quedaba entonces algo relegado al no encajar claramente en dicha aritmética.

Para el siglo XX podemos empezar a hablar de una nueva redistribución de las condiciones materiales del paisaje nacional, mediadas por algunos ordenamientos de los lenguajes de la geografía, que no ocurrieron de forma sincrónica y que obedecían más bien a lógicas diferentes de las económicas. Es verdad que el *arkhé* de la representación nacional soberana estaba para ese período encarnado en Juan Vicente Gómez, quien seguía el modelo republicano y se veía a sí mismo como labrador e «hijo de la montaña», diseminando el culto al árbol de las tres raíces[28] —una línea que no solo seguía a Andrés Bello, el primero en hablar del famoso árbol como alegoría de lo americano, sino también al Simón Bolívar de la *Carta de Jamaica* (1815)[29]. Sin embargo, esta

---

[28] Culto que entendía como parte del símbolo que amparó a los libertadores, testigo de los «hijos del mañana que se forman por destino de la Providencia para las luchas de la civilización (2007: 55-57).

[29] En Bolívar había ya un imaginario de eso que hoy podemos definir como extractivista, y por eso en un pasaje recomendaba considerar «las entrañas de la tierra para excavar el oro» (1976: 12). Bello ya en el poema «El Anauco» privilegia una mirada sublime de la ribera; además, en los célebres «Alocución a la poesía» y «Silva a la agricultura de la zona tórrida» el suelo coexiste con la historia de las hazañas de los héroes, la visión identitaria del nuevo continente y la explotación agrícola. Mary Louise Pratt destaca cómo la fantasía de Bello «es agraria y no capitalista, y notablemente ni industrial,

tendencia se irá acoplando a los nuevos lenguajes positivistas, que podríamos subdividir brevemente en dos líneas.

La primera es conocida. Se trataría de una tendencia más especializada, cientificista, que aprecia la naturaleza como objeto de medición, de cálculo, y que viene apareciendo ya desde el siglo XIX, incluso hasta en el mismo Codazzi. La segunda, que resulta más decisiva en el siglo XX, se abre a posibilidades más heterogéneas y adquiere valor cultural desde un nuevo determinismo evolucionista, geográfico y racial en las apreciaciones etnográficas de Lisandro Alvarado, José Gil Fortoul, Laureano Vallenilla Lanz o Pedro Manuel Arcaya, algunos de los cuales fueron, como se sabe, intelectuales orgánicos del régimen. De hecho, en un texto de finales del siglo XIX de Gil Fortoul, *El hombre y la historia* (1896), se habla de leyes naturales que son independientes de la «voluntad humana» y que evolucionan de manera inconsciente. Si el progreso es producto de la evolución consciente de las sociedades civilizadas, sostiene, en otras sociedades como la venezolana esta evolución se da por «las influencias de la raza y del medio físico» (1925: 61). Arcaya, por su parte, en *Estudios sobre personajes y hechos de la historia venezolana* hablaba ya del llanero como el sujeto que reunía «la psiquis» del país (1911: 52), cuyo «heroísmo semibárbaro» era de hecho «fruto natural» de las regiones que habitaba (1911: 128). Vallenilla Lanz afirma algo parecido en *Disgregación e integración*, y lo hace de manera contundente: «Nada prueba de manera más cabal la influencia poderosa del medio físico en los pueblos semibárbaros, como esta igualdad de caracteres psicológicos y de organización social entre los habitantes de los llanos de Venezuela» (1991: 314).

---

ni urbana ni mercantil» (2010: 325). También analiza cómo la naturaleza en Bello está atravesada por la historia.

De modo que la naturaleza (el medio) deja de verse como simple presencia contemplativa, o alegórica de lo patrio, y penetra ahora en las formas culturales de la sociedad; lo hace además de forma inconsciente, adquiriendo hasta una dimensión psíquica, biológica. No solo se diluyen las fronteras entre el sujeto y el objeto (desde un interior de la persona que contempla o mide el paisaje, el territorio, y un exterior que encarna el espacio natural), sino que se cruzan pasado y presente en esta idea de herencia, siguiendo por lo visto un modelo teleológico muy propio de los positivistas, donde de hecho el ideario bolivariano va a servir para reconducir mejor estos legados, haciendo de sus defectos, virtudes, y de sus taras, progreso. Si bien tienen en común con Codazzi, Baralt y Díaz el privilegio a las zonas llaneras como sinécdoque de la nación, introducen esta dimensión evolucionista y psicológica del territorio.

La literatura jugará con este elemento, con esta posibilidad, que se convertirá en una metáfora recurrente en varias situaciones de relatos e imágenes, pero distanciándose de su *telos* evolucionista, de su cura republicana. Mariano Picón Salas en «Misterio americano» de 1935 verá por ejemplo a América como continente secreto, y reflexionará sobre cómo el subconsciente de sus pobladores acumula las «convulsiones de la raza que no se han fundido bien» (1983: 203). Rómulo Gallegos, por su parte, hablará del «enigma de la selva milenaria» en el que se alzan «cementerios de pueblos desaparecidos», donde aparecen «simbólicas inscripciones de ignotas razas en el alma de una civilización frustrada» (1986: 208). Algo similar puede encontrarse en algunos pasajes de novelas menores, como *Lilia* (1909) de Ramón Ayala, *Elvia* (1912) de Daniel Rojas o *Tierra de sol Amada* (1918) de Pocaterra, donde estos lenguajes de lo natural terminarán por retratar la nueva realidad geográfica del subsuelo industrial, de la explotación minera y de su reorganización en el imaginario nacional. Así, en esta red de relaciones diversas de los lenguajes del territorio donde se jerarquizan unos factores sobre otros en función del *arkhé* nacional, podemos apreciar cómo el paisaje caribeño va a entrar en escena bajo un espesor más problemático y distintivo en algunas obras modernas.

El secreto caribeño

Tanto la transformación que produjo la economía petrolera como el desarrollo medial sobre las dinámicas regionales de las primeras décadas del siglo XX serán cruciales para un nuevo rol del paisaje caribeño. En el caso de los enclaves y las grandes ciudades, es bueno precisar que van a recibir una gran cantidad de migrantes provenientes del Caribe: en lo externo, los trinitarios (además de los chinos), y en lo interno, los trabajadores de Margarita, con las implicaciones raciales que todo ello traía para el imaginario mestizo y blanco criollo. Otro factor es el desarrollo de las carreteras y la telegrafía con el régimen de Gómez, por no hablar de la aviación o el transporte marítimo moderno, que permiten otras formas de circulación e interacción territorial, rompiendo las anteriores dinámicas y cartografías, supeditadas al caballo, el barco de vela y el carruaje[30]. De hecho, a finales del siglo XIX se realiza la instalación de dos redes de cables submarinos para la transmisión telegráfica, que tienen como centro las Antillas y la costa venezolana: la primera, en 1888, parte de Nueva York y cruza Haití, Santo Domingo, las Antillas, para terminar en la Guaira; la segunda, en 1897, parte de Curazao para luego llegar a la Vela de Coro. Por último, no habría que pasar por alto la incorporación de ciertos dispositivos tecnológicos que abren

---

[30] Sobre las transformaciones materiales en la geografía y la cultura producto del petróleo, véase Tinker Salas 2009.

nuevas posibilidades para la representación territorial, como la fotografía —primero en *El Cojo ilustrado* y luego en su modalidad periodística en *El nuevo Diario*—, sin olvidar los álbumes y grabados, el papel moneda, los sellos postales comerciales y hasta las cajas de cigarrillos, entre otros objetos de consumo doméstico con imágenes de distintas regiones del país; a ello habría que sumar el cine y la radio, aun cuando su desarrollo fue más bien precario en las primeras décadas del siglo[31].

Todo ello contribuye a que el Caribe como paisaje empiece a aparecer con más regularidad en ficciones literarias y otros artefactos culturales como pinturas y fotografías[32]. Si bien es verdad que las obras más reconocidas de la época, como el ciclo novelesco de Gallegos —*La Trepadora, Doña Bárbara, Cantaclaro* o *Canaima*—, la poesía de Andrés Eloy Blanco o las narraciones de Teresa de la Parra privilegiaron más los escenarios del campo o la ciudad, muchos textos se ocupan del paisaje marítimo o las texturas de la playa y el sol bajo diversas modalidades. A grandes rasgos, podríamos decir que se debaten entre dos escenificaciones del paisaje caribeño, dos maneras de integrarse a él[33]. En una se trata

---

[31] El reparto territorial de las imágenes de la geografía nacional se inserta dentro de los sistemas de inscripción y las redes discursivas que para el siglo XIX todavía siguen el monopolio de la escritura alfabética, el sistema postal de cartas y notas hechas a pluma, el circuito de periódicos y libros producidos por la imprenta y las formas de circulación relacionadas con los carruajes, los barcos de vela y los caballos; se trata todavía de formas de tránsito lineal, afines a una percepción del tiempo y el espacio más fija, más desacelerada y menos discontinua.

[32] Desde luego esto va a colisionar un poco con el imaginario nacional, que sigue descansando en los discursos geográficos republicanos de inicios del siglo XIX. Si bien textos como *The first big oil haunt: Venezuela, 1911-1916*, recopilado por Ralph Arnold, dan cuenta de una mirada distinta, esto no va a suceder con las narrativas estatales.

[33] Quiero agradecer las sugerencias bibliográficas y los comentarios del

de una mirada ocasional, casi turística, evidenciando el hábito que tenían las élites caraqueñas, y luego las clases medias venezolanas, de ir a Macuto como balneario, como hace la adúltera María de la novela de Blanco Fombona *El hombre de hierro* (1910), o Victoria en *La Trepadora* (1925) de Gallegos, donde termina por cierto enamorándose de Nicolás del Casal. En ocasiones el lugar aparece como mero tránsito para salir o entrar del país, hacia Europa o Estados Unidos; así, por ejemplo, la llegada en barco de María Eugenia Alonso, proveniente de Francia, en *Ifigenia* (1924) de Teresa de la Parra.

La otra tendencia en la representación del paisaje caribeño ofrece un panorama distinto. En ella, y bajo una mirada sórdida, compleja, asistimos a procesos de despojamiento y hasta de violencia de sujetos marginados, olvidados; la historia entra en suspenso y la materialidad misma de los objetos de la realidad cobra mayor presencia o espesor. Me refiero a cuentos de Gallegos como «El milagro del año» (1913), «Marina» (1919) o «La fruta del cercado Ajeno» (1919), donde lo caribeño aparece asociado a cuerpos precarizados, olvidados, negados. El primer relato cuenta cómo un pueblo de la costa se estremece por la muerte de un grupo de pescadores; con el tiempo, el párroco, hermano de uno de los sobrevivientes, se entera que todos habían sido asesinados por su pariente, movido por la codicia, y al final el pueblo se rebela y toma venganza. La segunda historia no es menos cruenta: cuenta la situación de una madre («alma primitiva y ruda como el paisaje») que se encuentra frente a su hombre muerto, desahuciada, desolada, sin esperanza (1987: 18). El relato no sale de la playa, destacando el vacío y la soledad como una película neorrealista italiana. El tercer relato refiere el deseo de un joven caraqueño, algo inocente y puritano, de tener una relación con una mujer

---

profesor y crítico Carlos Sandoval.

casada de la Costa; su deseo termina por consumarse a despecho de la sobrina, que se entera de la relación extraconyugal. La historia esta vez no termina en un hecho fatídico, aunque sí desgraciado para la familia.

Las tres narraciones tienen como escenario de fondo el espacio marítimo que de alguna manera deviene lugar de perdición y extravío: por la ambición de riqueza en el primer relato, por la carestía en el segundo y por el deseo carnal en el tercero. El estilo de los relatos recoge excesos descriptivos sobre el pasaje, que dan cuenta de una política estética desbordada en lo sensorial; a su vez, ello se contrapone en algunas ocasiones con el moralismo de corte cristiano que aparece de forma algo marcada en Gallegos: el pecado del robo o de la promiscuidad tienen su castigo final. Lo llamativo es que esos excesos —de la escritura, de la trama— marcan una relación vivencial con lo natural donde las diferencias entre lo humano y lo no humano se suspenden o cuestionan, y donde se establece un conjunto de relaciones e interacciones en las que se (con)funden lo animal, lo vegetal y lo espiritual.

Otras narrativas ocasionales tocan el paisaje caribeño de forma parecida durante el período. Desde el océano bravío que termina convirtiendo «en santelmo» el mastelero del barco Plafón, que tanto quería el protagonista del cuento «Santelmo» (1931), de José Salazar Domínguez, pasando por la «nostalgia del mar, de la costa nativa» que sufre el mendigo carretero Benito en el cuento «Música bárbara» (1904), del modernista Díaz Rodríguez; sin obviar por supuesto algunos magistrales relatos de Arturo Uslar Pietri como «S.S. San Juan de Dios» (1928), donde el capitán del vapor San Juan de Dios confiesa su relación delirante con el mar, o «La caja» (1928), donde Cumaná, el personaje principal, quiere sacar provecho para sí del robo cometido por otro tripulante. En «Agua Sorda», uno de los cuentos de *Canícula* (1930), de Carlos Eduardo Frías, bajo el escenario del litoral un niño sufre una transformación al aceptar el abandono de su padre y la necesidad desesperada de buscar comida (2006: 18).

En toda esta narrativa encontramos la presencia marítima arreciando por su indomabilidad en un ambiente geográfico caribeño que trabaja sobre el destino de los personajes, despojándolos de toda identidad o tradición, desnudándolos hasta la más extrema precariedad. El *corpus* es buena muestra de cómo se modela y encarna la intervención caribeña dentro de la literatura de comienzos del siglo XX, oscilando perfectamente entre la liviandad y la sordidez, entre el paraíso contemplativo del ocio y la fuerza primitiva de la desgracia y el abandono. En las dos tendencias que hemos descrito, la historia misma pareciera estar en suspenso, cohibida, replegada o negada; ello da pie para un encuentro más sensorial, corporal, con los objetos del entorno, donde se suspende la distinción entre lo humano y lo no humano y se abren relaciones con lo viviente: el hombre se mira ya no como ser racional, sino como especie. El discurso geográfico dominante en el país lo explicaría en parte, pero conviene atender otros matices vinculados a las realidades que emergen en estas primeras décadas del siglo.

Para entender mejor esta modalidad de intervención caribeña detengámonos entonces en algunas escenas de dos textos de la época que ponen en evidencia de forma radical los cambios generados por la Venezuela petrolera: el poema «Canto al ingeniero de Minas» (1924), de José Tadeo Arreaza Calatrava, donde con acento optimista que no deja de mostrar cierta ironía se celebran las nuevas condiciones materiales de explotación minera; y la novela *Cubagua*, publicada en 1931, de Bernardo Núñez, donde desde una mirada pesimista, crítica, se refiere el viaje temporal de Leizaga a una isla olvidada cercana a Margarita, famosa por sus perlas. El primero se sirve del Caribe de forma soterrada, evasiva, mientras que el segundo lo transita abiertamente desde distintos lugares. A pesar de las diferencias de género ambos textos, escritos en la misma región insular y en períodos muy cercanos, parecieran valerse del territorio caribeño para escenificar los cambios traumáticos que viene sufriendo el imaginario del territorio nacional.

El malestar geográfico

No puede perderse de vista, para abordar esos textos, la cuestión del malestar de la tradición republicana, que podría evidenciar una aspiración por la fijeza y monumentalización del territorio patrio en las zonas del interior, y cierta nostalgia por el trabajo de la agricultura que tanto modeló la economía de la colonia y el discurso soberanista. La imagen de un Juan Vicente Gómez vinculado al paisaje agrícola se corresponde a su traslado a Maracay, lugar que unía los valles del norte con los llanos, y no hay que olvidar que fue el precursor de los primeros parques nacionales con el Bosque Nacional de Macarao y que llegó a tener incluso su propio zoológico, por no hablar de su proyecto Ciudad Jardín.

¿No podría haber detrás de la famosa frase de Arturo Uslar Pietri de «sembrar el petróleo» en ese viejo editorial del periódico *Ahora* (1936) un atavismo inconsciente que busca volver a esos modelos geográficos? De igual modo, cabe preguntarse si la noción de «campamento» en Cabrujas o la de «país portátil» en Adriano González León no aspiran secretamente a un arraigo que vaya más allá de lo cultural o lo político, en busca de una reconexión con la tierra firme al menos como metáfora[34].

---

[34] Por un lado, la frase de Uslar Pietri ha sido usada muchas veces por la política para criticar la democracia del Pacto de Puntofijo, y donde más se usó fue durante la revolución bolivariana para terminar imponiendo, paradójicamente, un modelo petrolero profundamente clientelar. Por otro lado, sobre la novela *País Portátil* (1967) de Adriano González León es bueno destacar el desprecio que siente el protagonista por el paisaje moderno petrolero,

La experiencia violenta de la conquista, que en la independencia tuvo como correlato el arribo de ideas ilustradas «peligrosas» y en la era moderna la llegada de empresarios onerosos, tuvo como escenario las costas venezolanas, lo que bien pudo contribuir a la percepción de que los sujetos ávidos de corromper el gentilicio nacional provenían siempre de afuera. De ser así, que no lo dudo, es inevitable cuestionarse cierta dimensión del Caribe como espacio armonioso, hermoso o incluso turístico.

«Canto al ingeniero de Minas» de José Tadeo Arreaza Calatrava es un buen ejemplo de ello. Este texto singular supone una ruptura con trabajos suyos anteriores como «Canto a Venezuela», de corte épico, o «Cantos de la carne y del reino interior» (1911), de impronta más bien modernista y con giros románticos. Un elemento que pudiera explicar ese cambio tiene que ver con la historia de su producción, luego de la estadía del escritor en la isla de Margarita en 1923, donde trabajó como abogado y labriego. Dos vivencias particulares pueden haber sido ser en extremo significativas aquí. Una de ellas fue su amistad con el ingeniero Schumacher, a quien dedica precisamente el poema, y la otra el litigio donde participó como abogado sobre derechos de minería, que según el crítico Joaquín Marta Sosa le hizo tomar una conciencia moderna de «la potencia de las nuevas realidades de la exploración del mineral» (2013: 102). Frente a las novelas del petróleo que empiezan a aparecer entonces «Canto al ingeniero de Minas» reluce por cierta visión optimista, que no rehúye cierto tono irónico y hasta paródico. También se vincula con otros trabajos que han tratado de incluir, no sin cierta dificultad, dicha sustancia como materia poetizable, como «Poemas de la musa libre» (1928) de Ismael Urdaneta. Ahora bien, más allá de esto,

---

en contraposición a los recuerdos de familia que vienen de un interior más honesto y heroico, y a la vez violento y patriarcal.

es bueno destacar dos aspectos curiosos: por un lado, las estrategias retóricas que usa para introducir un nuevo imaginario de la tierra nacional; por otro, el empleo ambivalente de lo caribeño: a pesar de situarse en una isla, hay pocas referencias al mar, al paisaje solar o a su sustancia salobre, como si se buscara en cierta medida sustraerse del imaginario marítimo del *sensorium* Caribe, para dar muestra paradójicamente de su verdadera influencia. Veamos esto con más detalle.

La primera escena del poema —de celebración a su amigo norteamericano— atrae por las conexiones implícitas que suscita. El sujeto lírico se sitúa extrañamente frente a las montañas (espacios que veremos también en la novela de Núñez) y desde ahí entona su canto, declarándose «sembrador de la tierra» e interpelando a un lector implícito al que califica de «buen patriota» para contar sobre este «hombre del norte» (2011: 28). El lugar de enunciación, la identidad que proclama y su interpelación son más que estratégicos. Los deícticos «frente», «en medio» o «aquí» lo sitúan en esa región montañosa, llena de referencias históricas vinculadas a los textos fundacionales de la república: pienso por ejemplo en la altura en «Delirio del Chimborazo», adjudicado a Bolívar, o en las referencias de Humboldt a las montañas. Además, asumirse como agricultor, caro al discurso republicano, y llamar patriota a quien lo está leyendo, es más que un simple elogio a la tradición soberanista del siglo XIX.

Pero poco a poco el texto se va transmutando; la figura de Dios jugará en ello un rol importante, en tanto se convierte en el punto de focalización principal desde donde se revelan las criaturas de la tierra. Así, se va pasando de un imaginario agrario, con connotaciones edénicas, a un imaginario del subsuelo más crudo, realista, sin soslayar por supuesto lo adánico. De hecho, el sujeto lírico recurre a las metáforas sobre el Creador, quien «está en toda fábrica, en la interna palpitación de todo mecanismo», y lo describe como un «ingeniero de mundos» que gobierna las sustancias (2011: 27). No solo el lenguaje técnico y mecánico empieza a tener más relevancia a partir de estos pasajes, sino también la manera en que se va pensando el propio suelo. A diferencia de la fijeza y trascendencia que tiene el objeto natural dentro de ciertos imaginarios terrenales republicanos, aquí se va desolidificando, su presencia se desvanece; su esencia se desmaterializa en redes de transmisión e intercambio. Todo se va convirtiendo en energía, que transita entre componentes siempre en proceso de cambio. Algo similar sucede con otro elemento poco frecuente dentro del imaginario republicano como es la ciudad moderna, la metrópolis, que en el poema aparece bajo una apología delirante, onírica: se trata, aquí, en una jerga claramente vanguardista, de una «Cosmópolis» de «eléctricas corrientes» que transmiten «la vibración de nervios». En un pasaje donde mezcla varios lenguajes poéticos, llega a proponer una red de relaciones sintomáticas del circuito propio del sistema capitalista trasnacional. Desde la demanda de la aceleración, tan propia de la idea del progreso del momento, establece el siguiente recorrido metafórico, que sigue por cierto una peculiar transubstanciación de objetos, materias e imaginarios:

> El Oro, siendo el rayo, es Prometeo
> La Economía, brújula y palanca.
> La Bolsa, un Montecarlo, azar de vidas.
> El Interés, Pegaso, va sin bridas
> Tiende sus mil tentáculos la Banca
> Y uno en el erótico deseo
> salta el felino, así la fiera blanca
> engendra en selva de oro los millones;
> mientras, como entre trueno de trompetas
> se va operando en vastas combustiones
> la transfiguración de los metales (2011: 112)

La transfiguración de los objetos, entre ellos los que se mueven tras el petróleo, sufre así un proceso alquímico. Mientras la naturaleza se convierte en artículo manufacturado, este a su vez se transforma en moneda, cuyo valor definen la bolsa y otras instituciones del mercado moderno. Se describe así el circuito de los medios donde se mueve el capital, como la Bolsa, la Banca y la misma explotación petrolera. La referencia a la cultura de la antigüedad y sus dioses míticos, un recurso usado por el lenguaje republicano, se usa ahora para describir ya no las acciones de los héroes de la independencia, sino los procesos de esta alquimia económica, tan cercana a la transmutación que Karl Marx describiera sobre la mercancía, cuya preeminencia del valor de cambio le da una dimensión «suprasensible» (2008: 87), al punto de que, como sostiene en el *Manifiesto Comunista* (1848), todo «lo estable y estamental» termina evaporándose y «todo lo consagrado se desacraliza» (1998: 43).

Hay en el poema una doble operación de transubstanciación: la material de los objetos y la metafórica de los epítetos griegos. En este pasaje además el lenguaje articulado se rompe, se fractura en varias ocasiones gracias a una enumeración arrítmica, frenética, con efectos de encabalgamiento a partir de un uso curioso de oraciones subordinadas, y el lenguaje figural se vale de combinaciones singulares entre lo animal, lo material y lo vegetal para dar cuenta de la metamorfosis: el interés como Pegaso y los «tentáculos» que usa la Banca. De igual modo, hay una desidentificación con la sincronicidad y simultaneidad del espacio y el tiempo, que muta en el texto, lo que impide interiorizarlo sea como paisaje nacional o como inconsciente cultural, como preconizaban los positivistas. Por otro lado, bien podríamos pensar que esta metaforización replica en la esfera de la lengua —dislocada o *out of joint* en el pasaje citado— la energía contagiante y diseminante propia del fetiche, que cuestiona al mismo tiempo el dispositivo representacional y engendra un despliegue desestabilizador de la materia. Si vamos más allá, este despliegue evidenciaría a su vez la red de «híbridos» que surgen de las relaciones entre lo que podríamos llamar, siguiendo a Bruno Latour (2001) y sobre todo a Michel Serre, «cuasi-objetos y cuasi-sujetos», productos del tejido que construye la industrialización del mineral (Serre 1982: 227). La escisión entre persona y cosa, tan propia de la máquina soberana del siglo XIX, se suspende dentro de un ámbito que genera nuevas funciones y vínculos entre las materias (orgánicas, inorgánicas e industriales) y el llamado *homo sapiens*. Dicho de otro modo, los roles entre hombres y objetos, tanto naturales como mecánicos, se deshacen dentro de este sistema y solo tenemos, para seguir la jerga latouriana, actores o «actantes» (2001: 216), que se definen exclusivamente por su función y lugar dentro de la trama de conexiones[35]. Una trama que funciona también como una especie de «ensamblaje regionalista», al modo como ha venido pensando Gianfranco Selgas, donde no solo se difumina la dicotomía entre naturaleza y cultura, sino también entre materias orgánicas e inorgánicas[36]. Hay así una interacción vibrante ente varios elementos que se ensamblan de diversas maneras que no corresponden a una lógica racional.

---

[35] La noción de cuasi-objeto y cuasi-sujeto proviene del libro de Michel Serres *El Parásito* (1983). Bruno Latour la retoma para analizar las relaciones entre objetos y sujetos, que rompe con sus divisiones en distintas mezclas, traducciones y mediaciones. De ahí que prefiera hablar de actores o actantes para evitar una distinción binaria entre naturaleza y sociedad. Obviamente estoy usando el término en sentido amplio, como metáfora.

[36] Así lo define Selgas: «Por regionalismo entiendo la configuración compleja de un ensamblaje entre espacios geográficos y sus contigüidades, entre prácticas sociales y materiales que relaciona organismos vegetales, minerales y humanos, y que se construye discursivamente como una reacción político-cultural en el contexto histórico de los años 1930-1940» (2025: 26).

Sobre este teatro que construye el poema, entra más adelante en escena otro de los elementos desdeñados por toda una tradición literaria romántica y modernista venezolana. Me refiero a la figura del obrero —descrito como «mágico Orfeo» (2011: 113) o como «Hernán Cortés de los metales» (2011: 116)—, cuyo cuerpo pareciera fundirse con la misma tecnología al punto que sus ojos tienen «iris de espectroscopio». Por eso el sujeto lítico entiende que en él la «humanidad es máquina», y le pide «metal para su guerra» (2011: 116). Destaca además su carácter de viajero y explorador, cruzando varias regiones nacionales e internacionales, sin dejar de considerarlo menos como individuo que como alguien que es parte de la «muchedumbre» misma; sujeto por lo visto desterritorial, maquínico, que lleva el poder de la masa moderna, completamente distinto al campesino, al aldeano o al mismo llanero, que resulta aquí la figura nacional por excelencia. También habla de una «tala tenaz», que tiene como compañera la dinamita (2011: 114). El minero arranca el «bloque monstruoso» (2011: 115) y «perfora la materia», destrozando «llanuras y montañas» para purgar «de sangre negra sus entrañas» (2011: 116). Todo ello se justifica para una nueva humanidad muy propia de lo que hoy en día suele calificarse como Antropoceno, aunque lleve el cuño del imaginario industrial comunista (pienso en el Lenin de la electrificación o en los murales de Diego Rivera en Detroit). De ahí que el texto sostenga que mientras el pico sea «más hondo», entraña «más futuro»: el «combustible solar» es en él un dinamo puro «que alumbrará la Casa de los Hombres» (2011: 117). Hay aquí un nuevo evangelio: el del petróleo que desarregla, descompone y confunde las metáforas y objetos del territorio nacional.

Al final, en la última estrofa, volvemos al sujeto lírico, que sigue en la cumbre, por lo visto rodeado de las montañas antes descritas, pero ahora con una diferencia importante: ahora se alza «sobre sus fuertes alas no vencidas» para conducir la muchedumbre al destino de la nueva civilización. Ya no se queda en posición contemplativa, sino que levanta «desde la herida de mi santo suelo / el evangelio de este libre Canto» (2011: 118). El Caribe aquí no aparece curiosamente sino como escenario implícito, como territorio donde tiene lugar el cambio. Su presencia geográfica sirve como telón de fondo para escenificar la transformación del paisaje y la disolución de las coordenadas con las que antes se veían la literatura y la pintura.

☙

Cubagua, de Bernardo Núñez, muestra de otro modo el cambio del imaginario territorial. Como el poema de Arreaza Calatrava, resulta una excepción con respecto a trabajos suyos anteriores, de corte más histórico y realista; también en este caso fue significativa la vivencia de su autor en Margarita, donde trabajó como periodista. En la novela el ambiente caribeño se despliega de distintas formas. Como ya hemos comentado, al protagonista se le encomienda explorar la abandonada isla de Cubagua en busca de un lugar propicio para la explotación petrolera. Allí tiene un extraño encuentro con un personaje singular, Fray Dionisio, y de improviso (bajo la figura del conde Lampugnano) pasa a vivir los tiempos de la colonia, cuando se explotaba a los indígenas para la extracción de perlas. Luego vuelve a tener otro viaje temporal al entrar en sus catatumbas, repletas de los tesoros nacionales, y allí encuentra al dios mitológico Vochi, con quien bebe vino e ingiere el ñopo o un polvo inhalado. Poco después, al retornar al contexto de su realidad, es acusado de robar unas perlas y se ve obligado a huir de vuelta a tierra firme. El carácter nebuloso de la novela de Núñez, donde se cruzan varias temporalidades, impregna de una condición fantasmal a la naturaleza isleña, especialmente cuando las presencias del ayer y del hoy se confunden[37]. Así, las imágenes del Caribe se mezclan con las huellas de otros momentos y épocas, y todo adquiere un valor de memoria fosilizada, perdida. En esa discontinuidad también se presenta el «ensamblaje regionalista» que Gianfranco Selgas define, siguiendo algunas nociones de Jens Andermann (2018), como una relación que «conjuga inconscientemente espacio y tiempo del sujeto humano con los hidrocarburos, minerales y vegetales en el contexto de una historia de desplazamientos y rupturas fraguadas por el capitalismo rentístico hidro-carbonífero» (2025: 54). A diferencia del poema de Calatrava, donde la historia comienza un nuevo capítulo, aquí solo quedan de ella sus ruinas, sus desechos.

Por otro lado, en esta apuesta hay una economía de las apariciones telúricas, vegetales y marítimas muy peculiar. Si al comienzo sobresalen los lugares montañosos de la Asunción —el Guayamurí, el Paraguachí y el Matasiete que canta Arreaza Calatrava—, a medida que se va desarrollando la trama la fuerza sensorial del imaginario marítimo aparece casi como un rito de pasaje, de transición, para dar después con las formas del subsuelo en la catatumbas de Cubagua, espacio subterráneo donde están depositadas las materias extractivas: «la plata de Paria, el oro de los Omeguas, las riquezas de Guaramental, Chapachauru y Qvaruca» (2014: 118). El paisaje marítimo previo a este encuentro cobra por cierto un valor sensorial relevante; es ahí donde el protagonista contempla con deseo a Nina Cálice, y donde el narrador se fascina por el cuerpo corpulento de Cedeño. El mar mismo adquiere fuerza sensual, y por eso «se aprieta contra las islas del contorno y acerca su boca» (2014: 93). Su poder metafórico abre nuevas experiencias materiales; de hecho, en un momento es descrito como una sustancia «que acumula en la orilla su nieve

---

[37] En buena medida sigo aquí la lectura de Juan Pablo Lupi (2016).

efímera, sus flores, sus algas» (2014: 140). No deja de ser significativo que en ese escenario marítimo tenga lugar la fuga final del personaje principal, que perseguido por la justicia huye en un bote hacia el Orinoco y termina así desasistido, contrariado, abandonado a la suerte y a su nueva condición de paria y criminal. De alguna forma se revive una experiencia de despojo, como vimos en narrativas anteriores sobre el paisaje caribeño, pues el cuerpo mismo queda expuesto a la intemperie, a un nuevo destino insondable y oscuro, nebuloso.

Dentro del espacio caribeño de la isla se realiza entonces la transición de la geografía montañosa a las catatumbas de Cubagua, poniendo así de relieve el subsuelo como un protagonista importante. El autor reintroduce además el lenguaje positivista del «alma de la raza» para hablar de esta dimensión tanto cultural como terrenal, teniendo como una de sus encarnaciones a la misteriosa Nina Cálice[38]. También en ese espacio donde Leizaga

---

[38] La idea de un «alma de la raza» fue usada por los positivistas, siguiendo al francés Gustave Le Bon, que la presenta ya en *Leyes psicológicas de la evolución de los pueblos* (1894) y en *Psicología de las masas* (1895). Se trata de una construcción determinante para el sistema de creencias que domina a la masa, fuertemente atado a su tradición, esto es, a los elementos de la memoria social que muestran su especificidad: estos «representan las ideas, las necesidades y los sentimientos del pasado» (2005: 67). No es, eso sí, un conjunto de valores o prácticas concretas heredadas por los ancestros; el autor habla, más bien, de otro tipo de herencia más instintiva, interna, trascendental, un substrato inconsciente y fijo que se materializa como un «sentimiento colectivo» (2005: 81). «Cada raza es portadora en su constitución mental de las leyes de sus destinos y quizás obedezca a tales leyes a causa de un instinto ineludible, incluso en sus impulsos más aparentemente irracionales» (2005: 87), afirma. La veía como el resultado de un «ensamblaje de unidades disímiles» que comienzan «a amalgamarse en un todo», es decir, como «un conjunto que posee características y sentimientos comunes a todo lo cual la heredabilidad dará mayor y mayor firmeza» (2005: 149). Además, quien veía con cierto peligro su irracionalidad y la heterogeneidad, pensaba que podía encauzarse si lograba que

se encuentra con Vocci y con las riquezas de la tierra se devela ese trasfondo natural que acaba con la temporalidad histórica, como si con la presencia de estos elementos se quisiera sacar a la luz el sustrato geológico anterior al llamado Antropoceno, que viene a desorganizar las distribuciones representacionales del imaginario de la naturaleza concebido por el discurso nacional. Un tiempo cautivo, fosilizado, fuera del tiempo humano; un tiempo tachado por la tradición, ajeno a sus construcciones culturales de corte antropocéntrico, que solo se presenta aquí en sus desbordes e irrupciones accidentadas e inesperadas. Desde ahí vemos efectivamente surgir lo que Gianfranco Selgas ha definido de forma pertinente como un ensamble o relación desordenada y fluctuante de diferentes materias y materiales, que cuestiona precisamente la dicotomía naturaleza-cultura y que a la vez, a mi modo de ver, colisiona contra el deseo fantasmal del archivo colonial que domina sobre la mirada antropocéntrica de Leizaga[39]. Se produce entonces, siguiendo a Selgas, «una alianza agencial» donde se deshace «la distinción entre sujeto y objeto» propia de la idea moderna del mundo (2025: 64).

---

siguiese algún principio de desarrollo o superación; que para los positvistas venezolanos significó el ideario bolivariano y el gendarme necesario. «En la persecución de su ideal, la raza adquirirá sucesivamente las cualidades necesarias para darle esplendor, vigor y grandeza» (2005: 149), dice, y después aclara: «A veces, sin duda, seguirá siendo una masa, pero de allí en más, bajo las características inestables y cambiantes de las masas, se encuentra un sustrato sólido, el genio de la raza que confina dentro de límites estrechos las transformaciones de una nación y sustituye el papel del azar» (2005: 149).

[39] Si bien concuerdo con la lectura de Selgas, pienso que no hay que subsumir del todo lo que llama «fiebre extractiva» (2022: 52) con los ensambles de materias, muy propios de la idea de trance de la que habla Andermann. De lo primero hay residuos evidentes en esas alucinacions del archivo antropocéntrico de carácter extractivista, lo que hace que en la novela coexistan en conflicto ambos elementos o dimensiones oníricas.

En contraste con el poema de Arreaza Calatrava, en la novela la presencia del Caribe adquiere mayor plenitud, sin dejar de mostrar por eso otros lugares u otras temporalidades: esa necesidad de pensar una relación distinta con la historia y los relatos nacionales la proyecta hacia otros horizontes de sentido. Ambos textos, en cualquier caso, ponen en escena el subsuelo, el cambio mismo de las representaciones letradas de la tierra y su red de relaciones materiales y simbólicas. La zona caribeña sirve de telón de fondo para mostrar en su mismo territorio solar, sensual, marítimo, el trauma de la transformación mineral que trajo consigo una difícil reevaluación del imaginario agrícola y telúrico, todavía difícil de aceptar hoy en día en el relato nacional venezolano[40]. Por consiguiente, si entendemos el paisaje como resultado del proceso de convertir el espacio en experiencia personal y cultural, podemos observar aquí una colisión o cierta imposibilidad para ello, como si la naturaleza caribeña no pudiera subjetivarse al ser parte de una gran violencia o de una gran utopía. Ni siquiera podría heredarse inconscientemente en las prácticas sociales —en sus *habitus*, como destacaban los positivistas venezolanos— al perder su carácter organicista, metafísico y evolucionista. Esto entraña a su vez la desmaterialización del rigor arbóreo de las narrativas patrias, lo que bien pudiera conectarse con algunos de los dispositivos retóricos y culturales que han definido lo caribeño como algo flexible y cambiante: en *Cubagua* desde un punto de vista fantasmal, en el poema de Arreaza Calatrava acentuando las dinámicas mismas de la circulación capitalista, que abre otras relaciones entre objetos, prácticas y materias. En esa medida,

---

[40] A mi juicio, las protestas de 2017 hicieron implosionar el imaginario folklórico del archivo bolivariano que había labrado el chavismo-madurismo, reincorporando algunos imaginarios subalternos y comunitarios de los años sesenta.

ambos textos repiensan y cuestionan las relaciones entre historia y geografía, y entre el héroe, sujeto de la historia, y la tierra, medio y escenario de sus acciones.

El Caribe, insisto para concluir, aparece como escenografía traumática donde coexisten de forma ambivalente las dimensiones propias del paisaje sensorial, metafórico, con las situaciones propias del despojo y el vaciamiento. Lugar de un «trance» donde se evidencian las relaciones de distintas materias y tiempos, y de un deseo alucinógeno o espectral, donde aparece el archivo extractivista y colonial bajo figuras fantasmáticas complejas. En ambos textos la historia se suspende, bien como augurio de una utopía por venir o bien como espacio donde ya ha ocurrido una catástrofe distópica, a lo que se suma el quiebre violento entre naturaleza y sociedad, que, paradójicamente, despliega múltiples relaciones entre objetos y sujetos, entre tiempos cronológicos y tiempos geológicos, y donde se quiebran los propósitos de la máquina soberana para producir paisaje y naturalizar con ello su dominio sobre el territorio y la población.

Escenario de un cambio abrupto, la intervención caribeña se repliega entonces como horizonte de posibilidades para mostrar la osadía de un conflicto entre imaginarios y realidades, entre lenguajes y materialidades, entre adentros nacionales y afueras extranjeros o imperiales, entre naturaleza y paisaje. Como dirá Luis Enrique Pérez Oramas sobre la pintura de Reverón, enfrentada a la fuerza de la luz del litoral, podemos considerar este (no) lugar como «en realidad una presencia límite», una realidad hasta cierto punto «impresentable» (1998: 214)

Extravíos de lo popular
Pueblos anónimos o virtuales de la ficción

> Eso me hace pensar que, del mismo modo que no hay ningún contenido fijo en la categoría de «cultura popular», tampoco hay un sujeto fijo que adjuntarle, es decir, que adjuntar al «pueblo». «El pueblo» no está siempre ahí al fondo, donde siempre ha estado, con su cultura, sus libertades e instintos intactos, luchando todavía contra el yugo normando o lo que sea: como si, suponiendo que pudiéramos «descubrirlo» y hacerle salir otra vez al escenario, siempre fuera a dejarse ver en el lugar correcto, señalado.
>
> Stuart Hall

Un preámbulo

Termino con esta disección de la máquina nacional soberana ocupándome de otro terreno determinante para la construcción de ciudadanía que aún nos domina: las escandalosas y plurales relaciones con lo popular. Propongo un pequeño salto temporal para acercarnos por un momento al presente: volvamos al final del largometraje *Soledad* (2016), *opera prima* del director Jorge Thielen, donde vemos al protagonista sobre el mar, frente a la expectativa de un futuro incierto. El personaje, sujeto por excelencia del discurso populista, no tiene hogar propio ni fuente de trabajo; su familia se separará para irse a Colombia a buscar empleo ¿Qué pasó con su lugar dentro de la ciudadanía estatal, en una revolución que no dejó de hablar de él? El malestar lo presenciamos de otra forma en el Junior de *Pelo Malo* (2013), obligado a vivir con su abuela, o en el fatídico destino del Congo Mirador, pueblo registrado por el documental *Once Upon a Time* (2021), por no hablar de los personajes del poemario de Igor Barreto *El muro de Mandelshtam* (2017), atrapados entre la miseria y la desolación en el gueto de Ojo de Agua. Por lo visto, la promesa del bolivarianismo reciente, que residía precisamente en satisfacer las demandas de estos sectores subalternos gracias a un contrato simbólico especial entre líder y pueblo, entra en crisis en estos documentos culturales. Una crisis —digamos con cierto ánimo especulativo— cuya sutura implosiona con las imágenes de las revueltas del año 2017: recordemos a ese Tomás Vivas que tocaba un cuatro con el rostro cubierto por una camisa y ponía en evidencia la irrupción de un pueblo diferente al oficial, un pueblo anónimo que se apropiaba de una práctica folklórica para cantar la rebelión contra un régimen que asumía la voz nacional. En estos casos es visible una reorganización del imaginario popular, distinta a la que se vino imponiendo en la llamada hegemonía comunicacional de la revolución bolivariana, que reciclaba el archivo republicano de la máquina soberana.

No obstante, la promesa de este archivo foklórico sigue actuando con fuerza entre sectores académicos y políticos de otras latitudes. Como respuesta al desprecio que cierta élite liberal ha mostrado hacia sujetos identitarios y colectividades, algunas tendencias del latinoamericanismo reciente han vuelto a destacarlo, marcando ahora distancia frente a sus manifestaciones de derecha —las que podríamos llamar protofascistas, y que por cierto están reviviendo la misma fórmula populista de polarización y toma de poder—. El nuevo mundo que surgió como alternativa frente al realismo capitalista no dejó de valerse de mecanismos representativos para apropiarse de la cultura popular y dramatizar su carácter fantasmático y mítico. Lo hizo, por cierto, sustrayendo la sustancia profana —su fuerza ambivalente y figural— de la cultura popular, para trabajarla desde su poder polarizador, desde su valor negativo y guerrero. Tras esta operación, a mi modo de ver, estaría el archivo espectral republicano en sus versiones más extremas[1]. La transacción simbólica suspende los usos compartidos, plurales, de eso que entendemos como pueblo, instrumentalizándolos en la política como puro exabrupto, exceso o irrupción de un nuevo «nosotros» cerrado y auténtico —un recurso del que parecieran también valerse ahora ciertas líneas del extremismo conservador[2]—. De ese modo, frente a la incapacidad de sostener una revaluación crítica de esta tradición nacional soberanista y

---

[1] En ese sentido concuerdo con la diferencia que establece Carlos de la Torre entre populismos en el poder y populismos cuando retan el poder, es decir, populismos de Estado y populismos que se oponen al Estado (Elman 2018). Los segundos pueden generar un efecto democratizador, mientras que los primeros pueden estar muy cercanos al autoritarismo.

[2] Quien rehabilitó el concepto populista en la teoría reciente, desde una impronta marcada por la experiencia peronista radical, fue Ernesto Laclau, quien a su vez se convirtió en vocero de las prácticas que legitimaron el liderazgo de Chávez en Venezuela y la región. Su propuesta formal y discursiva desdeñó el contexto de las prácticas concretas sobre las cuales se erigía el liderazgo populista, obviando el *habitus* de cada cultura y sus regímenes de historicidad. Así, el orden equivalencial de las demandas sociales de su propuesta borraba la mediación archivística, donde las tradiciones culturales y estatales han jugado un rol relevante en la historia latinoamericana. De igual modo, en su modelo se subsumen en una figura articuladora (así como en un tipo de relato que sigue el patrón amigo-enemigo) las dimensiones singulares de los pueblos en plural, siempre expuestos previamente a la construcción representativa, desde la cual el populista arma sus narrativas. Lo popular quedaba así sujeto a nuevas capturas, preestableciendo su sustancia en materia apropiable y digerible, utilizable y desechable, desde un marco de representación que le asigna un valor narrativo, significante, simbólico.

de las operaciones por revivir sus legados y sus nuevas capturas identitarias, es muy tentador no querer hacer un ejercicio genealógico para entender las posibles fuentes del archivo regionalista venezolano, tan importantes para la máquina, concentrándome en los discursos que se gestaron durante el régimen de Juan Vicente Gómez, un momento relevante, como he venido sosteniendo, por su valoración de la figura del «gendarme necesario», esa teoría esbozada por Laureano Vallenilla Lanz con raíces en el mismo Bolívar, con la cual los neopopulismos tienen más de un vínculo y que propone la inevitabilidad del gobierno autoritario de una figura de arraigo popular.

Volvamos entonces al período histórico que nos ocupa para rastrear las discursividades de ese *arkhé* venezolano y sus posibles fuentes genealógicas durante las primeras décadas del siglo XX, sin obviar, por supuesto, los signos de fuga o desistencia que se contrapusieron a las operaciones de poder, revirtiendo algunos presupuestos de la máquina nacional soberana en su intención de apropiarse de lo popular. En la propuesta de un lenguaje con base en el latín de Ramos Sucre, las ficcionalizaciones irónicas de Julio Garmendia o el juego de temporalidades de las últimas obras de Bernardo Núñez (*Cubagua, La Galera de Tiberio*) encontramos distintas estrategias para cuestionar las apropiaciones soberano-nacionales del imaginario popular en su factura literaria. En ellos hay un claro alejamiento estético del regionalismo y las supervivencias criollistas en el que se desmantelan sus operaciones de reificación.

Desde otro lugar menos radical, Teresa de la Parra en *Ifigenia* (1924) marca la voz femenina de una literatura que ironiza las formas de autoridad patriarcal y nacionalista, aunque es bueno recordar que en algunos pasajes de la hacienda en la novela, sin olvidar por supuesto su *Memorias de Mama blanca* (1929), existe una fascinación por el paisaje regional idealizado, con personajes como Vicente Cococho. De igual modo, si bien en *Lanzas Coloradas* (1931) hay recursos narrativos muy modernos que presentan otras relaciones entre hechos y cosas, no dejan de perpetuarse al mismo tiempo algunas tesis anunciadas por Laureano Vallenilla Lanz, positivista del régimen. A su vez las vanguardias, con su uso tropológico de trenes, autos, aviones y experimentaciones, daban muestra de oponerse desde otros escenarios pero no llegaban sino a gestos tentativos, pulsionales, de textos dispersos o aislados, sin olvidar además que muchas de sus apuestas se inscribieron dentro de las líneas del populismo[3]. Señales de lo anterior podemos encontrarlas en una obra posterior como *Poemas noctámbulos* (1931) de Pablo Rojas Guarda, con sus referencias a radios y otras tecnologías del momento (o a la Greta Garbo del celuloide y a los ferrocarriles, tan importantes para finales del siglo XIX), tras las cuales había una reflexión novedosa sobre el cambio de la mirada del paisaje nacional, que ahora era sustituido por la visualidad cinematográfica y la tecnificación medial. No obstante, el lenguaje más bien intimista de su creación, de apuestas formales poco arriesgadas, obliga a ser cautos sobre su propuesta estética.

Por más que pueda ser considerado como referente fundamental del regionalismo que vendrá después, podríamos pensar que Rómulo Gallegos, sobre todo en *Cantaclaro* (1934), realiza dos gestos frente a las apropiaciones populares del momento que sería necesario comentar y valorar. El primero de ellos es el trabajo poético de la prosa en este libro que sobrepasa la mirada representativa y sus posibilidades de apropiación por parte de las discursividades

---

[3] Para muchos críticos se trata de un período que, asociado como estuvo a una dictadura, buscaba el inmovilismo. Así lo señala Diego Bautista Urbaneja, quien sostiene: «El sesgo dominante del bloque es la negación, reticencia o cautela respecto al tema del pueblo» (2023: 24).

del poder. Dicho más claramente, su desestructuración narrativa ayuda a complejizar la adscripción directa al paisaje natural y los usos de las subjetividades populares. El segundo gesto tiene que ver con Florentino Quitapesares, el protagonista de la obra, que rehúye la política revolucionaria y se pierde al final dentro del mito mismo, con lo cual el autor busca desmantelar la relación heroica con lo popular, base del populismo en sus aspectos más radicales y peligrosos. Ello nos retrotrae a la distinción de Karl Kerényi entre mito genuino y mito tecnificado, este último asociado al uso instrumental y manipulador de estos imaginarios colectivos (Jesi 1972: 42).

También hay como una reticencia frente a la figura de lo popular en las representaciones paisajísticas de la pintura, quizás agobiadas por los usos del sujeto colectivo del caudillismo revolucionario que tanto las usó con propósitos propagandísticos, y que durante el gomecismo terminará de consolidarse —y petrificarse— con las encarnaciones heroicas de los cuadros de Tito Salas[4]. Las representaciones del territorio que se estaban haciendo no pasaban tanto por estas figuras, sino por la meditación intimista que buscaba apropiarse de los lugares desde la mirada personal, que no dejaba de mostrar signos autorreflexivos del medio pictórico y sus potencias creativas. Junto con la propuesta de los poetas del 18 y algunos gestos del regionalismo galleguiano, en estas formas peculiares de mirar se modelaba una nueva subjetividad nacional

---

[4] Raquel Rivas Rojas, reelaborando algunas ideas de Lasarte Valcárcel (1995), observa cómo para esa época los estudios etnográficos enmarcan al llanero como tipo nacional y explica, a propósito de Gallegos, cómo el auge del regionalismo populista enmarcaba el mestizaje como una figura de mediación en las tensiones entre la urbe y el campo y entre el proceso de modernización y la cultura ilustrada y popular (2002). Para Miguel Angel Rodríguez Lorenzo esto era parte de los esfuerzos de finales del siglo XIX por perfilar «el carácter definitorio y sintético de la Identidad nacional venezolana» (2020: 67).

que evitaba el inventario republicano tradicional y proponía una conexión personalísima con la geografía, aun cuando tuviera también sesgos nacionalistas en su necesidad de apropiarse el territorio desde su mirada pictórica. Con todo, encontramos figuras de gente humilde en algunas obras del pintor Rafael Ramón González. De igual manera César Prieto, con sus peculiares trazos, retratará una que otra figura del pueblo en calles solitarias de aldeas o poblados. El reconocido Armando Reverón en *Fiesta en Caraballeda* mostrará, en su estilo borroso y difuminado, distintas figuras populares dispuestas de forma desordenada (una manera de dar con la figura de la muchedumbre), que parecieran girar alrededor de una iglesia. También en el cuadro *Plaza del Guamacho* de Carlos Otero, desde una perspectiva más convencional, distintos personajes pueblerinos descansan frente a la fuente de una plaza rural. En gran parte de estas representaciones no solo se encuentran modelos aldeanos; también se evidencian sus aspectos raciales y su extracción humilde. Su alejamiento de la configuración estatal se sostiene en su carácter pasivo, muchas veces cotidiano, que rehúye toda pretensión de enmarcarlos en una causa política, en un *telos* patriótico de emancipación. También resulta notoria su constitución difusa, su fuerza anónima, que evidencian no solo un trabajo de lo común en su dimensión singular, sino una opacidad que les da una potencialidad secreta que escapa a las capturas populistas, siempre convencidas de su visibilidad revolucionaria. En cualquier caso, son solo algunos ejemplos dentro de una constelación que veremos luego con mayor detalle.

En este sentido, lo popular venía gestándose por distintas vías en las artes y en la ficción del momento desde horizontes en pugna con la representación de la máquina nacional soberana, aun cuando compartieran algunos elementos. Se pasaba del sujeto criollo, propio del siglo XIX, al sujeto regionalista. Ese tránsito va a marcar todo el siglo XX venezolano y conviene, por eso, estudiar la conformación de lo popular en los discursos de la época. Luego examinaremos otros posicionamientos desde la literatura, sobre todo en la obra de Salustio González Rincones.

Del archivo heroico al folklórico

Por lo general se sitúa como momento fundacional de la cultura popular del Estado venezolano el proceso de democratización que generó nuestro primer ensayo civil, con la presidencia de Rómulo Gallegos en 1948, y que contó con el trabajo etnográfico del poeta Juan Liscano para la Fiesta de la Tradición, menos cercana a los decorados afrancesados de la Exposición Nacional venezolana de Guzmán Blanco (1883), con sus suntuosas ínfulas europeístas que imitaban las exposiciones universales parisinas, que a la Celebración del Centenario de la Independencia, de estilo más llano y carente de rebuscamientos o de gestos altivos.

Los versos de los primeros poemas de Liscano recuerdan las manifestaciones populares en la escritura tanto de Gallegos como de algunos autores de la generación del 28; quizás por eso Rómulo Betancourt, fascinado con su trabajo sobre lo popular, lo contactó para la Fiesta de la Tradición. Podría decirse que esa relación sentó los pilares de la relación entre folklore y Estado, con el desarrollo posterior de instituciones como el Instituto Nacional del Folklore (INAF, 1953-1977), que funcionó como dependiente del Instituto de Cultura y Bellas Artes (INCIBA), el Instituto Interamericano de Etnomusicología (INIDEF, 1971) y la Fundación de Etnomusicología y Folklore (FUNDEFF), a lo que habría que sumar los trabajos de Isabel Aretz, Miguel Acosta Saignes, Luis Ramón Rivera, Federico Brito Figueroa, Rodolfo Quintero y el propio Liscano, entre muchos otros.

Cabe destacar también la elaboración de las escuelas de antropología, sociología o trabajo social de la Universidad Central de

Venezuela y de otras instituciones educativas (LUZ, ULA y el IVIC), además de los contenidos de los programas de formación en escuelas públicas o los mismos festivales y congresos, independientemente de posiciones políticas, que se vinieron realizando a lo largo del tiempo, como el Congreso Cultural de Cabimas (1970), el Primer Encuentro de Organismos y Trabajadores de la Cultura del Occidente del País (1976), o el Encuentro por la Defensa Nacional de la Cultura Aquiles Nazoa (1977). Algunas de las bases de estas iniciativas se remontan a las primeras décadas del siglo XX, cuando el discurso sociológico y etnográfico se hizo relativamente habitual entre los intelectuales de la época. No solo de forma indirecta en Vallenilla Lanz o Gil Fortoul, sino también en Pedro Manuel Arcaya, Samuel Darío Maldonado o tantos otros. En 1918 había tenido lugar la primera reunión para constituir la Sociedad de Antropología, Etnología y otras Ciencias Relacionadas, promovida por Julio C. Salas, que contó con la participación de Christian Witzke, Luis R. Oramas, Pedro M. Arcaya y Alfredo Jahn. Los trabajos pioneros de Lisandro Alvarado, de Salas y de Elías Toro, sobre todo su libro *Antropología general* (1906), gozaron en esa época de cierta visibilidad y reconocimiento. Una de las grandes revistas del campo intelectual del momento, la reconocida *Cultura venezolana*, promovía un perfil donde se cruzaban por igual temas nacionales de corte antropológico, científico y social. No es de extrañar que Angel J. Cappelletti, en *Positivismo y evolucionismo en Venezuela*, sostenga que esta generación intelectual se centró «en la explicación histórico-sociológica de la realidad del país», dando «preferencia a los estudios etnográficos» (1992: 27), muchos de los cuales se apartaban de la matriz eugenésica o evolucionista.

Tampoco hay que olvidar que el trabajo de algunos de ellos vino labrando las bases del mestizaje cultural como modelo identitario. Más allá de las acusadas diferencias políticas, en las obras respectivas de Laureano Vallenilla Lanz, Gil Fortoul, Rómulo Gallegos o Arturo Uslar Pietri, entre otros, iba apareciendo el concepto de «alma de la raza»[5]. Algo similar sucedía con la idea de lo popular, de pueblo, en el pensamiento marxista que vendrá luego: aparece ya en Rómulo Betancourt, quien en su «Plan de Barranquilla» elabora uno de los documentos pioneros de lo que se dio en llamar «nacionalización del marxismo», y en ciertos imaginarios de su obra posterior, atravesados por estas representaciones del sujeto nacional[6]; después, en los trabajos de Carlos Irazabal, Pio Tamayo, Miguel Acosta Saignes o Juan Bautista Fuenmayor, algunos de los cuales sirvieron de referencia para las lecturas vinculadas a la revolución bolivariana, que privilegiaba ideas pioneras sobre las comunas o las rebeliones nacional-populares, sin excluir por supuesto la impronta de los aportes del positivismo venezolano, ahora traducidos al lenguaje de clase del pensamiento materialista y teleológico.

Todo se enmarcaba en un nuevo régimen de visibilidad representativa donde se establecían diferencias casi insalvables entre mundos referenciales y mundos de ficción. En ese contrato simbólico, si bien se prevenía el desborde romántico en ciertos saberes, se admitían algunos excesos en el culto republicano, ajustando las formas de lo popular que da ese espacio representacional. Hablamos por supuesto de muchas líneas distintas, que van desde las imágenes más documentales y objetivas de Henrique Avril o Juan José Benzo (algunas provenientes por

---

[5] No olvidemos la importancia que le concede al folklore en *Venezuela, política y petróleo*, donde menciona el trabajo de Liscano.

[6] Manuel Caballero (1995) advierte la impronta del pensamiento positivista durante el gomecismo en algunas de estas tendencias marxistas, sobre todo en el caso de Irazabal. Tomás Straka también lo ve en Irazabal, pero incluye además a Miguel Acosta Saignes y a Federico Brito Figueroa, quien influenció a Chávez en su lectura de Zamora (2009: 74-84).

cierto del Club Daguerre, que exploraba la cámara a *plein air*), los trabajos cinematográficos que se hicieron en los Laboratorios Nacionales del Ministerio de Obras Públicas o en los Estudios Cinematográficos de Amábilis Cordero, pasando por el auge de la noticia y la crónica periodística en medios como *El Universal*, el uso ya normalizado de la fotografía para respaldar el texto escrito iniciado por *El Nuevo Diario*, y el desarrollo de cuadros más realistas y convencionales en el paisajismo pictórico, eco en alguna medida del modelo fotográfico de la sección «Paisajes nacionales» de *El Cojo Ilustrado*, hasta los llamados a la objetividad de la nueva historiografía positivista: todo ello iba creando las condiciones de emergencia para la captura populista dentro de un marco discursivo inteligible y común para entonces, un marco que servía para su uso desde un horizonte más acorde con los tiempos modernos que se querían vivir.

Ello permitía enmarcar un conjunto heterogéneo de prácticas y *habitus* en un territorio y en un marco espaciotemporal específico. También se correspondía con el gesto de traslado del culto bolivariano de Juan Vicente Gómez al Samán de Güere, que buscaba nacionalizarlo desde una imagen de lo terrenal bien concreta, sin obviar su monumentalización del paisaje regional tras su proyecto de hacer de Maracay la capital de Venezuela. Se abría así una manera de acercarse a lo real dentro de un espacio cultural que servía para la inserción estatal, para sus futuras germinaciones por parte del cuerpo simbólico y político del soberano nacional y para sus dispositivo de encarnación en «gendarme necesario».

Valdría la pena considerar la reflexión del crítico de arte francés Louis Marin cuando piensa la absorción de la imagen y la palabra dentro de los mecanismos representativos. Me refiero a la introducción a su libro *Le Portrait du Roi* (1981), donde cuestiona el modelo de representación del lenguaje de Port Royal, tan cercano a Andrés Bello y desde luego a los gramáticos de las primeras décadas del siglo XX. Lo que allí entiende[7] como «dispositivo representativo» crea las condiciones para transformar toda intensidad manifestada, toda expresión social o cultural incipiente, en poder. Lo hace en un doble movimiento. Si por una parte modaliza su fuerza latente «como potencia», por otra lo valora «como estado legítimo y obligatorio». Así lo que estaba ausente o negado se hace presente dentro de esta esfera del discurso y adquiere además un rango de legitimidad, de autorización. De tal modo «la representación pone la fuerza en signos» y los transforma luego en el «discurso de la ley» (2009: 138). Ello es lo que genera las condiciones de posibilidad de la máquina soberana, que absorbe las expresiones de la cultura desde esta instancia y clausura así sus dimensiones diseminantes u opacas, sus recorridos inesperados[8].

---

[7] Cito por «Poder, representación, imagen» (2009), traducción al castellano de Horacio Pons del texto en cuestión («Les trois formules», capítulo introductorio a *Le portrait du Roi*) y de «L'être de l'image et son efficace», la introducción a *Des pouvoirs de l'image* (1993). Roger Chartier, a propósito de esta lectura de Marin, recuerda que el siglo XVII «transformó los enfrentamientos sociales abiertos y brutales en luchas de representaciones cuya apuesta era el ordenamiento del mundo social» (1996: 87). Así, los «mecanismos que transforman la fuerza en potencia producen respeto y temor al recordar al espectador la violencia originaria fundadora de todo poder» (1996: 88).

[8] Aquí sigo en cierta manera lo que señalaba Groys (2005) sobre el registro de la memoria cultural, que en mi caso veo como parte de la máquina soberana, siempre en busca de asumir las materias profanas que se le resisten. Groys muestra cómo los archivos, que defienden y arman esta suerte de memoria de la cultura, se definen en un intercambio particular con objetos que están fuera del conjunto, tratando de absorberlos para redefinir sus valores y jerarquías. Desde esa simbolización es que se alimenta, por un lado, *el arkhé* soberano, mientras por otro se traducen y significan muchos de los reclamos sociales que el líder populista, al hablar por la nación, articulará desde su propio estilo o intervención. De alguna manera la encarnación de quien va a liderar esa idea de pueblo ya viene dada en la manera en que se ha venido configurando lo popular en el sistema de representación, una elaboración que permite tanto

Además, hay otro elemento significativo. Para Marin la idea moderna de representación contiene a su vez —y esto es relevante para lo que nos ocupa— una noción de encarnación, que es interna a ella pero que a la vez la cuestiona. En sus reflexiones sobre el lenguaje representativo de la escuela de Port-Royal consigue una dimensión figural que recupera el viejo «motivo eucarístico» tras el enunciado del dogma católico «esto es mi cuerpo». Lo ve como un «acto de habla que da a un deíctico, mediante una afirmación ontológica, un predicado que es el cuerpo del sujeto de la enunciación»: de esa manera toda cosa mostrada se convertiría, «en y por el acto de habla, en el acto mismo, es decir, el cuerpo sujeto» (2009: 136).

Desde ahí podría considerarse cómo cualquier práctica propia de lo popular, al estar ya inscrita en este espacio representativo, se moldea para ser usada (y, sobre todo, para eventualmente ser *encarnada*) por el cuerpo simbólico de la autoridad misma del momento. ¿No es eso a fin de cuentas lo que sucede constantemente con nuestra máquina nacional soberana, en esa continua negociación que lleva a cabo entre su archivo institucional y su contraparte bolivariana? ¿No está constantemente valiéndose de objetos, discursos, acciones, cuerpos, previamente codificados, representados o simbolizados en sus medios o sistemas de comunicación, para inscribirlos dentro de sus narrativas épicas, dentro de sus jerarquizaciones, distinciones y fetichizaciones?

Este sistema representativo de distribución de cuerpos y objetos, palabras e imágenes, sonidos y movimientos, espacios y tiempos venía ya operando desde el siglo XIX, e incluso puede encontrárselo en las corrientes estéticas del criollismo, el natura-

---

la archivación como la apropiación. Más si con ello se busca homogeneizar, inscribirlo dentro de la teleología del historicismo bolivariano y desde una tradición autoral de corte patriarcal.

lismo y también, para nuestra sorpresa, del modernismo venezolano (que siempre estuvo atravesado por demandas republicanas y populares que imposibilitaron su completa autonomización estética). Estas tendencias proponían un efecto de verdad bajo distintas operaciones retóricas; por eso Manuel Vicente Romero García hablaba de que la literatura debía ser «una copia fiel del medio nacional» (Contreras 2011: 138), y en un artículo para *El Cojo Ilustrado* Navarrete marcaba la diferencia entre lo objetivo, que traza límites desde la mirada fotográfica, y lo subjetivo, que se desborda: «el naturalismo literario realiza un trabajo preventivo de "fotografiar" escenas grotescas para que "muchos" se detengan al "borde del abismo", mientras el romanticismo impulsa al vicioso a los desórdenes de la embriaguez y del amor» (Contreras 2011: 94). Es el momento donde precisamente las miradas de Avril, de Lucca, de Navarro o de Chirino empezaban a exhibir pasajes estáticos de lugares nacionales, zonas detenidas de encuentros entre habitantes venezolanos en lo que algunos llamaron impresionismo fotográfico y otros vieron como una forma criollista de mirar, que antecedía al luminoso Ávila de Cabré o a los pueblos apartados de Monasterio, o incluso a los cantos poéticos de Jacinto Fombona Pachano, de Fernando Paz Castillo o de Enrique Planchart, por más que haya particularidades dignas de considerarse. Algo que nos recuerda el proyecto de modernización de Maracay y su política de jardines, donde Gómez pareciera detener las fuerzas de lo selvático, lo amazónico y lo caribeño en un paisaje que controlaba el desborde ambiental bajo un ideario de naturaleza fértil. Con ello se expulsaba cualquier residuo disonante o irrepresentable de las prácticas populares, enmarcándolas dentro de un lugar que permitía actuar sobre la juridicción autocrática de los caprichos del Dictador, quien orquestaba y decidía lo que era legítimo y lo que no lo era bajo la censura, la omisión o la apropiación misma. Así se unían dos factores en esta cooptación: la mediación representativa de los usos de nuevos medios y técnicas, y una nostalgia por la cultura patrimonial de eso que alguna vez entrevió González Echevarría como un dominio pastoral que buscaba extenderse de forma simbólica «sobre la estructura nacional del poder», cuyo centro y fuente sería «la figura paternal del señor» (1998: 96).

El sujeto popular se va construyendo desde una nueva idea de pueblo y mestizaje, sin dejar de mezclarse con modelos narrativos melodramáticos y posicionarse de diferentes maneras en el marco heroico y sacrificial. Así como Hilario Guanipa y su hija Victoria de Gallegos redimen las faltas de su instinto y buscan su ascenso social, el mulato Presentación Campos en Uslar Pietri sigue el ideario del Libertador, presa de los resentimientos de su condición subalterna. Del Reinaldo Solar criollo, atrapado y sacrificado por sus grandes ideales, o el heroico patricio Tulio Arcos, que se suicida acosado por su irresuelta misión cívica en *Sangre patricia* (1902), pasamos a las historias más terrenales de Doña Bárbara y Marisela, de Florentino Quitapesares o Marco Vargas, quienes lidian con las dificultades de su condición marginal; el mismo pueblo de los llaneros guiados o tutelados por un Bolívar exánime en los cuadros de Tito Salas exhibe rasgos de esta tendencia, aunque en este caso se enmarque lo popular dentro de la teleología de las luchas republicanas y su ideario. El itinerario galleguiano quizás se conjugue en una escena muy clara de *Cantaclaro*, cuando el caudillo desengañado Juan Crisóstomo Payara, de ascendencia blanca, le regala al mulato Juan Parao nada más y nada menos que la *Ilíada* y *Venezuela heroica,* como si se tratase de una herencia o un legado que luego replica o corresponde al unirse a una montonera para pelear. Ese gesto de «donación» puede leerse también, desde otra perspectiva, como una suerte de signo de sustitución: se sustituye un actor heroico por otro; un agente nacional, ya viejo y decadente, por otro nuevo personaje. Ese desplazamiento pone de relieve cómo del criollo, luchador por la independencia, pasamos ahora al hombre popular (mestizo o mulato) que viene a reclamar, ya sin el tutelaje de otros, sus derechos sobre la tierra y la sociedad. Si bien con ese gesto Gallegos está mostrando también una crítica al heroísmo marcial, a esa herencia fracasada que en el Tríptico de Tito Salas es todavía sublime, no deja de igualar a ambos sujetos en la escena de la representación, en el acto de la transacción: ambos persiguen el mismo *ethos* de nación y de cierta manera ambos terminan encarnando una idea de virtud ciudadana en el sentido republicano.

Todo se va enmarcando dentro del lugar de lo nacional. La mirada fotográfica de Abril, Torito o Lucca, la visión pictórica de muchos de los seguidores de la escuela de Bellas Artes o el mismo ojo literario del regionalismo la someten a las coordenadas de un Estado que desea totalizar el espacio mismo y sus asimetrías en un solo horizonte territorial orgánico, ordenando los lugares de lo propio y lo impropio, de lo marginal y lo central, de lo sublime y lo grotesco. Algo similar hacían algunos álbumes comerciales cuyas postales venían en paquetes de cigarrillos o envoltorios de caramelos, o incluso las mismas tarjetas postales, estampillas y monedas, en las que si no se reproducían imágenes de las obras anteriores se seguían pautas parecidas de visualidad, aun cuando incluyeran otras tendencias[9]. A su vez, el lenguaje coloquial dentro de los órdenes discursivos de la letra iba cobrando mayor relieve y espesor significativo en una relación importante con modalidades referenciales y realistas. Se necesitaba incluir sus heterogeneidades, diseccionarlas dentro de lo que era propiamente nacional, dentro de su espíritu o su *telos*. Es verdad que Marisela aprende de Reinaldo Solar a escribir, pero a la vez

---

[9] Sobre los álbumes y sus usos heterogéneos, véase Rodríguez Lehmann 2018a y 2018b.

sus gestos sonoros son escenificados en el espacio textual bajo formas de registro oral.

Desde luego que la multitud heterogénea, configurada en ciertas irrupciones espontáneas del momento, va a ser difícil de absorber —desde la masa que irrumpe con la llegada de Charles Lindbergh, pasando por la que aparece en los festivales de corridas de toros, hasta esa irrupción que describe Blanco Fombona en un pasaje de su novela *El hombre de hierro* (1910), cuando refiere que la gente se agolpaba «en las boticas, en las imprentas y en el telégrafo» para presenciar cómo salían «a la luz boletines y ediciones especiales de los diarios con noticias de toda la República» (1910: 219). Este fenómeno, que ya era motivo de preocupación para las élites europeas, se convertirá también en un problema para Laureano Vallenilla Lanz, lector de Gustave Le Bon y de su *Psicología de las masas*, aunque no lo mencione del todo salvo cuando trabaja el igualitarismo del pasado; es sabido cuánto se dio a la tarea de entender lo que llama la psicología de las «masas populares» venezolanas, que cifra en los pardos y en los llaneros, y que trata de nacionalizar y disciplinar con la figura del gendarme necesario, único que puede conducirlas al progreso desde el ideario bolivariano. Con todo, el tema va a generar cierta ambivalencia en él y otros intelectuales de la época: si por un lado reivindica su presencia como algo propio del igualitarismo venezolano, destacando su vitalidad y sed de renovación, por otra parte las percibe como una amenaza social por la anarquía que trae consigo violencias y resentimientos, elementos peligrosos para crear instituciones sólidas en el país y en su economía. Lo curioso, insisto, es que su republicanismo clásico resulta ciego a las irrupciones y manifestaciones modernas de esta multitud, lo que lo hace ver sus encarnaciones desde la tradición igualitaria «popular» y soberana en vez de su presencia anónima en la urbe y la sociedad industrial, algo que sí vio Blanco Fombona en su novela.

La élite intelectual del momento será ciega también a otras modalidades de irrupción que vendrán después. Uno de sus ejemplos más singulares y significativos lo encontramos en el famoso «¡Sigala y Balaja!» de los estudiantes universitarios de la generación del 28, en sus primeros intentos de rebelión contra la tiranía gomecista. Se trata de una irrupción que rompe el *telos* nacional en un nuevo acontecimiento popular: un novedoso sujeto político, con actos públicos de jóvenes, con cantos, bailes y hasta la reificación de la mujer, tan desdeñada por el autoritarismo patriarcal de la época. La serie de eventos, que comenzó en un funeral, logró un corte, un desvío que rompía la sonoridad del poder en su momento más abusivo. El canto de los estudiantes compartía de manera inconsciente las búsquedas de registros regionales de poetas como Andrés Eloy Blanco o Antonio Arráiz, o las de una pronunciación híbrida, entre irónica y experimental, de Salustio González Rincones —en alguna medida similares a las experimentaciones formales de Nicolás Guillén en *Sóngoro cosongo* o de Luis Palés Matos en su *Tuntún de pasa y grifería*. El canto, según lo refiere Otero Silva en *Fiebre*, decía:

> ¡Alá y Balaja! ¡Sigala y Balaja!
> —Sacalapatalajá
> —¡Sigala y Balaja!
> —Sacalapatalajá!
> —¡Y Ajá! ¡Y Ajá! ¡Y Sacalapatalajá!
> —¡Y Ajá! ¡Y Ajá! ¡Y Sacalapatalajá!
> —¡Y Ajá! ¡Y Ajá! ¡Y Sacalapatalajá! (Otero Silva 2001: 253)

Ese canto habría surgido escuchando el ceremonial de unos rabinos en el velorio de un profesor judío. Se le adjudica la autoría, si seguimos la versión de Miguel Otero Silva, a un estudiante de apellido Estanga, quien además era provinciano y mulato[10]; como toda gesta verdadera, al final poco importa quién haya sido el autor, salvo el hecho que era uno y varios a la vez. El ceremonial inesperado y performativo se revistió de celebración, pero también de crítica: los estudiantes se reunieron, agarrándose de la mano, y uno de ellos se colocó en el centro llevando la iniciativa del canto, mientras los demás le respondían y bailaban, sacando las piernas como en un baile cosaco, para mezclar todavía más si cabe las referencias culturales. Se cantó y se bailó bajo palabras desarticuladas, sonidos de otros idiomas que se fusionaban con tonalidades regionales, con pronunciaciones coloquiales impropias. Era abierto y heterogéneo, diseminante; rompía diferencias de clase, de identidades. Y es que así habla esa voz múltiple cuando menos la esperamos, lugar de cruce de discontinuidades sonoras y verbales donde se unen sujetos y tradiciones diferentes, donde sonoridad y corporalidad se rebelan contra las determinaciones del poder y sus formas de encarnación, sus dispositivos representacionales.

Sin duda ese acontecimiento abrió una espacio, un ordenamiento distinto de lugares de enunciación, pero poco tendríamos de él sin los posicionamientos de quienes lo antecedieron y crearon las condiciones de su emergencia. Hablo de intervenciones críticas por parte de quienes empezaron a desnaturalizar las operaciones de encarnación del cuerpo simbólico de la nación, que para ese momento buscaba legitimar la idea misma del «gendarme necesario».

---

[10] El lugar de lo racial con relación a la máquina soberana merecería un estudio aparte. Por un lado, se va superando al sujeto blanco criollo, cuya supervivencia puede ser para algunos el mestizo y su blanqueamiento, pero vemos también distintos lugares del sujeto racializado que exceden con mucho las categorías de multiculturalidad del modelo norteamericano. El mulato aquí es una marca racial que abre un espectro interesante, cuya presencia puede encontrarse en obras de Gallegos, Andrés Eloy Blanco o Ramón Díaz Sánchez.

Intervenciones im-populares

Ramos Sucre nos previene contra cualquier dispositivo representacional que busque encarnar al sujeto heroico, pero podríamos decir otro tanto respecto al sujeto popular. Los usos de la impersonalización, las máscaras del yo, procuran un corte, una manera de desistencia frente a los mecanismos de transustanciación que busca la máquina populista y soberana. De igual modo, están sus formas de desterritorializar el *nomos* patrio, abriéndose a otros espacios tanto culturales como discursivos, con lo cual rompe con la manera nacional positivista de encarnar al pueblo, que busca ceñirlo telúricamente al paisaje geográfico.

En un texto pionero que ya comentamos, «Sobre las Huellas de Humboldt», Ramos Sucre prevenía sobre estas representaciones y usos casi atávicos de lo local, ofreciéndonos algunas herramientas para advertir los movimientos del archivo mismo. Se concentra en comentar, a su modo, uno de los trabajos fundacionales para el imaginario republicano, que definía el modelo a partir del cual se iba a tener de referente la naturaleza del continente y las encarnaciones de sus pobladores locales. La confección metafórica, figural del texto ramosucreano le sirve para entrever el imaginario europeo que, de modo inconsciente, permeaba las observaciones americanas de Humboldt. Recordemos lo relevante que fue la obra del explorador alemán, traducida al castellano por Lisandro Alvarado, y su impronta crucial sobre el imaginario nacional y continental[11].

Ramos Sucre se vale de varias operaciones textuales para distanciarse de los mecanismos representacionales asociados a Humboldt. Al valerse más de la narración que de la explicación, acentúa su dimensión ficcional. De igual modo, vincula el comentario

---

[11] Sobre los aportes de Humboldt, véase Rodríguez 2009, y en un sentido más general, Pratt 2010 y Rodríguez Echevarría 1990.

crítico, irónico, con la reescritura, y la retórica propia de la reseña con el género ensayístico. Un efecto de su anacronismo es valerse de un registro del tiempo presente sobre elementos del pasado, como sugiere Guillermo Sucre al notar que la obra pareciera una crónica que, en vez de hablar de hechos vistos casi en tiempo real, narrase hechos leídos, fundiendo en una sola las experiencias de ver directamente y de leer. Además nota cómo en ese uso de la actualidad se elude «el sujeto de la oración [...] como si quisiera despersonalizarlo» (1999: 12). Esos y otros recursos verbales le permiten diluir el sujeto que cuenta en lo que comenta, desautorizándolo secretamente y desmitificando los presupuestos de la observación humboldtiana sobre el territorio.

Gracias a estas operaciones Ramos Sucre establece distancia ante los dispositivos representacionales de este archivo y sus maneras de modelar las encarnaciones de lo nacional y lo popular. Al hombre telúrico, vinculado con un lugar racial, opone un sujeto anónimo, impersonal; a la localidad nativa y natural, tan propia de la mirada de viajeros científicos como la del mismo Humbodlt, propone un espacio abierto, cultural y desterritorializado; al *telos* republicano, excusa para el pacto del gran gendarme, contrapone una poética de la desrrealización y la fractura, de las discontinuidades; al lenguaje oral de lo popular y sus registros etnográficos, una retórica anacrónica con deudas en otros idiomas, muchos de ellos antiguos o muertos, provenientes de una Europa ya en crisis y del pasado.

Tampoco habría que pasar por alto las intervenciones de Bolívar Coronado, que si bien pueden considerarse extraliterarias, no dejan de mostrar un valor crítico relevante sobre el imaginario libresco e hispanista del sujeto popular, sobre las formas de cooptarlo dentro de la máquina soberanista y su archivo populista, que armaban el campo literario del momento. Vale recordar que tachó de «adefesio» la composición que hiciera junto a Pedro

Elías Gutiérrez de «Alma llanera», obra destacada del culto nacionalista. Durante su estadía en España, luego de obtener una beca, llevará a cabo algunas de las operaciones más atrevidas e irreverentes de la época. Para la revista *Cervantes*, a cargo del reconocido escritor Francisco Villaespesa, colaborará pasando escritos suyos como si fuesen de autores reconocidos de América Latina. Cuando asumió el trabajo de la Editorial América de Rufino Blanco Fombona, en vez de copiar los manuscritos originales de escritores del nuevo continente en la Biblioteca Nacional de Madrid, se inventó un contingente de crónicas apócrifas, supuestamente escritas por Maestre Juan de Ocampo, Diego Albéniz de la Cerrada, Fray Nemesio de la Concepción Zapata o Mateo Montalvo. También creó crónicas y poemas apócrifos de la Conquista de América.

En 1906 publica, usando el nombre de Daniel Mendoza, *El llanero (Estudio de sociología venezolana)*, que según John E. Englekirk fue una de las fuentes consultadas por Rómulo Gallegos para la escritura de *Doña Bárbara* (1929), cuna del imaginario popular y regionalista venezolano. Que Bolívar Coronado haya elegido usurpar la autoría de Mendoza es muy relevante: Mendoza era para muchos uno de los más connotados costumbristas nacionales, oriundo de la misma región llanera, base popular del imaginario patriótico. Una de sus creaciones más sobresalientes es la del personaje Palmarote, «notable referencia literaria del arquetipo llanero apegado a su tierra y a sus tradiciones», en palabras de Juan Pablo Gómez Cova (2020: 36). La intervención de Bolívar Coronado busca, precisamente, poner en cuestión la autoridad de estos documentos culturales. Pero no se detuvo ahí, y siguió haciendo lo mismo con otros referentes de la nación: asumió del mismo modo las autorías de Rafael María Baralt, Agustín Codazzi, Juan Vicente Gómez, Pío Gil, José Antonio Calcaño, Juan Antonio Pérez Bonalde y Andrés Eloy Blanco, además de inventar varias antologías falsas. Esa suerte de contra-máquina de falseamientos y atribuciones equívocas venía a alterar, por supuesto, el dispositivo representacional de los documentos nacionales y sus elaboraciones de lo popular.

Hay desde luego muchos otros ejemplos que podríamos citar. Lo importante es ver estas apuestas dentro de un campo en disputa, por más poder que tuviera la máquina soberana para cooptarlas, distribuirlas o agenciarlas. Lo popular se movía para esa época entre la cooptación heroica, que lo sometía a la teleología bolivariana e independentista como «pueblo», y el desprecio elitista y purista, que lo veía con desdén y paranoia; entre la fascinación etnográfica, que lo exotizaba y desingularizaba, y la pasión nacionalista, que lo esencializaba. Estas tendencias por supuesto se dieron de maneras variadas, compartiendo disímiles terrenos. De ahí que se entrecrucen de forma transversal, cuestionando a veces las fáciles dicotomías que enmarcan los ideologemas recurrentes que oponen lo civilizado a lo bárbaro. De alguna manera, se insertan dentro del programa gomecista de centralización del país, a partir del cual se generarán los primeros incentivos para totalizar, dentro de una sola idea de nación simbólica, los distintos regionalismos culturales[12]. Tanto Bolívar Coronado como Ramos Sucre evidencian en sus obras la voluntad de oponérsele desarmando su dispositivo representacional, valiéndose de las posibilidades de la ficción.

PROFANAR LO POPULISTA

Dicho lo anterior, quisiera detenerme por último en algunos textos de Salustio González Rincones, quien dinamita de manera radical el archivo populista de la máquina soberana con opera-

---

[12] Sobre la centralización, véase Quintero 1989 y Bautista Urbaneja 1988.

ciones disonantes, trabajando formas residuales que generan un ruido no traducible o totalizado por el discurso soberanista en su ánimo de inscribir las manifestaciones del «pueblo» nacional. Tanto en *Los Corridos sagrados y profanos* (1922) como en *Viejo jazz* (1930) y *Cantando germinan* (1932) encontramos una descolocación del habla popular y de las distinciones culturales entre el arte elevado o clásico y la vanguardia. A la manera de «mosaicos textuales» que representan las formas de intervención de estas producciones, se cuestionan las formas de repartición de sujetos y objetos, de saberes y tradiciones, como bien sostiene Jesús Montoya (2018: 60). Si en *Los Corridos sagrados y profanos* refuta bajo la forma de corridos (octosílabos en forma asonante) a figuras del pensamiento filosófico occidental (Strauss, Renan o Bauer)[13], en los otros dos libros mezcla usos regionales, populares y vanguardistas, y se vale humorísticamente de paratextos de corte académico para distanciarse paródicamente de sus apropiaciones. En *Viejo Jazz* vemos además un juego con cierta «dialecticidad negra» (Miranda 2001: 68) que se diluye entre gestos y experimentaciones sonoras y musicales que recuerdan las jitanjáforas de Mariano Brull, un patrón muy propio de las aliteraciones experimentales de las propuestas vanguardistas.

Todo ello descoloca los usos idiomáticos y las operaciones de nacionalización de lo oral, que vemos por ejemplo en las escenificaciones del habla en la novela de Gallegos, o en los trabajos lexicográficos de Lisandro Alvarado con su *Glosario del bajo español en Venezuela*, de 1929. González Rincones los inscribe en otro lugar referencial, rompiendo la delimitación al uso de las formas culturales y el circuito de circulación de saberes legítimos. Claro

---

[13] Ese «diálogo» con los pensadores occidentales «crea no solo un efecto de humor sino una distancia irónica frente a la "seriedad" del asunto» (Isava 2013: XX).

está que todo se da en un doble movimiento: al mismo tiempo que rescata elementos de lo popular, los descontextualiza o desarma y consigue así dispersarlos, siguiendo casi una operación de montaje verbal y textual. Lo relevante en su estrategia paródica es que, más que clausurar o esencializar lo popular, pareciera abrirlo, diseminarlo, complejizarlo.

En *Yerba Santa*, de 1929, encontramos estrategias mucho más complejas y sofisticadas, que amplían los mecanismos anteriores. Aquí entra en el orden mismo de la manufactura de la página, en la forma de estructurar el texto, de configurarla, como si fuera el escenario de una representación teatral, la sala de un divertimiento donde todos los actores se mezclan y confunden. Dividido en tres partes, reorganiza la distribución de los saberes de manera peculiar. En la primera parte leemos una decena de textos, agrupados en una versión del idioma original indígena (timote, motilón, caquetío, goajiro) junto a su traducción al castellano, que aparece en dos versiones: una versión literaria y otra literal o popular, a lo que se añade una nota en registro erudito del traductor; en la segunda, «Saturniana», encontramos una propuesta más desbordada aún: después de una inscripción en un idioma inventado que precede a un poema, aparecen una serie de notas eruditas donde se habla de un mundo del futuro, de una supuesta civilización Menesolana. El poema se cruza así con la ficción y se despliega en historias de diversa índole, que sobrepasan el marco mismo de lo poético. En la última parte, en cambio, encontramos trabajos de naturaleza más folklórica y popular, donde resaltan algunos escritos que recrean la historia del indio Maremare, destacada figura del folklore nacional, en relación con poemas de origen regional (del oriente, del llano o de la zona andina).

La presencia recurrente en el texto de figuras subalternas del imaginario nacional del siglo XIX busca cuestionar, desde distintas posiciones, las formas de apropiación que venía realizando el nuevo cuerpo letrado. Detengámosno por ejemplo en la figura del indígena. Sus poemas evidencian el lugar de la mediación desde la parodia traductora, cuestionando el gesto populista que asume la posibilidad de querer hablar por el otro, en este caso el aborigen. En este sentido, la necesidad de esencialización es relativizada en sus intentos de apropiación por los discursos y saberes legítimos. Para ese entonces autores como Lisandro Alvarado, con su *Glosario de voces indígenas en Venezuela* (1921), o Julio César Salas, con *Los Indios Caribes. Estudios sobre el mito de la antropofagia* (1920), abrían para el campo intelectual del momento un espacio de apropiación que buscaba no solo reivindicar el legado nativo venezolano, sino también elaborar catálogos lexicográficos que recogieran sus voces. Su trabajo se inscribía en un corpus contemporáneo que venía investigando el tema, como «Lenguas indígenas que se hablaron en Venezuela» (1918), de Pedro Manuel Arcaya, *Historia de los Andes, Procedencia y lengua de los aborígenes de los Andes venezolanos* (1921), de Tulio Febres Cordero —quien proponía cierto parentesco entre las lenguas de las comunidades andinas, el quechua y los idiomas chinos—, o «Contribución al estudio de la lengua guajira» (1912), de Luis R. Oramas, publicado nada más y nada menos que en la *Revista Técnica del Ministerio de Obras Públicas*.

A ello habría que agregar, entre otros estudios, «Procedencia y cultura de los timoto-cuicas» (1929), de Mario Briceño-Iragorry, o *Los aborígenes del occidente de Venezuela* (1927) de Alfredo Jahn, autor por cierto mencionado en uno de los poemas de González Rincones. En la novela de Samuel Darío Maldonado *Tierra Nuestra: Por el río Caura* (1919), su autor, además de valerse en el texto mismo de palabras propias de las tribus, incluye al final un glosario regionalista, con lo cual incorpora, a juicio del investigador Francisco Javier Pérez, el «léxico indígena al repertorio general del español venezolano»[14]. Y con ello hace legibles e identificables, diferenciables y por ende asimilables «los pasajes en que figuran voces criollas, de lenguas indígenas o provincialismos» (1988: 503).

Lo indígena iba convirtiéndose cada vez más en objeto de apropiación y litigio dentro de los posicionamientos de la intelectualidad venezolana. De ahí que Pío Tamayo durante *La Semana del Estudiante* recitara, en tono celebratorio e identitario, lo que algunos consideraron como un poema con dimensión discursiva titulado «Homenaje y demanda del Indio». Por su parte, Antonio Arraíz en su trabajo poético *Áspero* (1924) pide cantar a una América india, dedicándole el texto a Sitting Bull, a Moctezuma, a Manco Capac y a Caupolicán, a quienes presenta como «grandes muertos». Por otro lado, un cuento de José Salazar Domínguez, «vástago» (*sic*), publicado en la revista *Válvula*, narra la historia de un grupo de una tribu que decide separarse y generar su propia comunidad. En cuanto a la plástica, el artista Eloy Palacios tomó como inspiración para su proyecto escultórico una leyenda de los indios del Orinoco recogida en uno de los libros de Arístides Rojas, que condujo a la obra titulada *La india del Paraíso* (1911). Algunas fotografías de Henrique Avril, Luis Felipe Toro o Pedro Ignacio Manrique para *El Cojo Ilustrado*, con cierto aire etnográfico, mostraban indígenas para inscribirlos en un proyecto modernizante, que bien definirá Rafael Castillo Zapata como un proceso cuyo «efecto inmediato» buscaba eclipsar su individualidad «bajo la figura del tipo genérico» (2000: 153). No obstante, hay que decir también que en algunos de estos trabajos hubo una domesticidad novedosa, que va a contrastar con la mirada exotizante de las Exposiciones Universales del siglo pasado, dándole un carácter más humano a la figura aborigen, en correspondencia

---

[14] Sobre estas referencias, véase Pérez 1988.

con los discursos antropológicos de la época, como los de Elías Toro, Lisandro Alvarado o Julio C. Salas[15].

En el poema de González Rincones lo indígena aparece tanto como forma de encarnar un habla que como una forma de imaginarlo en los discurso antropológicos y etnográficos. La parodia cuestiona los dispositivos representacionales de los saberes autorizados del momento con gran lucidez. El viajero y experto alemán de sus poemas, Ottius Halz, que recuerda precisamente al Humboldt sobre el que trabaja Ramos Sucre, da cuenta de ese corpus de estudios lexicográficos y científicos, relevantes en sus construcciones del «otro». Otros personajes ficticios encarnan a expertos misioneros, como Fray Servando y Fray Anselmo, en una referencia fundamental para la historia colonial venezolana. No hay que olvidar que los primeros trabajos de recopilación del habla aborigen tienen como antecedente el archivo colonial mismo: desde el «Vocabula Barbara» elaborado en latín por Pedro Mártir de Anglería para sus célebres *De Orbe Novo Decades* (1516), pasando por el primer registro americano escrito en castellano (1608), de Pedro Fernández Castro de Andrade. Después ven-

---

[15] Respecto a este cambio, véase Boulton 2020 y Pignataro 2011. El interés por lo aborigen se confirma con la visita a Caracas el 5 de Julio de 1911, durante los días de celebración del Centenario de la Independencia, de más de catorce jefes de clanes de la Guajira, que venían por primera vez a una Caracas que empezaba a urbanizarse. Los caciques Wayúu solicitaron al autócrata varias ayudas, e incluso realizaron otros viajes a la capital. Si bien desde el primer censo venezolano de 1873 se había incluido a la población indígena o al menos a un sector de ella, no será hasta 1920 y 1926 que se vea un incremento poblacional significativo del grupo, que pasa de 48 855 a 136 147 habitantes. Por supuesto, solo cuando se empezaron a manejar criterios metodológicos más sólidos desde el punto de vista demográfico se pudo llegar mejor a estas poblaciones y obtener resultados más confiables. Con todo, fue un avance significativo, vinculado a los cambios de discurso que venimos analizando.

drían otros trabajos, entre ellos *Vozes de la Lengua de los Indios Motilones que avitan en los Montes de las Provincias de Sta. Marta y Maracayo* (1738), de Francisco de Catarroja (1692-1752), por no hablar de un estudio de Fermín Toro ya del período republicano sobre el idioma guajiro, que lamentablemente se perdió.

Visto todo esto, no es difícil considerar cómo con *Yerba Santa* de González Rincones entramos a un laberinto donde se llevan a sus últimas consecuencias los acercamientos a lo indio, desde las modalidades que se venían dando en la época. Tribus inventadas o extintas, relaciones con pigmeos o gigantes, documentos originales ausentes, versiones de cuya veracidad se sospecha o que no se conocen bien, interpretaciones exageradas o absurdas, como las que identifican en un texto la «iniciación de la teoría microbiana»: todo aparece ahí, cuestionando claramente las relaciones entre saberes, por no hablar de la legibilidad de los textos mismos, de su veracidad (1929: 26). Al final la pantomima del poeta, que reproduce en tono de mofa estas tradiciones, logra convertir al sujeto indígena en un sujeto inapropiable e indeterminado. Le restituye así su lugar vacío, su derecho a opacar su representación, a cuestionarla.

Por otro lado, vale la pena tomar nota de algunas operaciones formales. La escenificación de la textualidad propia del trabajo especializado entra en cuestión en su escritura. El reparto entre la palabra autorizada y la palabra autóctona, entre el texto como corpus y el texto como referencia de corte explicativo —que enmarca y determina la significación del primero— se desplaza e invierte en su poesía gracias a la manera en que los parodia y mimetiza, en que los mezcla. Las notas del traductor tienen tanta o más importancia que los textos originales, y muchas de ellas desbordan la mera explicación imparcial, la observación pedagógica o instructiva para cobrar protagonismo anecdótico, narrativo, autobiográfico. Dicho de otro modo: el anotador o comentarista muchas veces se excede y narra. Pero no solo eso. Se convierte además en personaje, asumiendo las máscaras ficcionales que vienen trabajando desde sus respectivas propuestas Ramos Sucre con las figuras de sus poemas, Julio Garmendia en sus cuentos o Bernardo Núñez bajo la figura del italiano Lapugnano en *Cubagua*. González Rincones juega con la supuesta suplementariedad del marco paratextual, evidenciando cómo en este tipo de trabajos se delimita la significación del registro autóctono, de lo que es subalterno, conteniéndolo dentro de un espacio de significación, dentro de un lugar interpretativo.

En esas estrategias textuales queda abierta también una reflexión sobre el lugar de la traducción en estos procesos de apropiación, como bien ha señalado Luis Miguel Isava. Desde la burla corrosiva y la invectiva el poeta busca dar cuenta de la traducibilidad como agente que contiene toda mediación, un elemento que por cierto borra toda práctica populista y por supuesto algunos acercamientos especializados obsesionados por la objetividad investigativa (Isava 2013: 20). A las distribuciones que trabajan los registros científicos de la época, el poeta pareciera contestar con desbordes y excesos. A la retórica de la objetividad propia de estos estudios, el escritor responde con dispositivos subversivos que dan muestra de su teatralización discursiva. Y al borramiento de los lugares de la enunciación y de los intereses ideológicos de representar al «otro», González Rincones replica poniendo de relieve la traducción misma, sin dejar de abrirse a las dinámicas de la contaminación y dispersión.

☙

En González Rincones hay también una lúcida crítica a las construcciones culturales de lo popular. La tradición poética y musical del «corrido», aunque pudiera remontarse en sus orígenes al romance español, es muy propia de una práctica de la música llanera donde se cuentan de seguido y en forma de canto historias de diversa índole. Conocemos los primeros estudios letrados de Adolfo Ernst (*Para el Cancionero popular de Venezuela*, 1893), el de Arístides Rojas (*El Cancionero popular de Venezuela*, 1893), o los más recientes para la época en que escribe González Rincones, como las obras de Victor Manuel Ovalles o de José E. Machado con su *Centón Lírico* (1920), sin obviar los estudios de José Antonio Calcaño en sus columnas para el diario *El Sol* y *El Heraldo*. Lo importante aquí es el uso del habla, del dialecto.

En los debates sobre la construcción de una lengua nacional la ubicación de las formas orales de habla, incluidas las indígenas, tenía una gran relevancia. Era una obsesión armar una lengua literaria nacional bajo una política que discernía lo propio de lo impropio. La territorialización geográfica se hacía en paralelo a la territorialización del espacio simbólico de la lengua, donde a su vez se polemizaba sobre lo pertinente de los cultismos y lo correcto o no del registro vernáculo; sobre lo que era o no verdaderamente nacional se erigían límites, negociaciones, litigios. Los orígenes de la lexicografía de corte republicano se remontan en Venezuela a los trabajos de Rafael María Baralt, Juan Vicente González y Julio Calcaño, quienes se dieron a la tarea de criticar los malos usos del castellano y los extranjerismos, a la vez que buscaban establecer gramáticas que fijaran el idioma[16]. En contraposición a estas tesis, en algunos trabajos de Cecilio Acosta, Baldomero Rivodó o Gonzalo Picón-Febres (antecedentes inmediatos de los intelectuales de las primeras décadas del siglo XX) lo popular en el habla irá vinculándose con lo nacional, como tendencia más válida o legítima.

---

[16] Calcaño, por cierto, será quien haga en *El castellano en Venezuela* (1897) la primera «descripción extensa del habla venezolana» (Pérez 1988: 100).

Acosta, por ejemplo, en una carta dirigida a Ricardo Ovidio Lunardo critica a Baralt por no darle ningún «derecho de ciudadanía» a las palabras extranjeras, creando «aduanas para que no entren de importación palabras extrañas» y acusando a su «Diccionario de galicismos» de «cordón sanitario» (Picón-Febres 1912: 15). Rivodó en *Voces nuevas*, de 1889, llama «lenguicidas» y «cancerberos del lenguaje» (1912: 8) a todos estos puristas que se oponían a la lengua venezolana. Picón-Febres, en su introducción a *Libro raro: voces, locuciones y otras cosas*, critica a Calcaño por considerar los venezolanismos como «barbarismos», y los defiende de esta manera:

> Además, muchos de esos barbarismos, séanlo o no lo sean, tienen la sanción irremediable del uso constante y general en Venezuela, y es menos fácil por lo mismo desterrarlos del Diccionario Patrio, que desarraigar los árboles más corpulentos y elevados de nuestras espléndidas montañas. (1912: 5)

Lo oral-popular de las primeras décadas del siglo XX sigue así la senda abierta a finales del siglo anterior por el criollismo literario de Baldomero Rivodó o Gonzalo Picón-Febres, que había surgido en conjunción con las novelas de la tierra, los trabajos incipientes sobre el folklore y las investigaciones de Lisandro Alvarado, el primer gran lexicógrafo que propone un diccionario de venezolanismos fuera de la tradición purista. De hecho, al igual que *Doña Bárbara* (1929) de Gallegos, el *Glosario bajo del español en Venezuela* (1929) de Alvarado y la novela *Tierra Nuestra* (1919) de Samuel Darío Maldonado, *Las memorias de Mamá Blanca* de Teresa de la Parra se publican con un glosario que recoge los «principales venezolanismos y americanismos» que aparecen en la obra (1912: 171).

En la época en que escribe González Rincones hay en Venezuela toda una obsesión por incluir formas del habla popular en diversos estudios, por más irregulares que sean en cuanto a sus aportes. De Víctor Manuel Ovalles tenemos *El llanero* (1906) y su «Vocabulario de los provincialismos»; de Picón-Febres el citado *Libro raro: voces, locuciones y otras cosas de uso frecuente en Venezuela* (1912); de Emilio Constantino Guerrero, preocupado por el deterioro del lenguaje en el país, un *Diccionario filológico* (1915); de Pedro Montesinos, *Venezolanismos y americanismos* (1916-1918); de Francisco Pimentel (Job Pim), un texto jocoso sin purismo, *Enciclopedia Sigüí: recopilación de las voces más usadas del argot venezolano, escogidas y aumentadas* (1916); de Andrés Jorge Vigas, por último, *Bromeando. Adefesios de uso entre intelectuales* (1923), donde se burla de ciertos usos incorrectos de las palabras. Se crea así toda una prescriptiva que buscaba circunscribir en el léxico de su lengua literaria el alma nacional, reproduciendo a su vez los mismos ordenamientos textuales que criticará González Rincones.

Lo popular se analiza desde distintas posiciones. Se lo ve a veces como barbarismo, o como elemento propiamente nacional; también habrá quienes lo vean como motivo de mofa, burla y parodia, que oscilará entre el desprecio o la reificación. Lo interesante es que de alguna manera todo esto se puede ir ensamblando con nuestra máquina, insertándolo desde eso que Furio Jesi definió como un conjunto de «relatos en torno a dioses, seres divinos, héroes» (1977: 196), en un estilo, una manera de hablar validada, legítima, que pueda insertarse dentro del *telos* de la nación.

Ahora bien, en el poemario *Yerba Santa* de González Rincones todo pareciera desperdigarse radicalmente. Las voces regionalistas se cruzan de distintas maneras con palabras entrecortadas y unidas (el «tumbao» o «emparamao» llanero, el «Poel», «curare'e su flecha»), muchas de las cuales se usan junto con formas verbales correctas, con frases que se vinculan con sonidos onomatopéyicos («ha», «he», «hi»), y con usos de leyendas populares (como la de «Maremare»). Si bien su humor busca prevenirnos de la fascinación folklorista, el juego experimental sirve para trabajar combinaciones verbales inauditas, extrañas. Frente a las convenciones de los estudios mencionados y sus maneras de definir lo nacional o lo propio, González Rincones responde desubicándolos; frente a las justas pretensiones de esencializar en dialectos lo propiamente identitario, el poeta objeta des-identificando, desistiendo y desacoplando esos registros. Frente a los dispositivos de representación de lo popular, reacciona con la transposición de sus usos verbales e imaginales.

Otro aspecto donde mina estas posibles apropiaciones populistas se encuentra en el curioso giro que tiene lugar en la segunda parte de *Yerba Santa*, y que bien puede interpretarse como un guiño. Ahí el poemario adquiere una inaudita, inesperada y sobre todo escandalosa dimensión de ciencia ficción: el autor deliberadamente desplaza el lugar de lo nacional y lo lleva a otro horizonte de sentido. ¿Qué significa, cómo leerlo?

Quizá sea bueno retomar lo que se cuenta en esa segunda parte: después de un supuesto canto original de esta civilización, donde se mezclan referencias nacionales («llanero» u «Orinoco) con menciones planetarias («Marte» o «estrellas»), aparece la nota explicativa de un extraterrestre; este «saturniano» explica que se trataba del idioma castellano, parte de «los grupos de lengua peninsulares», producto de un cataclismo en el que se hundieron España e Italia (1929: 47-48). No conforme con esta *boutade*, en una nota a pie de página que sigue el modelo del relato de aventuras, género muy explotado por el archivo colonial, se introduce toda una historia de exploraciones en un paisaje bélico. De nuevo lo paratextual se desborda y rompe todas las relaciones de jerarquía formal. Como algunos han hecho notar, hay una clara alusión a la palabra «mene», que quiere decir petróleo en lengua indígena. El gesto tiene una connotación particular en un momento donde la economía venezolana comenzaba a tener en el petróleo su principal producto de exportación, de modo que la alusión pareciera parodiar el extractivismo y la construcción nacional sobre esa fuente de riqueza; también, a su vez, estaría proponiendo otra manera de ver el vínculo con lo indígena, como hemos destacado antes.

Por otro lado, ese elemento distópico —la referencia a una civilización fenecida o extinta, como lo fue por lo visto la Menesolana— pareciera estar cuestionando desde la parodia no solo las pulsiones utópicas e identitarias del proyecto moderno venezolano, en particular su uso del petróleo, sino también las tendencias de las vanguardias latinoamericanas, sobre todo en sus operaciones de construcción de nuevas y posibles narrativas nacionales, sin duda de corte más heterogéneo o integrador. Valiéndose por igual de un recuerdo retrospectivo, como vemos en las apuestas del indigenismo peruano de Gamaliel Churata con su *Boletín Titikaka* o de Mario de Andrade con su *Macunaima*, Salustio González Rincones muestra las derivas peligrosas de este imaginario que trabaja desde la retaguardia para encontrar componentes utopistas en construcciones modernas de las culturas ancestrales. Así, desde el desborde ficcional del poema, polemiza con los usos populistas de corte progresista, cuyas experimentaciones heterogéneas con el regionalismo buscaban una construcción nacional alternativa.

De igual modo, las operaciones populistas que buscan traducir y mediar lo popular terminan por difuminarse por completo en la parodia. El libro pareciera interrumpir las pretensiones por disolver la heterogeneidad de las manifestaciones culturales en un proyecto adánico, idealista, como si se entreviera en ello la pulsión por nacionalizarlos. Como advierte Luis Miguel Isava, el autor establece una distancia tanto verbal como conceptual con respecto a estas tradiciones de la vanguardia latinoamericana, una distancia «que impide toda pretensión a la autenticidad para enfatizar hasta qué punto, los lenguajes, incluso los populares, son el resultado de convenciones» (2013: 5)

La cultura letrada del momento (tanto en sus estudios filológicos y lexicográficos como en sus apuestas por las literaturas regionalistas) quería atrapar, capturar la heterogeneidad popular de las oralidades, de sus inscripciones sonoras, en las formas de una lengua literaria legítima, desde un estilo asequible al ciudadano moderno y desde una nueva pedagogía representativa de lo nacional. Junto con la endeble cultura de masas de entonces, seguía los dispositivos representacionales de los archivos de la máquina nacional soberana para convertir todo ello en materia archivable, proclive a ser utilizada por el poder oficial para insertarlo en su historicismo bolivariano y encauzarlo a conveniencia. De ahí se volvía material mítico (Jesi) bajo ciertos usos de imágenes y figuras (Auerbach), bajo cierta lógica teológica y teleológica que delimitaba los territorios de lo válido y lo inválido tal como hemos visto a la hora de distinguir la ficción de la historia, de definir lo territorial auténtico frente a los paisajes inauténticos (Caribe), o la autoridad de la firma republicana frente a otros sujetos literario de menos prestigio (Parra, Bolívar Coronado o Ramos Sucre). Es verdad que muchos de sus productos mostraban elementos problemáticos, inasimilables y subversivos, y también es cierto que sus aportes eran necesarios (y hay que celebrarlos) para la inclusión de legados negados o para el reconocimiento de culturas violentadas, pero la censura gomecista se encargaba o bien de direccionarlos o bien de desmantelarlos de diversas formas, aun cuando como siempre se le escaparan algunos elementos. En cualquier caso, todo ello servía en cierta manera para construir una idea de pueblo digerible para los propósitos de encarnación del «gendarme necesario»; de alguna manera, domesticaba sus fuerzas salvajes a la vez que sintonizaba con su energía y dinamismo, algo que veremos repetirse mucho después en distintos regímenes autocráticos y populistas.

Frente a eso solo quedaba el despliegue del residuo intratable de esos usos, o las posibilidades de archivos alternativos que se podrían rescatar dentro de sus órdenes discursivos, que sirvieron luego para crear las condiciones de la rebelión en las manifestaciones de la generación del 28. Si bien las apuestas literarias de Ramos Sucre, Bolívar Coronado o González Rincones resultan difíciles de relacionar con esas protestas, sus experimentaciones verbales y posiciones estéticas no solo abrieron las puertas para una libertad inédita en los usos más democráticos de lo popular, sino que pusieron también de manifiesto reservas creativas inexploradas hasta hoy. Reservas, vale añadir, que bien pudieran servir para pensar un lenguaje literario nacional futuro, detrás del cual estarían escondidas las fuerzas emergentes de otros mundos posibles, distintos al que todavía nos imponen los dispositivos representacionales populistas desde la fuerza espectral del archivo bolivariano. Es ahí donde podrían estar las herramientas de una democracia por venir: un (an)archivo latente, situado dentro de la máquina nacional soberana, que pudiera cambiar su curso destructivo, autoritario y extractivo.

Bibliografía

Acosta, Cecilio (2004): «Los espectros que son, y un espectro que ya va a ser». En Sandoval, Carlos (ed.): *Días de espanto: cuentos fantásticos venezolanos del siglo XIX*. Caracas: Monte Ávila.
— (2019): «Las letras lo son todo». En *Prodavinci*, 31 de agosto: <https://prodavinci.com/las-letras-lo-son-todo/>.
Acosta Saignes, Miguel (2017): *Estudios para la formación de nuestra identidad*. Caracas: El perro y la rana.
Agamben, Giorgio (2006a): *Lo abierto. El hombre y el animal*. Buenos Aires: Adriana Hidalgo.
— (2006b): *Estancias. La palabra y el fantasma en la cultura occidental*. Valencia: Pre-Textos.
— (2018): *Homo sacer. El poder soberano y la vida desnuda*. Buenos Aires: Adriana Hidalgo.
Aguilera, Delfín & Landaeta Rosales, Manuel (eds.) (1912): *Venezuela en el Centenario de la Independencia 1810-1911*. Caracas: Tipografía Americana.
Alarcón, Víctor (2017): «La ansiedad por los orígenes: el problema de la historia en la Vanguardia literaria de Venezuela». En *Mitologías hoy. Revista de Pensamiento, crítica y estudios latinoamericanos* 16: 53-69.
Alemán, Pepe (2019): *El regreso de Eva*. Caracas: El perro y la rana.
Alvarado, Lisandro (1892): «Armenio y Dorotea». En *El Cojo ilustrado*, 15 de enero.
— (1920): «Neurosis de hombres célebres de Venezuela». En *Cultura venezolana* VII: 104.
Alcibíades, Mirla (2004): *La heroica aventura de construir una república: Familia-nación en el ochocientos venezolano (1830-1865)*. Caracas: Monte Ávila.

— (2012): «Álbum y universo lector femenino (Caracas, 1839)». En *Orbis Tertius* 17 (18): 1-11.

ANDERMANN, Jens (2018): *Tierras en trance. Arte y naturaleza después del paisaje*. Santiago: Metales Pesados.

ANGENOT, Marc (2010): *El discurso social. Los límites históricos de los pensables y lo decible*. Buenos Aires: Siglo XXI.

APPELBAUM, Nancy P. (2016): *Mapping the Country of Regions. The Chorographic Commission of nineteenth-century Colombia*. Chapel Hill: The University of North Carolina Press.

ARCAYA, Pedro Manuel (1911): *Estudios sobre personajes y hechos de la historia venezolana*. Caracas: Tipografía Cosmos.

— (1918): «Lenguas indígenas que se hablaron en Venezuela». En *De Re Indica* 1: 4-11.

ARENAS, Nelly & GÓMEZ CALCAÑO, Luis (2006): «Populismo autoritario: Venezuela 1999-2005». En *Cuadernos del Cendes* 23 (62): 133-138.

ARRÁIZ, Antonio (1991): *Los días de la ira. Las guerras civiles en Venezuela, 1830-1903*. Valencia: Vadell hermanos.

ARREAZA CALATRAVA, José Tadeo (2011): «Canto al Ingeniero de Minas». En *Antología poética*. Anzoátegui: Fondo Editorial del Caribe, 113-118.

AUERBACH, Erich (1998): *Figura*. Madrid: Trotta.

BAPTISTA, Asdrúbal & MOMMER, Bernard (1987): *El petróleo en el pensamiento económico venezolano. Un ensayo*. Caracas: IESA.

BARALT, Rafael María & Díaz, Ramón (2005): *Resumen de la Historia de Venezuela*. Alicante: Biblioteca Virtual Miguel de Cervantes.

BHABHA, Homi K. (1994): «DissemiNation: Time, Narrative and the Margins of the Modern Nation». En *The Location of Culture*. London: Routledge.

BÉCKER, Jerónimo (1918): «Prólogo». En Aguado, Pedro de: *Historia de Venezuela*. Madrid: Establecimiento tipográfico de Jaime Ratés, v-xiv.

BELROSE, Maurice (1999): *La época del modernismo en Venezuela*. Caracas: Monte Ávila.

Belting, Hans (2007): *Antropología de la imagen*. Buenos Aires: Katz.
Benjamin, Walter (2010): *Ensayos Escogidos*. Buenos Aires: El Cuenco de Plata.
Betancourt, Rómulo (1982): *Contra la dictadura de Juan Vicente Gómez*. Caracas: Centauro.
— (1986): *Venezuela, política y petróleo*. Caracas: Monte Ávila.
Berrizbeitia, Josefina (2007): «Realismo, naturalismo y decadentismo: categorías problemáticas en la modernidad venezolana». En *Iberoamericana. América Latina, España, Portugal* 7 (26): 29-44.
Blackmore, Lisa (2014): «Capture life: the "Document-Monument" in recent rommemorations of Hugo Chávez». En *Journal of Latin American Cultural Studies* 23 (3): 235-250.
Blanchot, Maurice (1992): *El libro que vendrá*. Caracas: Monte Ávila.
Blanco, Eduardo (1881): *Venezuela heroica. Cuadros históricos*. Caracas: Imprentas Saenz.
Blanco Fombona, Rufino (1910): *El hombre de hierro*. Madrid: América.
— (1999): *Diarios de mi vida*. Caracas: Monte Ávila.
Bolívar, Simón (1982): «Mi delirio en el Chimborazo». En *Escritos fundamentales*. Caracas: Monte Ávila.
— (2009): *Doctrina del Libertador*. Caracas: Biblioteca Ayacucho.
— (1976): *Carta de Jamaica*. Ciudad de México: Universidad Nacional Autónoma de México.
Bosch, Velia (1991): «Estudio crítico». En *Obra: narrativa, ensayos, cartas*. Caracas: Biblioteca Ayacucho, xxvi-xxxvii.
Boulton, María Teresa (2020): «Los originarios contemporáneos: una mirada fotográfica». En *Trópico Absoluto*, 7 de febrero: <https://tropicoabsoluto.com/2020/02/07/los-originarios-contemporaneos-una-mirada-fotografica/>.
Bouzaglo, Nathalie (2016): *Ficción adulterada. Pasiones ilícitas del entresiglo venezolano*. Rosario: Beatriz Viterbo.
Briceño-Iragorry, Mario (1930): «Procedencia y cultura de los timoto-cuicas» Caracas: Anales de la Universidad de Caracas.
Briceño Perozo, Mario (1979): *Vademecum de Archivología*. Caracas: Archivo General de la Nación.

Brito Figueroa, Federico (2021): *Ensayos de comprensión histórica de Venezuela*. Caracas: Biblioteca Ayacucho.

Bruzual, Alejandro (2014): «Neocolonialismo y escritura. Una visión genética de *Cubagua*. Nota introductoria». En Núñez, Enrique Bernardo: *Cubagua*. Caracas: Fundación CELARG, xxv-xxxviii.

Burke, Peter (2001): *Visto y no visto. El uso de la imagen como documento histórico*. Madrid: Crítica.

Caballero, Manuel (1993): *Gómez, el tirano liberal*. Caracas: Monte Ávila.

— (1995): *Ni Dios, ni Federación. Crítica de la historia política*. Caracas: Planeta.

— (2006): *¿Por qué no soy bolivariano?* Caracas: Alfa.

Carbonell, Diego (1929) «Conciencia y automatismo». En *Revista Cultura venezolana* XII (94): 64-72.

Cabrujas, José Ignacio (2002): *José Ignacio Cabrujas habla y escribe. Tomo 1*. Caracas: Equinoccio.

Cárdenas, María Luz (1995): *Héroes, mitos y esterotipos*. Caracas: Espacios Unión.

Cardozo, Elsa (2007): *Laureano Vallenilla Lanz*. Caracas: Libros El Nacional.

Carrera Damas, Germán (1961): *Historia de la historiografía venezolana*. Caracas: Universidad Central de Venezuela.

— (2003): *El culto a Bolívar. Esbozo para un estudio de la historia de las ideas en Venezuela*. Caracas: Alfa.

Carrera, Gustavo Luis (1994): «Cubagua y la fundación de la novela venezolana estéticamente contemporánea». En *Revista Iberoamericana* LX (166/167): 451-456.

Castellanos, Rafael Ramón (1993): *Un hombre con más de seiscientos nombres*. Caracas: Talleres Italgráfica.

Castillo Zapata, Rafael (2000): «Las disciplinas de la pose: construcción fotográfica del indígena en Venezuela». En *Revista de Crítica Literaria Latinoamericana* 52 (26): 153-172.

Castoriadis, Cornelius (2007): *La institución imaginaria de la sociedad*. Buenos Aires: Tusquets.

Castro, Juan Cristóbal (2020): *El sacrificio de la página. José Antonio Ramos Sucre y el arkhé republicano*. Leiden: Almenara.
Castro Leiva, Luis (1988): «Sobre la absolución de la historia». En *Usos y abusos de la historia en la teoría y en la práctica política*. Caracas: Idea, 108-162.
— (2005): *Para Pensar a Bolívar*. Caracas: Universidad Católica Andrés Bello / Fundación Polar.
Chartier, Roger (1996): *Escribir las prácticas: Foucault, de Certeau, Marin*. Buenos Aires: Manantial.
— (2016): *La mano del autor y el espíritu del impresor*. Buenos Aires: Katz.
Chejfec, Sergio (2017): *Teoría del ascensor*. Buenos Aires: Entropía.
Clúa Ginés, Isabel (2009): «La morbidez de los textos: Literatura y enfermedad en el fin de siglo». En *Frenia: Revista de Historia de la Psiquiatría* 9 (1): 33-51.
Codazzi, Agustín (1960): *Obras escogidas*. Caracas: Ediciones del Ministerio de Educación.
Coetzee, J. M. (2021): *Inner workings*. London: Penguin Books.
Comway, Christopher B. (2003): *The cult of Bolivar in Latin American literature*. Gainesville: University Press of Florida.
Contreras, Álvaro (2011): «Prólogo. La experiencia decadente». En *Pedro César Dominici: ensayos y polémicas*. Mérida: Dirección General y Extensión de Cultura de la Universidad de Los Andes, 1-15.
Córdoba, Diego (1968): *Los desterrados y Juan Vicente Gómez: memorias de Pedro Elías Aristeguieta*. Caracas: Imprenta Nacional.
Cornejo-Polar, Antonio (2003): *Escribir en el aire: ensayo sobre la heterogeneidad socio-cultural en las literaturas andinas*. Lima: CELACP.
Coronil, Fernando (2002): *El Estado mágico. Naturaleza, dinero y modernidad en Venezuela*. Caracas: Nueva Sociedad.
Darío, Rubén (2001): «A propósito de Tito Salas». En *Fuentes documentales y críticas de las artes plásticas venezolanas: siglos XIX y XX*. Caracas: Universidad Central de Venezuela, 632-634.
Dávila, Luis Ricardo (2015): «Los cuerpos de la patria: lenguaje, heroísmo y poder político». En Abache Carvajal, Serviliano (ed.):

Libro homenaje a la Academia de Ciencias Políticas y Sociales en el centenario de su fundación, 1915-2015. Caracas: Academia de Ciencias Políticas y Sociales, 3221-3250.

Derrida, Jacques (1995): *Mal d'archive*. Paris: Éditions Gailée.

— (1997): «La farmacia de Platón». En *La diseminación*. Madrid: Fundamentos, 253-312.

— (2010): *Seminario: La bestia y el soberano*. Buenos Aires: Manantial.

Díaz Rodríguez, Manuel (2010): «Música bárbara». En López Ortega, Antonio & Pacheco, Carlos & Gómez, Miguel (eds.): *La vasta brevedad. Antología del cuento venezolano*. Caracas: Santillana, 49-70.

Didi-Huberman, Georges (1995): *Ante la imagen*. Madrid: Cendeac.

Doane, Mary Ann (2002): *The emergence of cinematic time. Modernity, contingency, the archive*. Cambridge: Harvard University Press.

Domínguez, José Salazar (2010): «Santelmo». En López Ortega, Antonio & Pacheco, Carlos & Gómez, Miguel (eds.): *La vasta brevedad. Antología del cuento venezolano*. Caracas: Santillana, 169-179.

Dominici, Pedro César (1894): «El simbolismo decadente». En *Cosmópolis*. 1 (3): 65-70.

Duchesne-Winter, Juan (2008): *Del príncipe moderno al señor barroco. La república de la amistad en* Paradiso *de José Lezama Lima*. Medellín: La Carreta.

Elman, Juan (2018): «Carlos de la Torre: "Los populismos actuales crearon regímenes híbridos: zonas grises entre democracia y autoritarismo"». En *Clarín*, 20 de mayo: <https://www.clarin.com/opinion/carlos-torre-populismos-actuales-crearon-regimenes-hibridos-zonas-grises-democracia-autoritarismo_0_SJq-CDiRz.html>.

Espinosa, Gabriel (1929): «La cuestión del conocimiento y la existencia intensiva». En *Cultura Venezolana* XII (92): 52.

Esposito, Roberto (2009): *Tercera Persona. Política de la vida y filosofía de lo impersonal*. Buenos Aires: Amorrortu.

— (2013): *Due: La macchina della teologia politica e il posto del pensiero*. Piccola Biblioteca Einaudi Ns.

Esteva-Grillet, Roldán (2010): *Las artes plásticas venezolanas en el Centenario de la Independencia 1910-1911*. Caracas: Academia Nacional de la Historia.

— (2017). *País en Vilo. Arte, democracia e insurrección en Venezuela.* Caracas: Universidad Católica Andrés Bello.

FEBRES CORDERO, Tulio (1921): *Historia de los Andes. Procedencia y lengua de los aborígenes.* Mérida: El Lápiz.

FOMBONA, Julieta (1991): «Teresa de la Parra: las voces de la palabra». En *Obra: narrativa, ensayos, cartas.* Caracas: Biblioteca Ayacucho, ix-xxvi.

FOUCAULT, Michel (1969): *L'arkhéologie du savoir.* Paris: Gallimard.

— (1970): *La arqueología del saber.* México: Siglo XXI.

— (1996a): «The Archeology of Knowledge» [entrevista con Jean-Jacques Brochier]. En Lotringer, Sylvére (ed.): *Foucault Live. Collected Interviews, 1961-1984.* New York: Semiotext(e), 57-64.

— (1996b): «The Birth of a World» [entrevista con Jean Michel Palmier]. En Lotringer, Sylvére (ed.): *Foucault Live. Collected Interviews, 1961- 1984.* New York: Semiotext(e), 65-66.

— (1997): «Los espacios otros». En *Revista Astrágalo* 7, septiembre: 83-91.

— (1999a): *El orden del discurso.* Buenos Aires: Tusquets.

— (1999b): *Las palabras y las cosas. Una arqueología de las ciencias humanas.* México: Siglo XXI.

— (2008): *Tecnologías del yo.* Buenos Aires: Paidós.

FRAILE, Dayana (2013): «Arqueología del sueño: José Antonio Ramos Sucre y los hipnóticos». En *Investigaciones literarias* 1 (21): 91-114.

FREITES, Raúl Agudo (1969): *Pío Tamayo y la vanguardia (Movimiento literario vanguardista en Venezuela).* Caracas: Universidad Central de Venezuela.

FRÍAS, Carlos Eduardo (2006): «Agua sorda». En *Canícula.* Caracas: Universidad Católica Andrés Bello, 39-47.

GABALDÓN, Argimiro (2017): «No permitas que tu dolor se esconda». En AA.Vv.: *Encuentro con Argimiro Gabaldón. El comandante «Carache».* Caracas: El perro y la rana, 22.

GALLEGOS, Rómulo (1986): *Canaima.* Caracas: Panapo.

— (1987): «El último patriota». En *Cuentos completos.* Caracas: Panapo, 32-37.

— (1994): *Cantaclaro:* Caracas: Panapo.

GALLI, Carlos (2019): *Sovrenità. Parole contratempo*. Bologna: Il Mulino.

GARMENDIA, Julio (1992): «El difunto yo». En *La tienda de muñecos*. Caracas: Monte Ávila, 79-85.

— (1995): «El cuento ficticio». En *La Tienda de Muñecos y la Tuna de oro*. Barcelona: Montecino: 17-22.

— (1986): «Cuando pasen 3000 años más». En *La ventana encantada*. Caracas: Ediciones del Congreso de la República.

— (1984): *Opiniones para después de la muerte*. Caracas: Monte Ávila.

GARRIDO, Alberto (2002): *Documentos de la Revolución Bolivariana*. Caracas: Edición del autor.

GIL FORTOUL, José (1895): «Cartas a Pascual». En *El Cojo Ilustrado*, 1 de enero: 4, 6-7.

— (1915): *Discursos y Palabras*. Caracas: Imprenta nacional.

— (1916): *El hombre y la historia. Ensayo de sociología venezolana*. Madrid: América.

— (1925): *El hombre y la historia. Ensayo de sociología venezolana*. Madrid: América.

— (1930): *Historia Constitucional de Venezuela*. Caracas: León Hermanos.

HARWICH VALLENILLA, Nikita (1986): «Los Positivistas». En Ciudad de Castro, Carmen (ed.): *Juan Vicente Gómez ante la Historia*. Caracas: Biblioteca de Autores de Temas Tachirenses, 37-46.

GINZBURG, Carlo (1991): «Checking the evidence: the judge and the historian». En *Critical Inquiry* 18 (1): 79-92.

GLISSANT, Édouard (2017): *Poética de la relación*. Bernal: Universidad Nacional de Quilmes.

GÓMEZ, Juan Vicente (1910): «Carta de Juan Vicente Gómez». En *Boletín del Archivo Histórico de Miraflores* 13: 60.

GÓMEZ COVA, Juan Pablo (2016): «Rafael Bolívar Coronado, la levedad del escritor múltiple. Cauces para el estudio de la falsificación como estrategia literaria». En *Akademos* 18: 101-113.

— (2020): «Bolívar Coronado y Daniel Mendoza: la falsificación literaria, el arquetipo del llanero y la pervivencia del apócrifo». En *Entreletras* 8: 33-40.

— (2024): «La invención del maestre Juan de Ocampo: heteronimia y creación literaria en Bolívar Coronado». En *Trópico Absoluto*, 19 enero: <https://tropicoabsoluto.com/2024/01/19/la-invencion-del-maestre-juan-de-ocampo-heteronimia-y-creacion-literaria-en-bolivar-coronado/>.

GONZÁLEZ ECHEVARRÍA, Roberto (1998): *Mito y Archivo. Una teoría de la narrativa latinoamericana*. México: Fondo de Cultura Económica.

GONZÁLEZ LEÓN, Adriano (1968): *País portátil*. Barcelona: Seix Barral.

GONZÁLEZ RINCONES, Salustio (1929): *Yerba Santa*. Paris: Imprimerie Artistique.

GUERRERO, Luis Beltrán (1993): «Rubén Darío y Venezuela». En *Ensayos y poesía*. Caracas: Biblioteca Ayacucho, 104-117.

GROYS, Boris (2005): *Sobre lo nuevo. Ensayo de una economía cultural*. Valencia: Pre-textos.

GUINÁN, F. González (1921): «Literatura nacional». En *Cultura venezolana* III, enero: 13.

HERNÁNDEZ BOSSIO, Alba Rosa (1990): *Ramos Sucre. La voz de la retórica*. Caracas: Monte Ávila.

HERNÁNDEZ BOSSIO, Alba Rosa (2002): *José Antonio Ramos Sucre*. Caracas: El Nacional.

ISAVA, Luis Miguel (2013): *Los otros lenguajes: Traducción y Vanguardia*. En Sosa, Joaquín Marta (ed.): *Aproximación al canon de la poesía venezolana*. Caracas: Equinoccio.

JABINO (1897): «Autobiografías». En *El Cojo ilustrado*, 15 de agosto.

JAHN, Alfredo (1927): *Los aborígenes del occidente de Venezuela, su historia, etnografía y afinidades lingüísticas*. Caracas: Lit y Tip. del Comercio.

JESI, Furio (1972): «Mito y Lenguaje de la colectividad». En *Literatura y mito*. Barcelona: Barral.

— (1976): *Mito*. Barcelona: Labor.

— (1977): *La festa. Antropologia, etnologia, folklore*. Torino: Rosenberg & Sellier.

— (2014): *Spartakus. Simbología de la revuelta*. Buenos Aires: Adriana Hidalgo.

Koselleck, Reinhart (2021): *El concepto de Estado y otros ensayos.* Buenos Aires: Fondo de Cultura Económica.

Laclau, Ernesto (2005): *La razón populista.* Buenos Aires: Fondo de Cultura Económica.

Lasarte Valcárcel, Javier (1993): «Poéticas de la primera contemporaneidad y cambio intelectual en la narrativa venezolana». En Revista chilena de literatura 41: 79-98.

— (1995): *Juego y nación. Postmodernismo y vanguardia en Venezuela.* Caracas: Fundarte.

— (2020): *Aires del cambio. Cultura y narrativa en la Venezuela del gomecismo y el post-gomecismo.* Caracas: Ediciones del autor.

Latour, Bruno (2001): *La esperanza de Pandora: Ensayos sobre la realidad de los estudios de la ciencia.* Barcelona: Gedisa.

Leal Curiel, Carole (2006): «El 19 de abril de 1810: La "mascarada de Fernando" como fecha fundacional de la Independencia de Venezuela». En Carrera Damas, Germán & Leal Curiel, Carole & Lomné, Georges & Martínez, Frédéric (eds.): *Mitos políticos en las sociedades andinas: orígenes, invenciones y ficciones.* Caracas: Equinoccio, 65-91.

— (2019): *La Primera Revolución de Caracas, 1808-1812. Del Juntismo a la independencia absoluta.* Caracas: Universidad Católica Andrés Bello.

— (2021): «La transmisión del poder: la construcción de la democracia en Venezuela a través de sus juras». En Mondolfi, Edgardo (ed.): *La política en el siglo XX venezolano.* Caracas: Fundación de la Cultura Urbana, 20-28.

Le Bon, Gustave (1912): *Leyes psicológicas de la evolución de los pueblos.* Madrid: Daniel Jorro.

— (2005): *Psicología de las masas.* Madrid: Morata.

Lecuna, Vicente (2018): «Reinas venezolanas del siglo XX: Populismo, Abstracción y Estado». En *Cuadernos de literatura* 22 (43): 75-96.

Lezama Lima, José (1988): *Confluencias.* La Habana: Letras Cubanas.

— (2012): *La expresión americana.* México: Fondo de Cultura Económica.

Lira Sosa, José (2009): «Vivac». En *El Salmón. Revista de poesía* 42: 19.
López, Isaac Abraham (2024): *Tormentos y pasiones revolucionarias. Notas sobre las izquierdas revolucionarias*. Mérida: Universidad de los Andes.
López, Magdalena (2020): «Los usos del pasado y el campo cultural venezolano: cinco novelas (2016-2020)». En *Akademos* 22 (1-2): 129-154.
Lupi, Juan Pablo (2016): «Cubagua's Ghost». En Ribas-Casasayas, Alberto & Petersen, Amanda L. (eds.): *Espectros. Ghostly hauntings in contemporary transhispanic narratives*. Lewisburg: Bucknell University Press, 169-187.
Jacobs, Lynn F. (2012): *Opening doors. The early Netherlandish triptych reinterpreted*. University Park: Pennsylvania State University Press.
McBeth, B.S. (2002): *Juan Vicente Gomez and the Oil Companies in Venezuela, 1908-1935*. Cambridge: Cambridge Universiy Press.
— (2008): *Dictatorship and Politics: Intrigue, Betrayal, and Survival in Venezuela, 1908-1935*. Notre Dame: University of Notre Dame Press.
Maldonado, Samuel Darío (1920): *Tierra Nuestra (Por el río Caura)*. Caracas: Litografía del Comercio.
Marin, Louis (1981): *Le Portrait du Roi*. Paris: Éditions de Minuit.
— (1993): *Des pouvoirs de l'image. Gloses*. Éditions du Seuil.
— (2009): «Poder, representación, imagen». En *Prismas: revista de Historia Intelectual* 13 (2): 135-153.
— (2023): *El arte del retrato*. Buenos Aires: Paradigma Indicial.
Marinone, Mónica (2010): «Entre padres, legisladores y desaforados». En *Memorias del silencio. Literaturas en el Caribe y en Centroamérica*. Buenos Aires: Corregidor, 245-271.
Marta Sosa, Joaquín (2013): «Un canto alucinado». En *Aproximación al canon de la poesía venezolana*. Caracas: Equinoccio, 99-106.
Martí, José (2005): *Nuestra América*. Caracas: Biblioteca Ayacucho.
Marx, Karl (1998): *El Capital*. México: Siglo XXI.
— (2008): *Manifiesto comunista*. Barcelona: Crítica.

Maíz, Claudio (2009): *Constelaciones Unamunianas. Enlaces entre España y América (1898-1920)*. Salamanca: Universidad de Salamanca.

Mbembe, Achille (2002): «The Power of Archive and its Limits». En Hamilton, Carolyn & Harris, Verne & Taylor, Jane (eds.): *Refiguring the Archive*. Dordrecht: Kluwer Academic, 19-26.

Millán, Blas (1924): «Fragmento de una carta de Caracas, escrita en el año de mil novecientos setenta y cinco». En *La radiografía y otros casos*. Paris: Librairie Henri Gaulon, 3-14.

Miranda, Julio E. (ed.) (2001): *Antología histórica de la poesía venezolana del siglo xx*. San Juan: Editorial de la Universidad de Puerto Rico.

Mondolfi Gudat, Edgardo (2015): *La insurrección anhelada. Guerrilla y violencia en la Venezuela de los sesenta*. Caracas: Alfa.

Montejo, Eugenio (1974): *La ventana oblicua*. Valencia: Ediciones de la Dirección de Cultura de la Universidad de Carabobo.

— (1996): *El taller blanco*. México: Universidad Autónoma Metropolitana, Unidad Azcapotzalco.

Montoya, Jesús (2018): «Kiu Chibatsa o la Yerba Santa: figuraciones de lo popular y lenguas inventadas en Salustio González Rincones». En *Poligramas: Revista de la Escuela de Estudios Literarios* 47: 57-82.

Morales-Pino, Ainaí (2023): *Éticas y estéticas de la profanación. El entre siglos más allá del modernismo (Perú-Venezuela, 1880-1914)*. Santiago de Chile: Cuarto propio.

Moré, Belford (2002): *Saberes y autoridades: institución de la literatura venezolana (1810-1910)*. Caracas: La Nave Va.

Nancy, Jean-Luc (2007): *Ego sum*. Barcelona: Anthropos.

Nietzsche, Friedrich (2004): *El nacimiento de la tragedia*. Madrid: Alianza Editorial.

Núñez, Enrique Bernardo (1959): «Huellas en el agua». En *El Nacional*, 13 de diciembre.

— (1963): *Bajo el Samán*. Caracas: Biblioteca Venezolana de Cultura.

— (1987): «La Galera de Tiberio». En *Novelas y Ensayos*. Caracas: Biblioteca Ayacucho, 69-142.

— (2010): «La perla». En López Ortega, Antonio & Pacheco, Carlos

& Gómez, Miguel (eds.): *La vasta brevedad. Antología del cuento venezolano*. Caracas: Santillana, 145-149.
— (2014): *Cubagua*. Caracas: Fundación CELARG.

Núñez Tenorio, J. R. (1969): *Bolívar y la guerra revolucionaria*. Caracas: Editorial CM / Nueva Izquierda.

Olavarría, Jorge (2007): *Gómez: un enigma histórico*. Caracas: Fundación Olavarría.

Otero Silva, Miguel Enrique (2001): *Fiebre*. Caracas: Libros El Nacional.

Oramas, Luis R. (1913): «Contribución al estudio de la lengua guajira». En *Revista Técnica del Ministerio de Obras Públicas*. Caracas: Lit. y tip. del Comercio: 24-28.

Osorio Tejeda, Nelson (1985): *La formación de las vanguardias venezolanas*. Caracas: Biblioteca de la Academia Nacional de la Historia.

Padrón Toro, Antonio (2014): *Henrique Avril: El relator gráfico del paisaje venezolano*. Caracas: Fundación Bancaribe.

Palacios, María Fernanda (2005): *Teresa de la Parra*. Caracas: Editora El Nacional.

Parra, Teresa de la (1991): *Ifigenia. Obras Completas*. Caracas: Biblioteca Ayacucho.

— (1991): *Memorias de Mamá Blanca. Obras Completas*. Caracas: Biblioteca Ayacucho.

Parra Pérez, Caracciolo (1918): «Bolívar y Venezuela». En *Cultura venezolana* 1 (2): 120-121.

Pérez, Francisco Javier (1988): *Historia de la lingüística en Venezuela desde 1782 hasta 1929*. Caracas: Universidad Católica Andrés Bello.

Pérez Oramas, Enrique (1998): *La cocina de Jurassic Park y otros ensayos visuales*. Caracas: Exlibris.

Pérez Schael, María Sol (2011): *Petróleo, cultura y poder en Venezuela*. Caracas: Los Libros de El Nacional.

Picón Salas, Mariano (1963): «La Aventura Venezolana». En *150 años de vida republicana 1811-1961*. Caracas: Ediciones de la Presidencia de la República.

— (1983): *Viejos y nuevos mundos*. Caracas: Biblioteca Ayacucho.

— (2007): «Perspectiva de la pintura venezolana». En *Las formas y las visiones*. Caracas: Universidad Católica, 19-42.
Piglia, Ricardo (2005): *El último lector*. Barcelona: Anagrama.
Pignataro, Claudia (2011): *Henrique Avril, los rostros del desolvido*. Caracas: Monte Ávila.
Pimentel, Francisco (1916): *Enciclopedia Sigüí. Recopilación de las voces más usuales del «argot» venezolano, escogidas y aumentadas*. Caracas: s.e.
Pineda, Rafael (1969): *Tito Salas*. Caracas: Instituto Nacional de Cultura y Bellas Artes.
Piniella Grillet, Isabel (2025): *(Re)Generación 1958. Intelectuales, arte y política*. Madrid / Frankfurt: Iberoamericana / Vervuert.
Pino Iturrieta, Elías (2003): *El divino Bolívar. Ensayos sobre una religión republicana*. Madrid: Catarata.
— (2016): *Gomecismo y positivismo*. Caracas: Alfa.
Planchart, Enrique (1921): «Observaciones sobre el cancionero popular venezolano». En *Cultura Venezolana* IV (28): 105.
Plaza, Elena (1985): *José Gil Fortoul: los nuevos caminos de la razón: la historia como ciencia*. Caracas: Ediciones del Congreso de la República.
— (1996): *La tragedia de una amarga convicción. Historia y política en el pensamiento de Laureano Vallenilla Lanz (1870-1936)*. Caracas: UCV.
— (2021): «Vicisitudes de un escaparate de cedro con libros prohibidos: actividades del Tribunal de la Inquisición en la Provincia de Caracas, 1778-1821». En *Trópico absoluto*, 13 de abril: <https://tropicoabsoluto.com/2021/04/13/vicisitudes-de-un-escaparate-de-cedro-con-libros-prohibidos-actividades-del-tribunal-de-la-inquisicion-en-la-provincia-de-caracas-1778-1821/>.
Pocaterra, José Rafael (1997): *Memorias de un venezolano de la decadencia* [2 vols.]. Caracas: Monte Ávila.
— (2006): *Cuentos Grotescos*. Caracas: Monte Ávila.
Pratt, Mary Louise (2010): *Ojos Imperiales. Literatura de viajes y transculturización*. México: Fondo de Cultura de México.
Quintero, Inés (1989): *El ocaso de una estirpe*. Caracas: Alfa.
Quintero, Rodolfo (2021): *La cultura del petróleo. Ensayo sobre estilos de vida de grupos sociales de Venezuela*. Caracas: El perro y la rana.

Rama, Angel (1978): *El universo simbólico de José Antonio Ramos Sucre*. Cumaná: Universidad de Oriente.
Ramos Sucre, José Antonio (1960): *Los aires del presagio*. Caracas: Monte Ávila.
— (1976): *Obra completa*. Caracas: Biblioteca Ayacucho.
— (1999): *Obra poética*. México: Fondo de Cultura Económica.
— (2001): *Obra poética*. Edición crítica de Alba Rosa Hernández Bossio. Paris: Allca XX.
Rancière, Jacques (2011): *Política de la literatura*. Buenos Aires: Libros del Zorzal.
— (2013): *La noche de los proletarios. Archivos del sueño obrero*. Buenos Aires: Tinta Limón.
— (2015): *Mallarmé: la política de la sirena*. Santiago de Chile: Lom.
Rangel, Domingo Alberto (1975): *Los Andinos al poder. Balance de historia contemporánea 1899-1945*. Caracas: Vadell Hermanos.
Ríos, Alicia (2013): *Nacionalismos banales: el culto a Bolívar. Literatura, cine, arte y política en América Latina*. Pittsburgh: Instituto Internacional de Literatura Iberoamericana.
Rivas Rojas, Raquel (2002): *Bulla y buchiplumeo*. Caracas: La Nave va.
Rodríguez Lehmann, Cecilia (2018a): «La fotografía y el álbum de cigarrillos. Relatos menores del entresiglo venezolano». En *Estudios Filológicos* 61: 265-282.
— (2018b): «Un álbum fotográfico/literario caraqueño. La industria cultural y sus reapropiaciones estéticas». En *Trópico absoluto*, 15 de diciembre: <https://tropicoabsoluto.com/2018/12/15/un-album-fotografico-literario-caraqueno-la-industria-cultural-y-sus-reapropiaciones-esteticas/>.
Rodríguez, José Ángel (2009): «El culto a Humboldt en Venezuela». En *Internationale Zeitschrift für Humboldt Studien* HIN 12 (19): 45-54.
Rodríguez Lorenzo, Miguel Ángel (2020): «Protoantropologías venezolanas: afanes para eludir otredades y construir identidades». En Mejías Guiza, Annel & García, Teresa (eds.): *Antropologías hechas en Venezuela*. Mérida: Red de Antropologías del Sur, 27-79.

Roldán, Esteva-Grillet (2011): *Las artes plásticas venezolanas en el Centenario de la Independencia 1910-1911*. Caracas: Academia Nacional de la Historia.

Rojas, José María (1875): *Biblioteca de escritores venezolanos contemporáneos*. Caracas: Hermanos Rojas.

Rojas López, José Jesús (2007a): «Una apreciación crítica del modelo trizonal de Humboldt-Codazzi en la geografía de Venezuela». En *Procesos históricos: revista de historia, arte y ciencias sociales* 12: <http://erevistas.saber.ula.ve/index.php/procesoshistoricos/article/view/9569>.

— (2007b): «Agustín Codazzi y los paisajes de una geografía imaginaria en Venezuela». En *Revista geográfica venezolana* 48 (2): 299-308.

Rojo, Violeta (2018): «Memoria y recuerdo: el gomecismo desde la literatura autobiográfica». En *Las heridas de la literatura venezolana y otros ensayos*. Caracas: El Estilete, 67-88.

Roscio, Juan Germán (1983): *El triunfo de la libertad sobre el despotismo*. Caracas: Monte Ávila.

Rosenblum, Robert (1986): *Transformaciones en el arte de finales del siglo XVIII*. Madrid: Taurus.

Sabino (1897): «Crónicas ligeras». En *El Cojo ilustrado*, 15 de agosto.

Salas de Lecuna, Yolanda (1987): *Bolívar y la Historia en la conciencia popular*. Caracas: Universidad Simón Bolívar, Instituto de Altos Estudios de América Latina.

Salgado, César A (2017): «Lola Rodríguez de Tió y el género epistolar en la historiografía proceratista». En *80 grados*: <http://www.80grados.net/lola-rodriguez-de-tio-y-el-genero-epistolar-en-la-historiografia-proceratista/>.

Sánchez, Rafael (2016): *Dancing Jacobins. A Venezuelan Genealogy of Latin American Populism*. New York: Fordham University Press.

Segnini, Yolanda (1997): *Las luces del gomecismo*. Caracas: Alfadil.

Selgas, Gianfranco (2025): *Regionalismo ensamblado. Cultura, ecología política y extractivismos en Latinoamérica (1930-1940)*. Madrid / Frankfurt: Iberoamericana / Vervuert.

Semprún, Jesús (1921): «Carta al norte: epidemia de crímenes». En *Cultura venezolana* 21: 55.

SERRE, Michel (1892): *The Parasite*. Baltimore: John Hopkins University.
SCHMITT, Carl (1950): *El nomos de la tierra. En el Derecho de Gentes del «Jus publicum europaeum»*. Buenos Aires: Struhart & Cía.
SILVA BEAUREGARD, Paulette (1992): «La narrativa venezolana de la época del modernismo». En *Revista Chilena de Literatura* 40: 41-56.
— (2002): *Las tramas de los lectores. Estrategias de la modernización cultural en Venezuela (siglo XIX)*. Caracas: Fundación para la Cultura Urbana.
— (2008) «La lectura, la pose y el desarraigo: Pedro-Emilio Coll y el bovarimo hispanoamericano». En *Acta Literaria* 37 : 81-95.
— (2012) «Una buena receta contra la nostalgia»: *Zárate* de Eduardo Blanco. En *Cuadernos de Literatura* 16 (31): 135-161.
— (2016): «Ese espejismo de dos caras: estrategias de la modernización cultural en Venezuela (siglo XIX)». En *Cuadernos de literatura* 20 (39): 95-114.
SKINNER, Quentin (2004): *El nacimiento del Estado*. Buenos Aires: Gorla.
SOSA ABASCAL, Arturo (1976): *La filosofía política del gomecismo*. Barquisimeto: Centro Gumilla.
SPIEKER, Sven (2008): *The big Archive. Art from bureaucracy*. Cambridge: MIT Press.
STRAKA, Tomás (2002): «Integrismo y restauración. Política, Iglesia y pensamiento en el entresiglo venezolano (1890-1916)». En *Memorias de las II Jornadas de Historia y Religión*. Caracas: Publicaciones UCAB.
— (2009): *La épica del desencanto*. Caracas: Alfa.
— (2017): «La esperanza del universo. El bolivarianismo durante la Gran Venezuela (1974-1983)». En *Revista de Indias* 77 (270): 379-403.
SUCRE, Guillermo (1999): «Ramos Sucre: la pasión por los orígenes». En *Obra poética, José Antonio Ramos Sucre*. México: Fondo de Cultura Económica, 9-38.

Sullivan, William M. (1996): «Ramos Sucre: la pasión por los orígenes». En Ramos Sucre, José Antonio: *Obra poética*. Fondo de Cultura Económica, 9-38.

Tinker Salas, Miguel (2009): *The Enduring Legacy. Oil, Culture, and Society in Venezuela*. Durham: Duke University Press.

— (2013): *El despotismo de Cipriano Castro*. Caracas: Academia Nacional de la Historia.

Taylor, Diane (2003): *The archive and the repertoire. Performing cultural memory in the Americas*. Durham: Duke University Press.

Taussig, Michael (2015): *La magia del Estado*. Buenos Aires: Siglo XXI.

Toro, Elías (1897): «Crónicas científicas». En *El Cojo ilustrado* VI (129), 1 de mayo: 480.

Torres, Ana Teresa (2009): *La herencia de la tribu. Del mito de la independencia a la Revolución Bolivariana*. Caracas: Alfa.

Troconis, Irina (2025): *The necromantic State. Spectral remains in the afterglow of Venezuelan's Bolivarian Revolution*. Durham: Duke University Press.

Urbaneja, Diego Bautista (1918): *La propiedad intelectual en la legislación venezolana y ante el Derecho internacional*. Caracas: Tipografía americana.

— (1988): «El sistema político Gomecista». En Pino Iturrieta, Elías (ed.): *Juan Vicente Gómez y su época*. Caracas: Monte Ávila, 51-66.

— (2013): *La renta y el reclamo. Ensayo sobre petróleo y economía política*. Caracas: Alfa.

— (2022): *Venezuela y sus repúblicas*. Caracas: Universidad Católica.

— (2023): *Si ha habido pueblo*. Caracas: Alfa.

Uslar Pietri, Arturo (2005): *Oficio de Difuntos*. Caracas: El Nacional.

Uzcátegui, Laura Beatriz (2015): «La sugestión literaria: naturaleza y arte». En *Actual. Investigación* 74 (46): 133-153.

— (2017): «Cosmópolis, una alternativa crítica en el campo literario venezolano finisecular». En *Voz y Escritura. Revista de Estudios Literarios* 25, enero-diciembre: 105-123.

Vallenilla Lanz, Laureano (1903): «Bibliografía — Episodios venezolanos por F. Tosta García». En *El Patriota*, 19 de octubre.

—(1911): «Información literaria y artística — Lecturas de L. V. L. — La historia y la leyenda de Judas — A propósito de los tres mosqueteros». En *El Cojo Ilustrado* XX (473): 504-505.
— (1912): *Obituario sobre muerte de Eduardo Blanco*. MS n° XII. Archivo de Vallenilla Lanz, Saint-Germain-en-Laye, Carnet.
— (1915): *Informe presentado por el ciudadano Laureano Vallenilla Lanz, archivero nacional al ciudadano Ministro de Relaciones Interiores*. Caracas: Lit. y Tip. del Comercio, 13.
— (1918): «La Ciudad Colonial». En *Revista Cultura Venezolana* 4, septiembre-octubre: 16-33.
—(1919): «Centenario de Boyacá». En *Revista Cultura Venezolana* 8, julio-agosto: 157.
— (1921): *Críticas de sinceridad y exactitud*. Caracas: Imprenta Bolívar.
— (1930): *Disgregación e integración. Ensayo sobre la formación de la nacionalidad venezolana*. Caracas: Talleres de Tipografía Universal.
— (1991): *Cesarismo democrático y otros textos*. Caracas: Biblioteca Ayacucho.
VÁSQUEZ-ORTEGA, Manuel (2020): «Luis Felipe Toro (I): el tiempo del retrato». En *Prodavinci*, 12 de julio: < https://prodavinci.com/luis-felipe-toro-i-el-tiempo-del-retrato-b>.
VELÁZQUEZ, Ramón J. (1980): *Confidencias imaginarias de Juan Vicente Gómez*. Caracas: Centauro.
WHITE, Hayden (2010): *Ficción histórica, historia ficcional y realidad histórica*. Buenos Aires: Prometeo.
VISMANN, Cornelia (2008): *Files. Law and media technology*. Stanford: Stanford University Press.
WITTGENSTEIN, Ludwig (1998): *Investigaciones filosóficas*. Barcelona: Crítica.
YUMAR, Fernando (2005): «Ramos Sucre: la letra que inicia la realidad». En *Crónica del anhelo*. Caracas: Monte Ávila, 175-184.

Agradecimientos

Quisiera agradecer, ante todo, al investigador y crítico Rafael Sánchez; las conversaciones con él fueron claves para el desarrollo de este trabajo. Otro tanto me sucedió con Juan Pablo Gómez Cova, a quien debo mucho por sus diálogos en torno a la investigación que ha venido realizando sobre Bolívar Coronado. También quiero agradecer a Luis Miguel Isava, por sus atentas lecturas, comentarios y correcciones, y a Juan Pablo Lupi, por sus observaciones y sugerencias. Por otro lado, tuve la oportunidad de comentar un primer borrador a Gonzalo Aguilar, Raúl Rodríguez Freire, Mario Cámara, Mary Luz Estupiñán y Hugo Herrera en el encuentro que hicimos en la UNSAM en el 2022, donde obtuve sugerentes observaciones que agradezco mucho. Algunos de estos textos fueron versiones preliminares de trabajos que desarrollé en otros medios, de modo que agradezco de nuevo a Juan Pablo Lupi, a Gerónimo Pizarro y a Diana Paola Guzmán por invitarme a los respectivos volúmenes que coordinaron. De igual modo, quiero agradecer a Juan Carlos Quintero Herencia la invitación a un seminario que fue muy productivo, y que luego —gracias a sus esfuerzos y a los de Waldo Pérez Cino— pudo publicarse en un libro.

Catálogo Almenara

Aguilar, Paula & Basile, Teresa (eds.) (2015): *Bolaño en sus cuentos.* Leiden: Almenara.

Aguilera, Carlos A. (2016): *La Patria Albina. Exilio, escritura y conversación en Lorenzo García Vega.* Leiden: Almenara.

Amar Sánchez, Ana María (2017): *Juegos de seducción y traición. Literatura y cultura de masas.* Leiden: Almenara.

Arroyo, Jossianna (2020): *Travestismos culturales. Literatura y etnografía en Cuba y el Brasil.* Leiden: Almenara.

Barrón Rosas, León Felipe & Pacheco Chávez, Víctor Hugo (eds.) (2017): *Confluencias barrocas. Los pliegues de la modernidad en América Latina.* Leiden: Almenara.

Blanco, María Elena (2016): *Devoraciones. Ensayos de periodo especial.* Leiden: Almenara.

Brioso, Jorge (2024): *La destrucción por el soneto. Sobre la poética de Néstor Díaz de Villegas.* Leiden: Almenara.

Burneo Salazar, Cristina (2017): *Acrobacia del cuerpo bilingüe. La poesía de Alfredo Gangotena.* Leiden: Almenara.

Bustamante, Fernanda & Guerrero, Eva & Rodríguez, Néstor E. (eds.) (2021): *Escribir otra isla. La República Dominicana en su literatura.* Leiden: Almenara.

Caballero Vázquez, Miguel & Rodríguez Carranza, Luz & Soto van der Plas, Christina (eds.) (2014): *Imágenes y realismos en América Latina.* Leiden: Almenara.

Calomarde, Nancy (2015): *El diálogo oblicuo: Orígenes y Sur, fragmentos de una escena de lectura latinoamericana, 1944-1956.* Leiden: Almenara.

Camacho, Jorge (2019): *La angustia de Eros. Sexualidad y violencia en la literatura cubana.* Leiden: Almenara.

Campuzano, Luisa (2016): *Las muchachas de La Habana no tienen temor de dios. Escritoras cubanas (siglos XVIII-XXI).* Leiden: Almenara.

Casal, Julián del (2017): *Epistolario. Edición y notas de Leonardo Sarría*. Leiden: Almenara.
Castro, Juan Cristóbal (2020): *El sacrificio de la página. José Antonio Ramos Sucre y el arkhé republicano*. Leiden: Almenara.
— (2025): *Fisuras en la máquina soberana. Intervenciones estéticas sobre la Venezuela moderna*. Gainesville: Almenara.
Corbatta, Jorgelina (2025): *Autoficción, intertextualidad, psicoanálisis. De Doubrovsky hasta Bolaño en viaje de ida y vuelta*. Gainesville: Almenara.
Cuesta, Mabel & Sklodowska, Elzbieta (eds.) (2019): *Lecturas atentas. Una visita desde la ficción y la crítica a las narradoras cubanas contemporáneas*. Leiden: Almenara.
Churampi Ramírez, Adriana (2014): *Heraldos del Pachakuti. La Pentalogía de Manuel Scorza*. Leiden: Almenara.
Deymonnaz, Santiago (2015): *Lacan en el cuarto contiguo. Usos de la teoría en la literatura argentina de los años setenta*. Leiden: Almenara.
Díaz Infante, Duanel (2014): *Días de fuego, años de humo. Ensayos sobre la Revolución cubana*. Leiden: Almenara.
Echemendía, Ambrosio (2019): *Poesía completa. Edición, estudio introductorio y apéndices documentales de Amauri Gutiérrez Coto*. Leiden: Almenara.
Fielbaum, Alejandro (2017): *Los bordes de la letra. Ensayos sobre teoría literaria latinoamericana en clave cosmopolita*. Leiden: Almenara.
Garbatzky, Irina (2025): *El archivo del Este. Desplazamientos en los imaginarios de la literatura cubana contemporánea*. Leiden: Almenara.
García Vega, Lorenzo (2018): *Rabo de anti-nube. Diarios 2002-2009. Edición y prólogo de Carlos A. Aguilera*. Leiden: Almenara.
Garrandés, Alberto (2015): *El concierto de las fábulas. Discursos, historia e imaginación en la narrativa cubana de los años sesenta*. Leiden: Almenara.
Giller, Diego & Ouviña, Hernán (eds.) (2018): *Reinventar a los clásicos. Las aventuras de René Zavaleta Mercado en los marxismos latinoamericanos*. Leiden: Almenara.
Greiner, Clemens & Hernández, Henry Eric (eds.) (2019): *Pan fresco. Textos críticos en torno al arte cubano*. Leiden: Almenara.

González Echevarría, Roberto (2017): *La ruta de Severo Sarduy*. Leiden: Almenara.
Gotera, Johan (2016): *Deslindes del barroco. Erosión y archivo en Octavio Armand y Severo Sarduy*. Leiden: Almenara.
Gutierrez Coto, Amauri (2024): *Canon, historia y archivo. Volumen I. La segunda promoción de escritores afrodescendientes en el siglo XIX cubano*. Leiden: Almenara.
Hernández, Henry Eric (2017): *Mártir, líder y pachanga. El cine de peregrinaje político hacia la Revolución cubana*. Leiden: Almenara.
Inzaurralde, Gabriel (2016): *La escritura y la furia. Ensayos sobre la imaginación latinoamericana*. Leiden: Almenara.
Kraus, Anna (2018): *sin título. operaciones de lo visual en 2666 de Roberto Bolaño*. Leiden: Almenara.
Loss, Jacqueline (2019): *Soñar en ruso. El imaginario cubano-soviético*. Leiden: Almenara.
Lupi, Juan Pablo & Salgado, César A. (eds.) (2019): *La futuridad del naufragio. Orígenes, estelas y derivas*. Leiden: Almenara.
Machado, Mailyn (2016): *Fuera de revoluciones. Dos décadas de arte en Cuba*. Leiden: Almenara.
— (2018): *El circuito del arte cubano. Open Studio I*. Leiden: Almenara.
— (2018): *Los años del participacionismo. Open Studio II*. Leiden: Almenara.
— (2018): *La institución emergente. Entrevistas. Open Studio III*. Leiden: Almenara.
Mateo del Pino, Ángeles & Pascual, Nieves (eds.) (2022): *Material de derribo. Cuerpo y abyección en América Latina*. Leiden: Almenara.
Montero, Oscar J. (2019): *Erotismo y representación en Julián del Casal*. Leiden: Almenara.
— (2022): *Azares de lo cubano. Lecturas al margen de la nación*. Leiden: Almenara.
Morejón Arnaiz, Idalia (2017): *Política y polémica en América Latina. Las revistas Casa de las Américas y Mundo Nuevo*. Leiden: Almenara.
Muñoz, Gerardo (ed.) (2022): *Giorgio Agamben. Arqueología de la política*. Leiden: Almenara.
Pérez Cano, Tania (2016): *Imposibilidad del beatus ille. Representaciones de la crisis ecológica en España y América Latina*. Leiden: Almenara.

Pérez Cino, Waldo (2014): *El tiempo contraído. Canon, discurso y circunstancia de la narrativa cubana (1959-2000)*. Leiden: Almenara.

Puñales Alpízar, Damaris (2020): *La maldita circunstancia. Ensayos sobre literatura cubana*. Leiden: Almenara.

Quintero Herencia, Juan Carlos (2016): *La hoja de mar (:) Efecto archipiélago I*. Leiden: Almenara.

— (2021): *La máquina de la salsa. Tránsitos del sabor* [edición ampliada y revisada]. Leiden: Almenara.

Quintero Herencia, Juan Carlos (ed.) (2024): *Desistencia y polémica en el Caribe. Imagen, crítica, política*. Leiden: Almenara.

Ramos, Julio & Robbins, Dylon (eds.) (2019): *Guillén Landrián o los límites del cine documental*. Leiden: Almenara.

Ribas-Casasayas, Alberto & Luengo, Ana (eds.) (2025): *Otras iluminaciones. Narrativa, cultura y psicodélicos*. Gainesville: Almenara.

Rivera, Fernando (2025): *El cuerpo anudado. Objetificación y uso político de los cuerpos en los Andes*. Gainesville: Almenara.

Robyn, Ingrid (2020): *Márgenes del reverso. José Lezama Lima en la encrucijada vanguardista*. Leiden: Almenara.

Rojas, Rafael (2018): *Viajes del saber. Ensayos sobre lectura y traducción en Cuba*. Leiden: Almenara.

Timmer, Nanne (ed.) (2016): *Ciudad y escritura. Imaginario de la ciudad latinoamericana a las puertas del siglo xxi*. Leiden: Almenara.

— (2018): *Cuerpos ilegales. Sujeto, poder y escritura en América Latina*. Leiden: Almenara.

Tolentino, Adriana & Tomé, Patricia (eds.) (2017): *La gran pantalla dominicana. Miradas críticas al cine actual*. Leiden: Almenara.

— (2023): *La gran pantalla dominicana. Volumen ii. La ebullición creativa en el cine nacional (2010-2022)*. Leiden: Almenara.

Vizcarra, Héctor Fernando (2015): *El enigma del texto ausente. Policial y metaficción en Latinoamérica*. Leiden: Almenara.

www.ingramcontent.com/pod-product-compliance
Lightning Source LLC
Chambersburg PA
CBHW051209300426
44116CB00006B/486